Rudolf zur Lippe

Autonomie als Selbstzerstörung

Die in diesem Band zusammengefaßten Interpretationen zu Hobbes, Kant, Schiller, Hegel wollen in wichtige Texte der klassischen Philosophie einführen und auf diese Weise Instrumente zur Analyse unserer gesellschaftlichen Wirklichkeit entwickeln helfen. Das leitende Interesse dabei ist die Aufdeckung der Herausbildung von Subjektivität durch die bürgerlich bestimmte Geschichte, in der Autonomiestreben Triebkraft und zugleich das formale Modell der Abgrenzung von Selbständigkeit gegenüber den feudalen, klerikalen, absolutistischen Mächten war.
In der Auseinandersetzung mit Watzlawicks Kommunikationstheorie wird das Programm, Ideologiekritik und die Kenntnis der klassischen Philosophie gemeinsam zu entfalten, an der „Ich-Psychologie ohne ich" exemplarisch einzulösen versucht.

Rudolf zur Lippe, geb. 1937, lehrt Sozialphilosophie und Ästhetik an der Universität Oldenburg. Publikationen im Syndikat-Verlag: *Naturbeherrschung am Menschen (1974/1979): Am eigenen Leibe (1978/1983).*

Rudolf zur Lippe
Autonomie als Selbstzerstörung

Zur bürgerlichen Subjektivität

Syndikat

CIP-Kurztitelaufnahme der Deutschen Bibliothek

Zur Lippe, Rudolf:
Autonomie als Selbstzerstörung : zur bürgerl.
Subjektivität / Rudolf zur Lippe. – Frankfurt
am Main : Syndikat, 1984.
(Taschenbücher Syndikat, EVA ; Bd. 33)
ISBN 3-434-46033-0

NE: GT

Taschenbücher
Syndikat / EVA Band 33

Motiv: Robinson Crusoe von Walter Paget
Reproduktion, Druck und Bindung: Hain-Druck GmbH, Meisenheim/Glan
Printed in Germany 1984
ISBN 3-434-46033-0

Inhalt

Vorwort zur zweiten Auflage

Nach einem Jahrzehnt erscheint dieser Band, seit Jahren vergriffen, neu, weil von den verschiedensten Seiten nach ihm gefragt worden ist, und der Verfasser die meisten Teile noch für nützlich hält. Zwei Teile, die letzten der ersten Ausgabe, entfallen. Wohl kann man zu ihnen im wesentlichen weiterhin stehen, aber die Leser von heute werden sie so kaum verstehen. Einerseits müßten Situationen, die damals vielen gegenwärtig waren, jetzt allgemeiner verständlich gemacht werden; andererseits bedürfen, jenseits einer aktuellen Andeutung, wichtige Themen einer grundsätzlicheren und ausführlicheren Behandlung. Dies wird demnächst in geeigneterem Zusammenhang geschehen. An Stelle der »aktuellen Zusammenfassung« von 1974 wird nun ein Essay aus den letzten Jahren als »aktuelle Vorrede« aufgenommen. Dadurch verschiebt sich die Aufmerksamkeit für die geschichtliche Individualität vom gemeinschaftlichen Pol mehr zum individuellen. Beide sind immer als Pole begriffen und dargestellt worden. Das Entscheidende bleibt damit Gegenstand der immer kritischen und selbstkritischen Überlegungen: das Spannungsverhältnis, das beide miteinander bilden.

Wirklich verändert haben sich andere Dinge, zumindest in der Sicht des Verfassers. Freilich geht es auch hier mehr um Fragen der Gewichtung, einer Gewichtung, die weitgehend eine Frage der Terminologie ist. Sie führt zu einer Rechenschaft über Veränderungen in der Lage der Dinge wie des eigenen Bewußtseins – das ist der Sinn und die Berechtigung von Terminologie.

Vor zehn Jahren hatte die Öffnung gesellschaftlicher Situationen durch die Linke zugleich das großartig analytische Instrumentarium der Kritik der politischen Ökonomie und seine Marxsche Terminologie neu zugänglich gemacht. Die Terminologie halte ich heute aus einem geschichtlichen und aus einem lebensgeschichtlichen Grunde nicht mehr für förderlich, und zwar wegen des zu absoluten politischen Charakters von Termini wie Klassengesellschaft, Proletariat, Bourgeoisie und anderen.

Persönlich steckte in diesen Begriffen für jemanden, der seiner politischen Gemütslage nach eigentlich in sozialkonservativen

Anschauungen verwurzelt ist und hinreichend Gelegenheit genommen hat, mitten in den glücklichen Wechselseitigkeiten der menschlichen Bindungen und Verantwortungen auch die unwürdige Einseitigkeit des einst feudalen Bewußtseins- und Geltungsanspruchs zu erkennen, ein Versprechen: Mit der offenen Kritik an »Ausbeutung« und »Klassenstrategie« schien das Lähmende dieser Einseitigkeit beseitigt werden zu können. In der klaren Benennung einer vielfach verkannten Dichotomie lag mehr die Mahnung zur Überwindung als ein Interesse an der Dualität. In der Vorstellung einer »kollektiven« Individualität schien die historisch begründete Ahnung von einer Gemeinschaft der Menschen gegenüber ihrer herrschaftlichen Vereinnahmung befreit werden zu können. Derartiges wurde im Zuge von 1968 für mich nur mit einigen Wenigen zur Erfahrung, denen ich darum in Dankbarkeit verbunden bleibe. Mit solchen Erfahrungen meine ich, was die Soziologie eine »soziale Bewegung« zu nennen pflegt und wozu es in den Initiativen von Bürgern später Ansätze gegeben hat. Dort sind sie starker Teil der allgemeinen Wirklichkeit geworden, und zwar jenseits der historischen Klassenterminologie.

Geschichtlich hat sich eben auch deren Bedeutung seit dem neunzehnten Jahrhundert in einer Weise verändert, die gerade an den großen politischen Problemen der Ökologie, im weitesten Sinne, während des letzten Jahrzehnts erkennbar wird. Für die Behauptung, es gäbe keine Klassenunterschiede mehr in der modernen Gesellschaft oder sie spielten keine Rolle mehr, ist mir zwar noch kein überzeugendes Sachargument begegnet. Diese Problematik ist freilich von anderen bis zur Unkenntlichkeit überlagert, so daß der Terminus Klasse keineswegs so klar zur Kategorie der geschichtlichen Untersuchungen taugt, wie die folgenden Texte das handhaben.

An dieser Stelle möchte ich aussprechen, daß die Bemühungen von Jürgen Habermas um eine »Entzerrung« in der Dimension des Diskurses mir heute objektiv viel einleuchtender erscheinen als vor zehn Jahren, daß persönlich er die in solchen Diskurs gesetzten Hoffnungen auch immer wieder überzeugend mit großer menschlicher Klarheit vertritt. Das bedeutet freilich nicht, daß ich nicht die Suche nach anderen als den marxistisch gedachten Wegen einer Wiedervereinigung von Kopf- und Handarbeit fortsetzen würde.

Überlagerungen sind immer schon Charakteristikum der Geschichte gewesen. Der problematische Zusammenhang des Begriffes Proletariat mit den frühen Phasen der Durchsetzung von kapitalistischer Organisation hat das schon immer deutlich gemacht. Neben den Überlagerungen und der mit ihnen verbundenen Desaktualisierung der Termini wirkt auch positiv etwas zu ihrer Relativierung: Wie notwendig immer das entsprechende analytische Bewußtsein mit im Spiel sein sollte, so gehen doch Veränderungen positiv offensichtlich weniger von einer bewußten Umkehrung des Klassenverhältnisses aus als von der tätigen, oft geschichtlich unscheinbaren Wiederbelebung von Lebenszügen, die den herrschenden Geschichtsstrategien zum Opfer zu fallen drohen. Auch wo dies als Widerstand ansetzt, ist wesentlicher wohl die lebendigere Beziehung der Menschen zueinander, zur Natur, zum Kosmos usf. als die Form des Widerstandes gegen deren Zerstörungen, die inzwischen weniger aufklärerisch auf Kritik fixiert ist und mehr der Unbeirrbarkeit im Eigenen dient. Trotzdem ist die Marxsche Terminologie in den folgenden Texten nicht nur stehengeblieben, weil die technischen Möglichkeiten eines Reprint dem entgegenstehen. Das analytische Instrumentarium, das in ihnen formuliert wird, bleibt notwendig und die Arbeit an seiner Eingliederung in eine erweiterte Methode ist noch nicht sehr weit gelangt. Aus dem Zusammenhang meiner Untersuchungen über die Geometrisierung des Menschen würde ich statt »ursprüngliche Akkumulation« auch davon sprechen können, daß die Gesamtheit der Lebensverhältnisse in isolierte Elemente aufgelöst und die Elemente zu quantitativen Größen in einer alles durchsetzenden Kalkulation gemacht werden. Dabei müßte aber umständlich erläutert werden, was dies ökonomisch und politisch, für die Menschen und die Institutionen des 16. und 17. Jahrhunderts etwa, bedeutete.

Andere Begriffe haben Protestcharakter gegenüber den Vertretern eines gewaltsamen und schematischen Marxismus, den sie aus der Entdeckung des »frühen Marx« gewonnen hatten, wieder eingebüßt, etwa das Wort »Bedürfnisse« für alle Bedingungen tätiger und aufnehmender Entfaltung der Ganzheit menschlicher Vermögen. Aber diese Bedeutung hat das Wort spätestens von Goethe her und wird heute eher wieder über ihn richtig verstanden.

Andere Termini sind einfach problematisch, aber wohl nicht

zu vermeiden, besonders der des »Bürgerlichen«. Die Lebensformen des Bürgertums haben wahrhaft anderes hervorgebracht als nur jene Elemente einer Systematik, die hier mit diesem Wort bezeichnet werden muß, weil sie in der Tat spezifisch mit der Umorganisierung der Welt unter der Ägide des Bürgertums und in der Konsequenz bürgerlicher Prinzipien verbunden ist und nur mit ihnen, im Gegensatz zu allen anderen Kulturen der Weltgeschichte. Zugleich ist aus dieser Geschichte, ebenfalls wohl einzig, der hohe Grad differenzierter Individualität hervorgegangen, auf den wenigstens die europäisch-nordamerikanischen Kritiker »bürgerlicher Subjektivität« keinesfalls verzichten wollen. Auch um diese Mehrdeutigkeit der Geschichte zu vergegenwärtigen, wird die »aktuelle Vorrede« nützlich sein, die zuerst im »Merkur« mit dem Untertitel »zur Aktualität von Individualismus« veröffentlicht worden ist.

Vergleichbares gilt umgekehrt für den Begriff »materialistisch«, der bei der Neuauflage der »Naturbeherrschung am Menschen« durch die Erläuterung »material und historisch« ersetzt worden ist. Die Mehrdeutigkeit reicht hier von der platten, das heißt, mechanischen Reduktion geistig-seelischer Vorgänge auf unmittelbare Determination durch Materiestrukturen – Adorno nannte das gelegentlich »Murxismus« – bis fast zum Gegenteil dieser Auffassung: Dann wird auch Materie als ein dynamisches Gefüge von Beziehungen und Vorgängen begriffen, aus dem Geist und Seele als höhere Formen, nicht als total Fremdes auftauchen. Auch wenn diese Auffassung so erst mit dem Spätwerk von Gregory Bateson und anderen greifbar geworden ist, so zeigen doch die Zusammenhänge der folgenden Texte schon, daß der Begriff längst in diesem Sinne gebraucht wurde. Gerade darin drückte sich, wie mittelbar immer, die andauernde Nähe auch des gesellschaftstheoretischen Denkens des Verfassers zu seinem ersten großen Lehrer, Karlfried Graf Dürckheim, aus – eine Nähe übrigens, die den kritischen Abstand des in diesem Bande ausgearbeiteten historischen Bewußtseins zugleich auch notwendig machte.

Seit der Begegnung mit Studentenbewegung und Kritischer Theorie konvergierten deren Grundintentionen mit einem Grundmotiv traditioneller Lebenssicht, insbesondere aus den von Dürckheim vermittelten Einsichten des Zen: Die moderne Vorstellung von der Autonomie der Subjekte, stolz und willkürlich allen Gemeinsamkeiten aus Geschichte und Naturgeschichte entgegengesetzt, führt zu Trennungen, die Zerstörung und zunächst einmal Selbstzerstörung der Menschen bedeuten. Deshalb wird der Band jetzt mit dem Untertitel der ersten Auflage erscheinen, »Autonomie als Selbstzerstörung«.

Wie einmal die Dimensionen und Intentionen des Bewußtseins miteinander zu verfugen sein werden, ist wohl noch nicht genau abzusehen. Solange behalten auch die unnachsichtigen Rückblikke in die Problemvorgeschichte der Gegenwart selbst in der vorliegenden Form ihre Berechtigung. Die »Postmoderne« ist sicher nicht das Erklärungsmodell, das diese Art von Fragen nach der Entstehung typischer Probleme der Moderne gegenstandslos machen würde.

Oldenburg, Dezember 1983

Aktuelle Vorrede: Innerer, äußerer und öffentlicher Dialog

»Les extrèmes me touchent«
André Gide

Ökonomie ist eine Frage des »Krisenmanagements«, Politik ein Problem des »Konfliktmanagements« geworden. Ralf Dahrendorf nennt den Staat, der sich vorherrschend einem Ausbalancieren der Pressure groupes widmet, eine »Konsens-Maschine«. Bertrand de Jouvenel kritisiert seit Jahrzehnten, daß Politiker Entscheidungen solange anstehen lassen, bis ein »Sachzwang« ihnen die Verantwortung abnimmt. Die analytische Philosophie liefert eine Art Weltanschauung dazu: Lebensfragen, soweit überhaupt gestellt, werden erschöpfend daraufhin untersucht, wie sie gestellt werden dürfen, von wem, unter welchen Bedingungen. Der deutsche Proporz heißt Ausgewogenheit und wird als Löschung von Auseinandersetzungen verstanden, zum Beispiel im Fernsehen. Der offenbar nicht ganz abzuweisende Anspruch, geschichtliche Verhältnisse und Lebensgeschichte müßten gesellschaftstheoretisch auf ihre Zusammenhänge hin befragt werden, ist zu einem bestenfalls beschreibenden Gerede von Gesellschaft verkommen, dessen Unaufhörlichkeit sowohl Fragen nach Zusammenhängen wie die Suche nach denen verdrängt, die diese Fragen stellen.

Daran ändern selbst vehement vertretene Ideologien nichts. Wenn Ideologien schon immer ein Mittel waren, wesentliche Anteile der Wirklichkeit unreflektiert zu lassen, so werden Ideologien in der gegenwärtigen Lage geradezu zu Fluchtwegen, um einen eigenen Wirklichkeitsbezug zu verweigern. Typisch ist vielleicht die Ideologie quasi kritischer Resignation, nach der behauptet wird, nichts gehe mehr; selbst erproben will man das aber gerade nicht. Mit rechtem oder linkem Anspruch, unter resignativen oder schwärmerischen Leitsprüchen werden tätige und an der Wirklichkeit engagierte Auseinandersetzungen mit den Lebensverhältnissen oder der Einstellung anderer vermieden. Selbst an den Hochschulen, die darin doch einen wichtigen Teil ihrer Aufgaben als Ort geschichtlichen Denkens in der Verantwortung für das Ganze sehen müßten, kommt nichts davon zustande. Eine ganze Studentengeneration ist, mit viel zu wenigen Ausnahmen, von einer Unsicherheit gelähmt und macht aus dieser Not eine neue Art von Ideologie. Der Mangel an wissenschafts- und hochschulpolitischer Argumentation zwischen den Professoren mit entgegengesetzten Fraktions- und Schulzugehörigkeiten gibt ein negatives Beispiel von fast erdrückender Geschlossenheit.

Mit dem besorgten Gewissen eines Mannes von Anfang vierzig beobachte ich, daß eine, zumindest in Deutschland, überlieferte Unfähigkeit zu offenen Auseinandersetzungen gegenwärtig zu einer dumpfen Angst wird. Ich sehe mich um und entdecke ausgeprägte Vorbilder zuletzt unter denen, die rund ein Jahrzehnt älter sind als ich. Ich sehe zum Beispiel Jürgen Habermas vor mir, der 1968 in Hannover den Studentenführern »aber nicht so« entgegenzusetzen wagte und zwölf Jahre später in einem Nachruf Dutschke auch als einen Geist für den Frieden würdigt. Ich denke an Hartmut von Hentig, der damals in den Studenten die geschichtliche Stimme für ein der Menschen würdiges Leben zu vernehmen vermochte und später gegen ihre etablierten Vertreter die Lebendigkeit der Erziehung verteidigte. Diese Kraft zum Einspruch kann nicht eine sogenannte Generationenfrage sein, obwohl sie aus genau dem Individualismus erwächst, den die jüngere Generation verpönt hat, der als überholt gilt und dessen traditionelle Ausbildungsbedingungen schwer angeschlagen sind.

Wer Individualismus verpönt, weicht in Kritik aus, die ohnehin richtig ist. Wir wissen alle, wie problematisch die verkrampfende Einsamkeit protestantischen Bekennens ist; trotzdem darf es nicht ersatzlos gestrichen werden, ohne Maßstab und Quelle vielleicht glücklicherer Formen von Verantwortung zu werden. Individualismus als stolze oder bedenkenlose Abkehr von der Masse wird gerade bei seinen gegenwärtigen Kritikern in den neuen Formen, sei es die der »Nische« oder die der Kader, zum Problem. Die Gefahren der bürgerlichen Anthropologie, nach der Individuen und Gesellschaft sich nicht im historischen Wechselbezug entwickelt haben, sondern die Gesellschaft sich im »Vertrag« der sozusagen fertigen Individuen etabliert hat, wirken sicherlich schwerwiegend fort. Das Öffentliche Leben ist so ein derart unlebendiger Leerraum, daß unsere geschwächten privaten Lebensvorstellungen durch ihn eher entleert als gestärkt und getragen werden. Dann ist Individualismus aber als lähmende Vereinzelung gefährlich, nicht als Anspruch der Individuen auf ihren Anteil am Ganzen! Vielmehr ist dies die Form des Anspruchs, in der jeder mit seinem ihm eigenen Anteil tätig wird, ohne den es weder Individuen noch Gemeinschaften noch Gesellschaft gibt. Individualismus kann auch die geschichtliche Wurzel neuer Individualität sein.

Wenn eine Rückbesinnung auf Individualismus nicht modisch und damit eine vorübergehende Bequemlichkeit sein soll, wird über drei Fragen nachzudenken sein: Kann uns ein Individualismus wünschenswert erscheinen? Sehen wir gegenwärtige und zukünftige Aufgaben, in denen er eine Funktion hat? Erlauben gegenwärtige und zukünftige Lebensverhältnisse noch seine Ausbildung in den Menschen?

I

Was zeichnet eigentlich diejenigen aus, die stets, und mit wechselnder Richtung der Kritik, Einspruch erheben, statt ganz für eine Seite Partei zu ergreifen oder Auseinandersetzungen zu vermeiden und zu verhindern? Wir brauchen hier nicht von raunzigen Haudegen aus feudaler Tradition, von bürgerlich originellen bis spleenigen Persönlichkeiten und sektiererischen Wichtigtuern zu sprechen. *Es geht um die Fähigkeit, etwas unnachgiebig gegen sich selbst und offen gegenüber anderen vertreten zu können.* In den Lebensgeschichten, aus denen sie hervortritt, fällt eine bestimmte Strenge auf. Diese Menschen zwingen sich, wenigstens zu den wichtigsten sie persönlich oder zeitgeschichtlich betreffenden Situationen eine eigene Haltung zu entwickeln. Allein diese tägliche Arbeit des Gewissens kann uns unabhängig genug machen, um weder einer allgemeinen »Linie« noch einem, persönlichen oder kollektiven, schlechten Gewissen zu verfallen. Sie ist erforderlich, sowohl wenn wir nicht ein schlechtes Gewissen unter der Linie einer Ideologie verstecken wollen, als auch, wenn wir Unabhängigkeit nicht nur scheinbar durch pauschale Ablehnung von ideologischen Standpunkten behaupten wollen.

Dieser Anspruch droht uns abhanden zu kommen, zumal er

uns vorzüglich in den Formen jenes Individualismus gegenwärtig gehalten wurde, die von der Linken in der Studentenbewegung kritisiert und durch eine gesellschaftliche Analyse geschichtlicher Verantwortung ersetzt wurden, während die Rechten, selbst die Liberalen, sie kaum vernehmbar verteidigten oder gar erneuerten. Bei der neuen Linken ließen hie und da erarbeitete kollektive Arbeitszusammenhänge die Vorstellung aufkommen, als sei die Wechselbeziehung zwischen meiner Verantwortung für mein Verhalten und dem Einfluß der Verhältnisse auf mich ein überholtes Thema. Gerade im Zerfall jener bescheidenen linken Gegenöffentlichkeiten kommt aber der individuellen Haltung doppelte Bedeutung zu. Auf der politischen Gegenseite wurde Ende der sechziger Jahre nur ein kollektiver Wunsch deutlich: nicht aufzufallen und nicht zu argumentieren. Heute trägt sie ihre Vorstellungen von Ordnung meist mit der Anonymität sogenannter demokratischer Verkehrsformen im Stile beispielsweise der Reformuniversitäten und im Schutze der Anerkennung einer Art Massenzeitalters durch die Soziologie vor. Gerade da ist individuelles Verhalten gefordert. Ohne daß auch individuell Wissen und Gemeinsinn ausgebildet werden, fällt alle überindividuelle Subjektivität in den Abgrund der reflexionslosen Massenpsychologie.

In der verunsicherten jüngeren Generation sind die aufklärerischen Prinzipien von 68 zu resignativen Einsichten verkommen: Viele verstehen kritisches Bewußtsein so, daß Marx gesagt habe, die Verhältnisse seien schuld, also könne man von sich aus nichts zu tun, und Freud gesagt habe, die Eltern seien schuld, also könne man an sich selbst auch nichts tun. Die etwas ältere Generation fühlt sich entweder als rechts von den Linken oder als links von den Rechten derart unterdrückt, daß vorab alles Argumentieren sinnlos und auch ihr selbst erlassen ist. Die Flucht ins Verfolgtsein ist zu einer Entlastungsideologie geworden, die in keinem rationalen Verhältnis mehr zu irgendeiner wirklichen Repression steht.

Warum müssen die Bewegungen derart total sein? Der Bewegung neuer Hoffnung und Öffnung vor eineinhalb Jahrzehnten stand das am besten an, obwohl darin eine viel zu große Gefahr lag, für sie selbst und auch Zögernden, Zweifelnden gegenüber. Freilich machte noch ein guter Teil individueller Kraft die Stärke der APO aus; eine Kraft, die wohl auch von manchen noch vorwärts *und* einhaltend, engagiert *und* mit vernünftigem Abstand zugleich eingebracht wurde. Als die Aufklärung der Intellektuellen bei der übrigen Bevölkerung auf Widerstand stieß, teilten sie sich wiederum in totale Ideologie oder Hippiekultur auf. Ihre erklärten Gegner, selbst die allermeisten Zweifler, zogen sich gleichfalls total zurück oder erklärten öffentlich totale Ablehnung. Im Pluralismus der Gruppen und Einstellungen wird jedes Suchen nach verbindlicheren Kriterien, nach einem öffentlich reflektierten Sinn von Kindern, Erziehung, Arbeit, Alter, Naturbeziehungen, Geschichte, Gemeinschaft und individuellem Leben als Bedrohung abgelehnt, statt als Ausweg aus vereinzelter Überforderung aufgegriffen zu werden. *Statt als gemeinsame Untersuchung der Möglichkeiten in gegenseitiger kritischer Offenheit wird auch der Pluralismus total durchgeführt.* Seine heute einmaligen Freiheitschancen zur Erforschung, ja Erprobung verschiedener möglicher Wege in die Zukunft bleiben somit verbaut. Ich habe in allen jenen Jahren die Liberalität zum Beispiel in der Journalistik der *Zeit* bewundert, die es ihr ermöglichte, unterschiedliche Gruppen und Menschen nach *ihrer* Wahrheit zu fragen und diese dann aufzuzeichnen. Aber auch dieses Fragen blieb wesentlich nur ein Hinfragen: die großen Fragen, ob denn alles bei uns einfach so weitergehen könne, wurden nicht gestellt.

Worauf käme es dann an, und was hat das mit einem Individualismus zu tun? Offenbar gilt es immer neu, Widersprüche der geschichtlichen Situation wie der eigenen Lebensgeschichte in ihr auszuhalten und auszutragen. Wir können einer einzigen Wendung, einem Ansatz schließlich nicht gleich alles zumuten, alles zutrauen und alles überlassen. *Wo sonst soll aber Maß und Kraft gegen Totalität sein, wenn sie nicht auch in den Individuen gegenwärtig sind und von ihnen ausgehen?*

Wo anders als im Individualismus kann Abstand zu den Linien und Bewegungen geschaffen werden, um andere Menschen, Sachzusammenhänge, Entwicklungen, sich selbst ebenso ernst zu nehmen?

Wo anders kann Abstand zu Institutionen erworben werden, um Handlungsräume, ja Denkfreiheiten wahrzunehmen, zu ermessen, zu nützen, zu gewinnen?

Wo anders kann Abstand zu Zielen gesichert werden, um niemanden zu opfern und um Zusammenhänge und Folgen zu erkennen?

Wo anders kann Abstand zu einem Soll, zu Auflagen und Erwartungen gewahrt werden, um in »Bewegungen« – und gegen sie – beweglich zu bleiben, Ziele ihrem Sinn gemäß zu verfolgen, Institutionen an ihre Aufgaben zu mahnen und trotz großer Linien auf den nächsten Schritt achtzuhaben?

Diese Verantwortungen entstehen und stärken sich zweifellos in unseren gelebten Beziehungen zueinander, zu Geschichte und Natur. Aber wenn diese Verantwortungen nicht von jedem von uns entfaltet werden, sehe ich nur schicksalhafte Einordnung in die ewigen Entscheidungen einer traditionellen Gesellschaft – Verinnerlichung der Durkheimschen »idées sociales« – oder grundsätzliche Hinnahme irgendeiner Diktatur. Ich muß offen sagen, daß ich mir keine Welt mehr ohne die neuzeitliche Lebensform vorstellen kann, in der Bewußtsein auch Individualismus bedeutet. Wie anders hätte man Ende der sechziger Jahre die Bewegung der Öffnungen begrüßen und mitvollziehen können und weiter die Öffnung suchen, als die »linke Bewegung« sich in sich verschloß? Wie sollte ein dritter Weg gefunden werden, wo ohne die konkrete und genaue Arbeit der individuellen Verantwortung nur die falsche Alternative zwischen unüberzeugter Gefolgschaft und überzeugungslosem Überlaufen gewesen wäre?

Individualismus – sagen wir besser Individualität! – heißt innerer Dialog als Voraussetzung und Widerhall eines äußeren. Solange Widersprüche in irgendeiner Weise unsere Wirklichkeit bestimmen, und das ist zumindest in der Form jeder lebendigen Bewegung zwischen den Polen eines Spannungsfeldes der Fall, bedürfen beide Seiten eines Fürsprechers in uns. Selbst wo wir uns nach außen jeweils ganz zum Verteidiger der Schwächeren machen, bedarf der Partei Ergreifende der inneren Gegenstimme, die in ihm auch den Übermächtigen nicht zu vergessen mahnt. Der Mangel an offenen Auseinandersetzungen, auf den ich anfangs hingewiesen habe, hängt damit zusammen, daß wir uns nicht genügend zutrauen, den Dialog mit der inneren Gegenstimme zu führen, die Sokrates ein δαιμόνιον (daimonion) im Ohre eines jeden nannte. Gerade wir Deutschen haben uns, in unseren besten Zeiten, zur Ehre gemacht, unter den zwei Seelen in unserer Brust zu leiden. Zu leiden, weil wir meinen, uns für die Treue zu der einen *oder* anderen entscheiden zu müssen. Mehr Treue als Verantwortung, im Sinne der *»idées sociales«. Warum können unsere äußeren Schritte nicht der Entwicklung des inneren Dia-*

logs folgen, wie dieser ihnen folgt? Die angelsächsische »discussion« hat mehr davon als das deutsche Verkünden von Überzeugungen.

Nie ist es allerdings auch so schwer gewesen, zu den zahllos an uns drängenden Fragen der persönlichen Lebenswelt wie der Weltpolitik ständig neu ein entsprechendes Verhalten zu entwikkeln; zumal Verhalten unter der Technokratie meist unscheinbar, aber regelmäßig zu ungeheuren Reibungsverlusten führt. Verhaltensfähig zu bleiben, oder wieder zu werden, hängt also auch von einer Auswahl für uns je entscheidender Fragen ab. Desto wichtiger ist die Klärung für uns selbst, in welchen wenigen Fällen wir vor uns und öffentlich nach allen Seiten ein Verhalten verantworten und vertreten wollen. Wapnewski hat darauf in dieser Zeitschrift für den Dialog der Universitäten mit der Öffentlichkeit hingewiesen. Allerdings, wo anders kann auch dieses Engagement herkommen, wenn nicht aus dem Bedürfnis der Individuen, dem, was sie bewegt, und ihren Beziehungen dazu zu folgen?

Solche Individualität steht in keinem Widerspruch zu einer Verantwortung vor anderen und für andere. Die Individuen sind Ort des einen Poles in einem Spannungsfeld. Dies ist sogar dann notwendig, wenn Möglichkeiten zu einer wirklichen kollektiven Subjektivität sich entwickeln, zum Beispiel durch die wahrhaft und gegenseitig *für* einander denkende, geteilte Verantwortung einer Gruppe in einem Projekt oder einer kulturellen oder politischen Arbeit.

Wir wissen doch inzwischen auch, wie das Syndrom der Arbeitsgemeinschaft zwischen Gruppeneuphorie und dem »Frust« der Ergebnislosigkeit zustande kommt: Wechselseitiger Austausch und Lernen durch gegenseitige Vermittlung ist eine sehr gute Sache; sie hängt aber davon ab, daß jeder einzelne auch etwas von sich aus in den Austausch einzubringen hat und das Vermittelte noch einmal reflektiert. Auch die Fähigkeit, gemeinsam produktiv zu sein, findet als Arbeit an den Schwierigkeiten und Möglichkeiten der Individuen statt.

Es ist eben ein Unterschied, ob man sich als Individuum wichtig macht oder ernst nimmt. Selbst auf dem Wege des Tao oder des Zen, die gewiß die unnachsichtigsten Gegner jedes individualistischen Ego sind, wird das Individuum mit großer Konsequenz ernst genommen: Wenn das Individuum nur Durchgangsstation für ein viel weiteres Geschehen ist, dann müssen wir gerade an uns selbst arbeiten und werden unseren ganz individuellen Weg finden, Teil eines Weiteren zu werden. Darin dürften, jeder auf seine Weise, nicht nur Daitaro Suzuki und Erich Fromm, sondern auch noch Bert Brecht und Ernst Jünger einander berühren.

II

Aber hat Individualismus noch eine gesellschaftliche Funktion? Da es nicht nur um Neigungen und Blütenträume geht, sind die Überlegungen zur ersten Frage bereits zu dieser zweiten übergegangen. Individualismus hat zwar seinen Ort im Privaten, aber er wird ausgebildet und wirkt doch gerade in der Auseinandersetzung mit dem Öffentlichen. Deutlich ist, meine ich, daß wir nach den fünfhundert Jahren Geschichte seit dem Mittelalter auf solche Pol-Funktion der Individuen nicht mehr verzichten können. *Weder Lebensgeschichte noch Gattungsgeschichte kann ich mir ohne eine wechselseitige Konstitution von Individualität und Öffentlichkeit sinnvoll vorstellen;* wie kritisch immer diese Geschichte selbst in wesentlichen Dimensionen sonst noch einmal durchzuarbeiten ist.

Fragen wir also jetzt nach der Funktion von Individualismus in der gesellschaftlichen Organisation unseres Lebens.

An ihn wird in den meisten Überlegungen für eine Zukunft der Menschheit appelliert. Er wird – mehr oder weniger ausgesprochen – als moralische und ethische ebenso wie als Instanz menschlichen Wissens und menschlicher Einsicht beschworen. Wie könnte Peter Glotz an das Verantwortungsbewußtsein der Hochschullehrer erinnern, wenn er von uns Professoren als Individuen mehr nicht erwartete, als von den Hochschulen als Institutionen? Der *Learning Report to the Club of Rome* vom vorigen Jahr trägt den Titel *Human Gap* und fordert für die Überlebensfähigkeit der Menschheit, *daß in allen einzelnen Menschen Überblick und Zusammenschau der allzu komplex gewordenen Weltgestaltung ausgebildet und vom selbstdenkenden Umgang mit der eigenen Lebenswelt her veränderndes Denken für den Weltmaßstab entwickelt werde.* Der uralte Bruch zwischen Gattungsfortschritt und individueller Entfaltung, den Horkheimer wie einen Grundwiderspruch von Fortschritt und Aufklärung dargestellt hat, wird als lebensgefährlicher »human gap« begriffen. Lernen, nicht einiger isolierter Experten, sondern aller Individuen sei die Grundbedingung zu seiner Überwindung.

Beide Erwartungen sind Teile der Prinzipien, die der amerikanische Zukunftsforscher Willis W. Harman zu Grundlagen der »transindustriellen Gesellschaft« und der Transformation von den heutigen zu jenen Lebensverhältnissen erklärt. Verantwortungsbewußtsein der Menschen gegenüber ihrer Selbstverwirklichung in der Arbeit, gegenüber der äußeren Natur bei jedem einzelnen und ein Verantwortungsbewußtsein der Unternehmensleitungen gegenüber Publikum und Natur sollen die zerstörerischen Maximen der Industriegesellschaft überwinden und ablösen. In guter anglo-amerikanischer Tradition und Übung ergeht der Ruf nicht einfach an Staat und Allgemeinheit, sondern an die Gemeinschaft der Individuen: social ethic, ecological ethic.

Harman, der den Ansprüchen von Glotz an die Professoren nicht nur zu Zeiten gerecht wurde, als er ein Beratergremium für das Weiße Haus bildete, fordert seinerseits, daß alle Mitglieder von Regierungen »aufrichtig und anständig« handeln. Die Leitungen von Aktiengesellschaften begännen ja auch schon, sich in bestimmten Fällen ihren Aktionären und deren Gewinnansprüchen weniger verpflichtet zu fühlen als gewissen Lebensansprüchen der Öffentlichkeit.

Solche Vorstellungen als Grundlage realpolitischer Veränderungen anzunehmen, fällt uns nicht ganz leicht. Im Grunde laufen aber alle Vorschläge und Mahnungen zur Veränderung, ob sie vom »Club of Rome« kommen und einen Ausgleich zwischen Reich und Arm fordern oder ob sie von Margaret Mead ausgesprochen werden und auf freiere Selbsttätigkeit der Kinder zielen, auf *eine neue Verhaltensfähigkeit der Menschen* hinaus – übrigens auch die sozialistischen Entwürfe vom »neuen Menschen«. Versuche im großen haben noch nirgends zu mehr Fähigkeit geführt, Widersprüche auszuhalten und die langwierige Dialektik des inneren und des äußeren Dialogs zu entfalten. Die kleinen menschlich überschaubaren Versuche dazu in ökologischen, therapeutischen, pädagogischen, politischen Lebensgemeinschaften sind noch nicht einmal bis zur Stufe von wirklichen Modellen gereift. Bleiben die Individuen, zumindest als Ausgangspunkte und als Prüfungsinstanzen, die sie wohl auch immer in gewisser

Weise werden bleiben müssen. Liegt es nur an dem Erkenntnisprinzip von Marx, das Sein bestimme das Bewußtsein und nicht umgekehrt, wenn wir einem Individualismus heute nicht viel zutrauen?

Das Phänomen Individualismus ist schon seiner Entstehungsgeschichte nach zwiespältig. Individuelles Gewissen, Verantworten und Urteilen bildete sich im Privaten gegenüber einer machtvollen, pragmatischen, nicht von Vernunft, sondern allenfalls allgemeiner Notwendigkeit geleiteten Herrschaft. Religionsfreiheit, Aufklärung, Gedankenfreiheit gegen Absolutismus und Kirche waren das leidvolle Los und schließlich das Privileg des Bürgertums; von den öffentlichen Angelegenheiten ausgeschlossen, durften die Bürger sich ganz *der Ausbildung ihrer Gewissensarbeit widmen und deren Grundsätze zu einem allgemeinen Begriff von Vernunft und Freiheit überhöhen.* Für die Organisation des gesellschaftlichen Lebens brauchte das Bürgertum, so schien es, keine Verantwortung zu tragen, sondern konnte an ihr vernünftige Kritik üben. (Am besten hat das wohl Reinhart Koselleck dargestellt.) Zeitpunkt und Umfang, Bedingungen und Folgen der Machtübernahme durch das Bürgertum sind in den verschiedenen europäischen Ländern durchaus zu unterscheiden. Grundsätzlich haben sich jedoch überall – bis heute unausgetragene – Verwirrungen und ganz inkonsequente Überschneidungen beziehungsweise Ausblendungen der Bereiche von Öffentlich und Privat, der Geltung von *individuell erworbener Verantwortung und für die Gesellschaft verbindlicher Organisationsprinzipien* ergeben. Zwei Linien seien herausgegriffen und angedeutet.

Die öffentliche Funktion des Bildungssystems, sagen wir insbesondere der deutschen Universität im neunzehnten Jahrhundert oder, besser, wie sie zu dessen Beginn gedacht war und noch bis ins mittlere zwanzigste hinein nachwirkte, funktionierte nur aus dem Individualismus. Zielsetzung wie Sinngebung waren vom Individuum her gedacht, Zusammenhang der Disziplinen wie Kontinuität jeder Einzelwissenschaft, Aufnahme, Verarbeitung und produktive Fortsetzung der Lehre durch die Lernenden. Gerade dieser geschichtlichen Leistung aus dem Individuum entspringt aber unser Mißtrauen gegen Individualismus. Sie war nicht nur einsames Verdienst des Bürgertums, sondern stand auch, wenn nicht einsam, so doch vorherrschend im Dienst des Bürgertums. Diese Ambivalenz in der öffentlichen Verantwortung hat sich zudem mit der Haltlosigkeit weiter Teile der Universitäten gegenüber dem »Dritten Reich« drastisch zu erkennen gegeben.

Im ökonomischen Bereich liegen die Dinge noch vertrackter. Die gesellschaftliche Produktion gilt auch nach der Übernahme der öffentlichen Gewalten durch die bürgerlich-parlamentarische Demokratie als Privatangelegenheit der Eigentümer von Produktionsstätten. Erste Inkonsequenz: das öffentliche Verantwortungsbewußtsein hat hier, vom Prinzip her gesehen, nicht statt. Der Nachtrag »sozial« zum Modell der Marktwirtschaft kann diesen grundsätzlichen Verzicht nicht einfach aufwiegen. Das liegt weniger an dem guten oder schlechten Willen heutiger politischer Kräfte als an einer zweiten, noch tiefer liegenden Inkonsequenz. Gerade im ökonomischen Bereich galt von Anfang an nicht als Grundsatz, was Gewissen und Verantwortung den Individuen sagten. Kant hat den »Markt« als »Mechanism der Antagonismen« beschrieben. Adam Smith bewunderte nur, daß unter bestimmten Voraussetzungen »noch der hemmungsloseste Egoismus« eines jeden zu einem allgemeinen Gleichgewicht führen könne. Die Voraussetzungen waren, daß die egoistischen Triebe mit ökonomischen Mitteln zu ökonomischen Zwecken durchgesetzt würden – Gewinnmaximierung – und daß von allen Anbietern und Nachfragern auf den Märkten »keiner von einem anderen mehr abhängig sei, als dieser von ihm selbst« – Gleichheit und Freiheit durch die Macht eines jeden, die antagonistischen Egoismen sich ausreichend vom Leibe zu halten.

Darin kann keine »soziale und ökologische Ethik« (vgl. z. B. Harman) begründet werden. Von der politisch empfundenen Brüderlichkeit der Französischen Revolution war schon in den ersten Jahren nach 1789 nicht mehr recht die Rede. Wie könnten wir heute die Traditionen von Verantwortung und Gewissen aus dem Individualismus der Bürger zu Trägern unseres öffentlichen Lebens machen, da wir feststellen, daß die Organisation auch unserer Produktion, auch unseres Verhältnisses zur Natur, insbesondere auch unseres Verhältnisses zu den nicht besitzenden Bürgern endlich öffentliche Sinnfragen werden müssen – nicht nur Gegenstand von Krisenmanagement im Konflikt der Gruppeninteressen oder von Expertenmemoranden? Können die Traditionen des bürgerlichen Individualismus mit anderen Traditionen wie etwa denen der Arbeiterbewegung verbunden werden?

Hier können diese Fragen nur gestellt werden. Vielleicht kann noch *ein Stück neuer Beziehungsrealität* benannt werden, die den Fragen einen bestimmteren Grund zu geben verspricht. *In den westlichen Industrieländern, für die allein diese Überlegungen so gemeint sein können, beginnt ein unmittelbarer Bezug der Menschen zu den öffentlichen Angelegenheiten unter dem Begriff der Betroffenheit im Bewußtsein wirksam zu werden.* Wo der Verwaltungsstaat letzte Bereiche eigenständiger Bestimmung rücksichtslos unterzupflügen und überzubetonieren versucht, werden Individualitäten bei einzelnen und bei Gruppen existentiell bewußt. In dem Grundsatz der Betroffenheit verbinden sich auf bemerkenswerte Weise die genannten Pole zu einem typischen Spannungsfeld. Betroffen sind Menschen immer unmittelbar selbst. Jemand sieht eine Gefahr, zum Beispiel durch chemische Verseuchung, für sich, seine Familie und seine Nachbarn dort, wo er lebt. Die Gefahr, umgesiedelt zu werden oder einschneidende Einbußen an Leib und Leben zu erleiden, bringt die Individualität seiner Lebensweise vielleicht überhaupt erst zum Bewußtsein. Während er dazu übergeht, sie verteidigen zu wollen, begegnet er anderen in ähnlicher oder gleicher Lage, die von unmittelbar derselben Gefahr bedroht werden oder auch an anderem Ort von einer gleichartigen oder ähnlichen Gefahr den Verlust ihrer Individualität befürchten. Innere und äußere Dialoge werden öffentlich.

Hier liegt der entscheidende Unterschied etwa wirklicher Bürgerinitiativen zu aufklärerisch agitierenden Gruppen. *Gemeinsame, gesellschaftliche, geschichtliche Überlegungen und Ziele entstehen aus Betroffenheit induktiv,* nicht deduktiv aus vorab erklärten Theorien, *und vermitteln sich immer wieder zu den besonderen Lebensformen der Betroffenen zurück.* Der Vergleich, den die Wyhler zwischen einer AKW-Abstrahlung und der Bombenstrahlung in Hiroshima angestellt haben, ist nie fanatisch gewesen, sondern auch zu den wesentlichen Unterschieden beider Situationen zurückgekehrt. Diese Süddeutschen haben sich dann aber, von Mensch zu Mensch, mit den japanischen Opfern verbunden gefühlt. Entsprechend vertreten sie ihre eigene Sache nicht wie ein beliebiges Beispiel, sondern als das ganz Besondere ihres Lebenszusammenhanges.

Betroffenheit ist offenbar Ausgangssituation für äußerst ernste, aber offene Auseinandersetzungen mit einer Gegenseite, wie sie zu brüderlichen, aber die jeweilige Individualität anderer Menschen und Situationen mit Abstand achtenden Verbindungen untereinander führen. Da die eigene Individualität, als bedrohte, Grundlage einer existentiellen Auseinandersetzung ist, wird sie auch beim anderen geachtet. Dialog, Auseinandersetzung, Argumentation, – also ein Eingehen gerade auch auf Argumente, die zumindest auf den ersten Blick zu den eigenen Interessen im Widerspruch stehen, scheinen an Boden zu gewinnen. Man könnte zum Beispiel an die Informationsausstellungen zur Lage der Weltbevölkerung denken, die im vorigen Jahr von Bürgern aus Gartow und Gorleben gezeigt wurden, oder an bestimmte Auseinandersetzungen zwischen Jugend und Hierarchie in der katholischen Kirche um neue liturgische Formen. Da zeigt sich ein Stück der gesuchten Selbstdisziplin und des Aushaltens der Widersprüche. Ist dieses Phänomen eine Randerscheinung bei einigen Bürgergruppen? Ein Wachwerden der Betroffenen in kommunalen, in sozialen oder Schulfragen – nicht nur in den ökologischen Fragen – könnte, wenn es an vielen Orten und in vielen Formen vonstatten ginge, weitergehende Hoffnungen begründen. Allerdings werden diese gesellschaftlichen Funktionen von Individualität von zwei Seiten schwer gefährdet: durch dogmatische Interpretationsversuche und durch technokratische Bestrebungen zu ihrer Kanalisierung. Immerhin gehen die Ansätze mit einer Tendenz zur »neuen Selbständigkeit« bei jungen Leuten einher. (Auf eine neue systematische Bedeutung subjektiver, individueller Vermögen im Produktionsprozeß habe ich bereits früher hingewiesen unter einem Titel, der einen scheußlichen damaligen Sprachgebrauch umzukehren versuchte: *Objektiver Faktor Subjektivität.)* Wir gehen also an die dritte Frage nicht ohne eine gewisse positive Vorbereitung zu ihrer Beantwortung.

III

Die Behauptung ist aufgestellt, daß Individualismus – im Sinne einer freien Individualität – gerade für die Zukunft wünschenswert, ja notwendig sei. Die zweite Behauptung lautet, daß *gerade für eine Weltbevölkerung mit immer mehr gemeinsam zu treffenden Entscheidungen bewußte Individualität der kleinsten Einhei-*

ten eine wesentliche Aufgabe hat; je stärker der gesellschaftliche Pol wird, desto stärker muß auch der Gegenpol werden, wenn nicht alles reflexionslos in einem Sog verschwinden soll. Ist aber, gerade unter diesen Bedingungen, eine Ausbildung von Individualität möglich?

Zweifellos hat sich der Individualismus in seiner gewissermaßen klassischen Form aufgrund von Freiräumen und Privilegien ausgebildet, die heute den einen kaum mehr zur Verfügung stehen und den anderen immer noch nicht zugänglich sind. Zweifellos war er grundsätzlich verbunden mit Risiken und einem Zwang zur Folgerichtigkeit, die heute niemand mehr hinzunehmen bereit ist (wer würde sich zum Beispiel noch wegen eines Firmenbankrotts oder wegen der statischen Fehlberechnung an einem Großbau erschießen?). Wer kann noch die Lage seines Hauses, die Form seiner Fenster, die Bildungsrichtung seiner Kinder in schöner Betätigung seines Menschen- und Weltbildes bestimmen? Die Gestaltung von täglichen Wegen und Reisen hat Verkehrsformen zu folgen (seit dem »Anschnallen« selbst innerhalb des Autos), die unsere sogenannten Automobile zu Teilen eines unübersehbaren allgemeinen Kettenfahrens machen. Die überwältigende Fülle der Waren verhindert nicht, daß unsere Wahl einer fremdbestimmten Normierung zu folgen hat. Die Beispiele sind zufällig gewählt und können von jedermann beliebig fortgesetzt werden – vom Zugfahrplan bis ins Geistig-Politische.

Je nachdem, auf welche politische Richtung zu schimpfen einem besser in den Kram paßt, wird diese Entwicklung Monopolkapitalismus, Sozialismus oder Nationalisierung genannt. Der ideologische Streit führt aber zu gar nichts, wenn nicht eine Grundtendenz als solche diskutiert wird: *In der einen oder anderen Weise ist das Leben der Menschen immer stärker »vergesellschaftet« worden, seit zu Beginn der »Neuzeit« Bürgertum und Monarchen ein Bündnis schlossen, um das vom Mittelalter übriggebliebene Chaos zentralistisch in den Griff zu bekommen.* Was lange Zeit als heilsame Vereinheitlichung wirken und erscheinen konnte, ist ein Prinzip, das heute für alle sichtbar an die Substanz geht. Der sachliche Hinweis auf das enorme Bevölkerungswachstum ist auch ideologisch, solange nicht zwei Fragen ausführlich behandelt werden: Das Prinzip der Vergesellschaftung wurde bereits durchgesetzt, als noch Mangel an Bevölkerung herrschte, und grundsätzlich *können* engere Beziehungen zu anderen Menschen *auch* intensivere, einen jeden fördernde sein.

Wir können uns kaum vorstellen, daß die Vergesellschaftung des Lebens rückgängig gemacht werden könnte, weil wir auch die mit ihr verbundene hohe gesellschaftliche Produktivität, sprich den Lebensstandard, nicht grundsätzlich in Frage stellen mögen. *Gleichzeitig sprechen Vorzüge für eine Vergesellschaftung, die gerade als Voraussetzungen für die Ausbildung des Individualismus* beim Bürgertum *gelten können.* Die Industrialisierung hat wenigstens in bestimmter Hinsicht, nämlich was die effektive Zahl der am Arbeitsplatz zu leistenden Stunden betrifft, die freie Zeit geschaffen, die zur Ausbildung nicht nur instrumenteller Fähigkeiten in den Menschen notwendig ist. Eine relative Freisetzung von Subsistenzmühe. Die allgemeine Schulbildung und die Verbreitung der Massenmedien haben grundsätzlich ein Informationsangebot und die Fähigkeiten zu seiner Aufnahme durch alle möglich gemacht. Überblick und Aufklärung. Trotzdem findet Meinungsbildung im freien Austausch – eigentlicher Ursprung und Sinn einer Zeitschrift beispielsweise – immer weniger statt.

Sicherlich können an sich günstige Voraussetzungen nicht einfach als solche wirksam werden. Die tiefgreifenden Überlagerungen sind bekannt. Die erschöpfende Unproduktivität von Arbeit in der Produktion wirkt in die von ihr viel zu schematisch getrennte »Freizeit« fort. Selbstverständlich nicht »Arbeit«, sondern die Erfahrung meines Wirkens durch Arbeit, die zur Selbst- und Umwelterfahrung werden kann, macht frei. Die Informationsüberflutung und der Mangel an Erziehung zu selbständiger Verarbeitung können dazu führen, daß die Massenmedien gerade das Gegenteil ihrer positiven Möglichkeiten bewirken. Diesen Komplikationen ist hier, obwohl sie durchaus systematischen Charakter haben, nicht nachzugehen. Entscheidend ist, *daß von den objektiven »Faktoren« her die Ausbildung von Individualität sowohl positiv wie negativ bestimmt wird. Dieser Ambivalenz ist nachzugehen,* weil sie auch Chancen verspricht.

Abschließend noch einige Überlegungen zu den Ausbildungsformen. Wie gewann herkömmlich, so können wir vorerst wohl nur fragen, Individualität ihre Substanz, ihr Bewußtsein und ihre Wirkungsformen?

Die doppelte, in sich widersprechende und zu vereinigende

Bestimmung von Abstand und Engagement, Selbstbezug und Sachbezug ist der Grund. Das reformatorische Sprechen der Menschen mit ihrem Gott hat das sonderbare Verhältnis der Selbstverständigung zwischen einem Innen und einem Außen begründet. Die Psychologie von Gespräch und Briefwechsel wie von Selbstgespräch und »innerem Monolog« folgte ihm als weltliche Umsetzung. Dieser Sozial- und Kulturgeschichte des inneren Dialogs entspricht die des äußeren. Wenn sie auch im Bürgertum mehr über den Dingen als in den Prozessen stattfand, so vollzog sich doch eine Auseinandersetzung mit einer Sache in Untersuchung und Diskussion; mit anderen und ihrer Sicht durch Erfahrung von ihnen und mit ihnen wie als Bildung und Kenntnis; mit sich selbst und seinen Verhältnissen durch Gespräch und Tagebuch.

Im Studium beispielsweise waren Mitschriften und Ausarbeitungen, das Nachgespräch und die Durcharbeitung mit den Kommilitonen die eigentlichen Schritte, um sich Vorlesungen und selbst Seminare anzueignen. Für die Hochschulen und alle Schularten versuchen wir heute, nachdem solche Formen sich nicht mehr aus den Gewohnheiten der Elternhäuser und den Lerngewohnheiten ergeben, von den Institutionen her ähnliche Arbeitsformen ins Leben zu rufen. Die eigentliche Funktion von »Arbeitsgruppen« ist keine andere. Allerdings ist dies genau eine der Erscheinungen der Vergesellschaftung; der Aneignungsschritt im Austausch der Individuen wird planmäßig aufbereitet. Das muß doch aber wohl noch kein Hinderungsgrund sein. In der Tradition der Schulen Englands, wo Individualismus immer schon weitgehend eine öffentliche Angelegenheit war, haben an genau der Stelle die tutorials ihre Aufgabe gehabt.

Mir scheint, daß auch die klassischen Werkzeuge von Tagebuch, Briefwechsel, Skizzenblock, Bildungsreise unter vielen jungen Menschen wieder aufleben – und führte sie nach Poona statt nach Florenz, ins Wendland statt zur »Campagne in Frankreich«. Freilich stehen sie kaum mehr in dem lebhaften Austausch der Generationen, der einst trotz wesentlicher Brüche doch eine Kontinuität wenigstens in der Diskussion von Zielen und Lebensformen sicherte. Diese selber hatten allerdings auch in den ökonomischen Verhältnissen der Bürger eine gewisse Kontinuität. Aber geben nicht vergleichbare Betroffenheiten eher eine bessere Aussicht auf gemeinsame Überlegungen?

Der Diskurs ist seiner historischen Rolle nach eine nicht nur überpersönliche, sondern auch unpersönliche Veranstaltung der bürgerlichen Individuen zu einem öffentlichen Dialog, in der sie gewissermaßen ihr Urteil von der Individualität reinigten, aus der ihre Urteilsfähigkeit erwachsen war. »Entzerrt« von äußerer Herrschaft der einen Menschen über die anderen, wie Jürgen Habermas den Diskurs will, würde er auch von der inneren Herrschaft erlöst werden, die individualistische Prinzipien über lebendige Individualität ausübten. Für das Besondere unserer jeweiligen Lebensvorstellungen und -bedingungen bedürfen wir einer allgemeinen Lebensfähigkeit der Menschheit. Beide Seiten, dieses Besondere und dieses Allgemeine, dürften dem entzerrten Diskurs eine verbindlichere, eine doppelt existentielle Grundlage vermitteln: *Innerer und äußerer, individueller und öffentlicher Dialog könnten Schritt um Schritt unsere Wege bestimmen.*

Und warum soll eigentlich eine Erziehung dazu, von Möglichkeiten einen bestimmten Gebrauch machen zu können, so »idealistisch« sein? In der Tat *kann* Erziehung zu mehr Bewußtsein bei schlechten Verhältnissen zu bloßer Skepsis führen. Hegel nennt sie »das unglückliche Bewußtsein«. Erziehung und Bewußtsein können aber über solche bloße Aufklärung hinausgehen; sie bilden doch reale Vermögen in uns aus, mehr tätigen Abstand zu den Verhältnissen zu gewinnen und unseren Reflexionen unsere eigenen Wendungen zu geben. *Viele der wichtigen Schritte und Tätigkeiten, die in unserer Geschichte gar nicht, nicht in Traditionen oder nur von einzelnen Individuen ausgebildet worden sind, werden ja weder verboten noch absolut verhindert: Es fehlen nur Anlaß und Anleitung.* Diese zu finden – und allerdings die dafür notwendige Muße und Konzentration zu gewinnen –, hat sicherlich den wesentlichen Teil dessen ausgemacht, was eine irrige Individualismusvorstellung unter Genie verstand. In Wirklichkeit hat das mit einer *Arbeits*weise zu tun, die jene Wechselprozesse eben auch auf der Seite der Individuen sehr ernst nimmt. Warum sollte sie nicht gelernt werden können? *Allenfalls* – und alles spricht dafür – *fehlen geeignete Lernsituationen, die man aber schaffen kann.*

Hier müssen die Nachforschungen vorerst abbrechen.

Der Individualist Gide widersprach dem alten Satz »Gegensätze berühren sich« mit der Devise »die Gegensätze berühren mich«. Die Individualität, die am öffentlichen Dialog teilhat, ließe sich mit weiteren Veränderungen des Satzes andeuten: »Die Gegensätze berühren sich in mir.«

Rückblick auf die Aktualität des bürgerlich-autonomen Subjekts

Der allgemeinere Begriff Autonomie wird durch unsere Themenstellung sozialphilosophisch bestimmt. Ich möchte an einem entscheidenden Abschnitt der Geschichte dessen, was das »autonome Subjekt« genannt worden ist, einige zentrale Elemente herausarbeiten. Von vielen Autoren ist in dieser oder jener Form die These von der Antinomie des autonomen Subjekts vertreten worden; das Hauptinteresse meines Versuchs ist es, diese These noch einmal zu radikalisieren. Die aus der Antinomie sich ergebende Aporie soll hier als ein Problem erörtert werden, das in der Philosophiegeschichte sich auf eine Weise manifestiert hat, die auch für eine allgemeine Geschichte der jeweiligen Epochen aufschlußreich ist, das aber gerade in der gegenwärtigen Situation sich als ein grundlegender Widerspruch in einer Reihe von neuen theoretischen Entwürfen der Gesellschaftstheorie, der Sozialwissenschaften, der Psychologie und anderer Disziplinen fortsetzt. Am Schluß möchte ich einige Ausblicke auf solche Entwürfe und ihre Kritik geben, auch auf einige Gegenansätze. Was zunächst an Rekonstruktionen der Hobbesschen und Kantischen Theorie und an Überlegungen zu diesen möglich ist, soll dem Versuch dienen, einige zeitgenössische Positionen in einer präziseren Kritik fassen zu können.

Drei Momente und ihr systematischer Zusammenhang, der freilich mit dem Fortgang der Geschichte sich verändert, sollen benannt und an ihnen die Bedeutung des Begriffes ›autonomes Subjekt‹ als eines historischen Konzeptes thematisiert werden:

die Abhängigkeit von Besitzautonomie; ein spezifischer Verinnerlichungsprozeß; eine ihnen entsprechende Konstruktion von Allgemeinheit. Kant hat seine Position gewiß in dem Sinne historisch verstanden, daß sein Denken einen ganz bestimmten Punkt einer ebenso deutlich bestimmbaren Entwicklung bezeichnete; das wird besonders greifbar in den geschichtsphilosophischen Schriften. Kant ging von einer diesseitig sich realisierenden Geschichte aus: »Die Natur hat gewollt: daß der Mensch alles, was über die mechanische Anordnung seines tierischen Daseins geht, gänzlich aus sich selbst herausbringe, und keiner anderen Glückseligkeit, oder Vollkommenheit, teilhaftig werde, als die er sich selbst [...] durch eigene Vernunft, verschafft hat.« *(Idee zu einer allgemeinen Geschichte in weltbürgerlicher Absicht, Werkausgabe,* hrsg. v. Wilhelm Weischedel, Frankfurt am Main, 1964, Bd. XI.) Er trug damit entscheidend bei zur Herausbildung eines teleologischen Begriffes von »Menschheit«, der bei Hobbes in nuce sich finden läßt. Zugleich liefert Kant eine teils offen geführte, teils implizite, aber jedenfalls sehr klare Analyse wichtiger Aspekte der gesellschaftlichen Verhältnisse seiner Zeit, so insbesondere die Bestimmung von »Sibisufficientia« (vor allem in dem so betitelten Abschnitt in *Über den Gemeinspruch: Das mag in der Theorie richtig sein, taugt aber nicht für die Praxis,* l. c.) Wer solche Unabhängigkeit von ökonomischer Macht anderer Individuen, also von unmittelbarer fremder Weisung in dem Privatbereich ›Lebenserhaltung‹, habe, wer »sein eigener Herr« sei und infolgedessen mündiges Mitglied der »bürgerlichen Gesellschaft« sein könne, das definierte Kant nach Kriterien der Verhältnisse im Deutschland, vielleicht noch im Blick auf das England seiner Zeit. Er forderte nämlich als Voraussetzung jenes minimale Kapital, das auch der Kleinhandwerker besitzt, um seine eigene Reproduktion vorschießen und somit gegenüber Auftraggebern sich autonom verhalten zu können. Freilich ist der »Mechanism der Antagonismen« von Kant unter den damaligen historischen Voraussetzungen als dessen äußerliche Gestalt konstruiert worden: der vorerst nur vernunftförmige Statthalter und Wegweiser für eine dereinst wahrhaft vernünftige Weltordnung aus Zusammenstimmung von individueller Freiheit und Autonomie mit einer prästabilierten Harmonie.

Bei Hobbes sind die Bezüge zur Zeitgeschichte zwar so evident, daß sie in allen Interpretationen eine wichtige Stelle einnehmen; sie müssen aber erst durch die Interpretation erschlossen werden, die gerade die Anthropologie als Teil der politischen Theorie zu zeigen hat. Der frappant pessimistische Charakter dieser Anthropologie hat vielfach dazu geführt, sie gewissermaßen historisch zu relativieren durch den Hinweis auf die Zeit der Religions- und Bürgerkriege. Hierher gehört Carl Schmitts Versuch, in Anlehnung an Hobbes insbesondere im »Hüter der Verfassung« die rationale Begründung von irrationaler Herrschaft zu retten. Daran wird deutlich, daß die Anthropologie selbst – pessimistische oder nicht – als eine historische Strategie begriffen werden muß, mit deren Hilfe in der existentiell erlebten Not Orientierung gesucht, Ordnung gestiftet werden sollte, die nicht über konkrete Erlebnisse von gutem Leben an geschichtlichen Erfahrungen anknüpfen konnte. Deshalb muß die Zeit aus dem ökonomischen und politischen Grunde analysiert werden – die Umwälzung war die sogenannte ursprüngliche Akkumulation. Deren Praxis hatte zugleich im Handel des Bürgertums bereits Ansätze zu kalkulatorischen Erfahrungen hervorgebracht, und diese lieferten Problemlösungsstrategien, nach deren Vorbild sich die Hobbessche Theorie entwickeln konnte, u. U. auch in den Teilen, die vordergründig keineswegs von ihm als Stützung oder Apologie des Bürgertums gedacht waren.

Die zentrale Kategorie bei Hobbes ist das Privateigentum, weil es das Substrat des zentralen Prozesses ist: kalkulierter Erwerb von Reichtum für die Einzelnen. Er entsteht über quantitative Berechnungen und gilt als Ausgrenzung gegen die anderen, die ebenfalls einzeln besitzen wollen. Zu den Kalkülen gehörten alle Äußerungen und Hilfsmittel. So konnte die Anthropologie von Hobbes feudale und Handels-Macht, Schönheit und Gewalt gleichförmig nebeneinander dem einen Zweck subsumieren. Die ursprüngliche Akkumulation war das Gebot der Stunde, so daß darauf bei Hobbes noch nicht, wie später bei Locke, explizit reflektiert werden konnte. Eigentum wurde noch nicht zur Universalie erklärt, sondern gewann erst implizit diese Bedeutung. Sie wurde freilich durch die Rückprojektion in einen »Naturzustand« zur scheinbar invarianten Determination menschlichen Seins gemacht. Als »natürliche« Situation der Menschen wurde ihre isolierte Selbsterhaltung behauptet und damit zugleich das Modell eines Wirtschaftens auf getrennte eigene Rechnung gegen die Bedürfnisse bzw. Ansprüche der anderen legitimiert.

Dem entspricht, daß einerseits eine vernünftige Geschichte

ex nihilo entworfen wurde; alle substantiellen Beziehungen schob der Aufklärer als obskur von sich. Andererseits bildete die Vertragsfigur das Modell eines aus Einzelschritten sich ergebenden Progresses zu allgemeiner Geltung, konnte aber nicht ohne ein Motiv für Progreß auskommen. Dieses wurde gefunden in einer Ergänzung des ex nihilo durch den brutalen vereinzelten Egoismus. Darin liegt, so könnte man sagen, ein Trick verborgen. In dem formalen Prozeß seiner Bändigung ins Allgemeine/Geltende, schließlich in der Versittlichung der Welt wurde seine Schlechtigkeit überwunden; und mit der Wendung zum gleichgewichtigen Mechanism der allgemeinen Wohlfahrt, ja, Vollkommenheit, sollte Egoismus auch dereinst als Phänomen des Prozesses verschwinden. So wurde das Antriebsmoment dissimuliert, während Substanz aus reiner Vernunft simuliert wurde.

Das Stichwort Vertrag bezeichnet eine Gelenkstelle. Bürgerliche Handelspraxis hatte den Vertrag im modernen Sinne unter Rückgriff auf die römische Rechtstradition zu dem Instrument gemacht, das im Konflikt aufeinander treffender Besitz- und Handelsinteressen Klärung und Sicherheit durch nachprüfbare Entscheidungen gewährleistete. Das wurde dadurch möglich – und nur insofern –, daß die formal gleichen und quantitativ vergleichbaren Interessen von Eigentümern allgemein formuliert und zur Geltung gebracht wurden. Daher eignete sich dieses Instrument auch dazu, auf die gesamte allgemeine Organisation der Gesellschaft, soweit sie von den Interessen der Bürger als Eigentümer beherrscht wurde, übertragen zu werden. Bernhard Willms sagt (*Politische Ideen von Hobbes bis Ho Tschi Minh*): »die Vertragsfigur meint, daß die Verhältnisse freiheitlich zustande kommen«. Der Vertrag kann nicht bestimmte Beziehungen auf besondere Inhalte aufnehmen; in einer gewissen Parallelität zu dem seit Bacon sich durchsetzenden Verfahren des Experiments in den Naturwissenschaften grenzt vielmehr das Vertragsmodell grundsätzlich das, was als relevant anerkannt wird, auf gewisse reproduzierbare Ablaufsformen oder Verhältnisse ein, bzw. es grenzt das, was je einzig und nicht vorab subsumierbar ist, als störende Randbedingung mit Hilfe von rigiden Definitionen aus. Schon bei Bodin wird das Privateigentum als Fundament der Gesellschaft verstanden, weil die einzige allgemeine Maxime, die zur Verfügung stand, das Profitstreben als kalkulierter Erwerb von individuellem Reichtum war. Deshalb ist auch bei Hobbes das, was als privat aus dem staatlichen Handeln ausgeschieden ist, gerade konstitutiv für das Ganze. Sein Gesellschaftsvertrag macht noch über den Souverän als Monarchen den kontingenten Zwang zum expliziten autoritativen Dritten, unter dem die Gleichförmigkeit der privaten Interessen – als rücksichtslose Durchsetzung von Egoismus in der allgemeinen Konkurrenz – erkennbar wurde und zur faktischen Geltung gebracht werden mußte. Dennoch sind auch in seiner Theorie die Individuen die Urheber des Gesellschaftszustandes.

Kants »Mechanism der Antagonismen« stellt eine fortgeschrittene Phase dieser Entwicklung dar, indem hier nicht mehr der Souverän als ein Dritter und lediglich durch die Ineffizienz aller anderen Organisationen legitimiert den brutalen Zwang ausübt; an dessen Stelle kann eine der sich entfaltenden Gattung immanente Notwendigkeit treten, wenn auch noch für die sich selbst gegenüber blinden Individuen unverstehbar. Selbst »eine Gesellschaft von Teufeln« würde, dank der prästabilierten Harmonie des Mechanism, das Übel bösartiger Egoismen in eine allgemeine Ausgeglichenheit der Interessen umkehren müssen. Freilich wäre dazu Durchgängigkeit der antagonistischen Strukturen unerläßlich und zu dieser genügend Verstand eines jeden, wenigstens die eigenen Interessen zu verstehen und sie auf lange Sicht wohlkalkuliert durchsetzen zu wollen. Wenn Kant feststellte, daß die empirischen Subjekte dieser Forderung keineswegs alle genügen konnten, so hatte das zwei Konsequenzen: Einmal mußten alle Nichteigentümer als Bürger ausgeschlossen werden, wozu äußerer Zwang weiter geboten war, und für die »Mündigen« sah er ebenfalls massiven Nachdruck in Form eines staatlichen Rechtswesens vor, das den allzu Blinden nicht erlaubte, wieder störende Randbedingungen einzuführen. Zum anderen mußte er annehmen, alle Individuen müßten durch solch puren Egoismus gegangen sein, und sie müßten andere bessere Maximen immer erst aus dem reinen Antagonismus, ex nihilo, entwickeln. Das bedeutet aber, die Sittlichkeit setzt den Sündenfall von bloß verständigem Besitzegoismus nicht bloß voraus, so daß sie immer auf ihn als das zu Neutralisierende bezogen bleiben wird; vielmehr kann Sittlichkeit überhaupt nur über einem Fortbestehen des Besitzegoismus praktisch werden – sie kann ihn zwar läutern, bedarf aber seiner Motorik. Alle reineren Formen gesellschaftlicher Organisation können und dürfen ihre antagonistische Basis nicht durchdringen und überwinden, sondern nur moralisch neutralisieren, weil die dichotomische Grundkonzeption auch in der späteren Entwicklung keine Möglichkeit mehr läßt, Natur und Vernunft zu einem emphatischen Bedürfnisbegriff zu verbinden, Vernunftbestimmung der Menschen und empirische Geschichte zur wirklichen Selbstbestimmung der Menschheit real zu vereinigen.

Der Begriff Basis wird hier noch nicht im Sinne der politökonomischen Terminologie von Marx verwandt, er soll jedoch darauf hinweisen, daß in der Tat der Marxsche Begriff der Sache nach auf die spezifisch bürgerliche Dichotomie zurückzuführen ist, die sich auch in der Kantschen Konzeption von realistischem Mechanismus einerseits und ideeller Teleologie andererseits niederschlug. Es ist klar, daß diese Dichotomie im Grunde zurückgeht auf die klassenspezifische Teilung von körperlicher und geistiger Arbeit. Die geistig arbeitende Klasse, die weiterhin an dem Privileg, nicht länger mit der körperlichen belastet zu sein, festhält, muß die körperlich arbeitende Klasse und damit den »realistischen« Anteil an der Tätigkeit der Menschheit überhaupt unter ihrer »Kontrolle« halten. Kontrolle aber ist eine Form von Herrschaft, von Ausgrenzung eines Unteren gegenüber dem Höheren. Ausgrenzung heißt Dichotomie. Was eigentlich strategische Funktion hätte, schlug in Ontologie um, anders hätte es diese strategische Funktion gar nicht erfüllen können. Darin wiederholt sich in freilich ganz eigener Wendung das Verhältnis von Natur und Vernunft, von Naturzustand und Gesellschaftszustand bei Hobbes.

Das sich durchhaltende Moment ist die nur scheinbare Neutralisierbarkeit von Egoismus durch äußerliche Vernunft. Die Durchsetzung der Einzelnen gegen die anderen wird bei Hobbes mit der Maxime der blindwütenden Selbsterhaltung im mörderischen Chaos begründet. Später, z. B. bei Kant, erscheint solch äußerster existentieller Zwang in den etablierten bürgerlichen Verhältnissen einigermaßen überwunden, so daß auf den Egoismus nur als die einzig verfügbare verläßliche Triebkraft rekurriert wird. Aber auch in den späteren ruhigeren Zeitläuften ist das Motiv für den Erwerb von Privateigentum die Sehnsucht, die anderen ausschließen zu können, um wenigstens teilweise dem Zwang des antagonistischen Gesellschaftszustandes zu entkommen. Diese Sehnsucht hat sich gewiß mehr und mehr von der nackten Selbsterhaltung zu auch emphatischeren Vorstellungen von *securitas* verlagert; das Prinzip der zweckdienlichen Strategien ist aber dasselbe geblieben: die Ausgrenzung. Ausgrenzung erfordert Macht gegen die anderen und bezeichnet eine Strategie, in der diese Macht angewandt wird. In diesem Prinzip gibt es nun freilich keine angebbare Schwelle, wann die Ausübung von Macht gegen andere durch eine Verschiebung im Kräfteverhältnis zur Ausübung von Macht über andere wird. Das läßt sich schon in dem Hobbesschen Naturzustand nicht recht sagen, weil dort die einzig verläßliche Sicherheit vor den Mordabsichten eines anderen darin besteht, diesen vorsorglich umzubringen. Zwar ist die »Verhältnismäßigkeit der Mittel« im Laufe der Entwicklung zum bürgerlichen Rechtsstaat erfunden worden, doch muß dieser Grundsatz mehr regulatives Leitmotiv bleiben, als daß er die Ableitung präziser Kriterien aus einer qualitativen Norm erlauben würde. Gerade diese bloß formale Bestimmtheit hat das Prinzip ja dazu geeignet gemacht, nicht nur Parole der gesamten Gesellschaft zur Selbstrettung gegen chaotische Verhältnisse zu werden, sondern gleichzeitig den Mächtigen und Herrschenden die ausbeuterische Machtausübung über die Machtlosen als einen Teil des Kampfes gegen die erste Natur darzustellen. Das ex-nihilo-Modell hat die Tendenz in sich, expansiv bis zur äußersten Form von Angriff und Herrschaft zu sein, weil eben nicht gesagt wird, was denn gesellschaftlich bestimmt in der Selbsterhaltung verteidigt werde, und weil alle Beziehungen auf andere und anderes sich als kontrollierende Eingrenzung von einst antagonistisch Ausgegrenztem darstellen. So kann das strategische Verhalten, das soeben noch der Notwehr diente, ohne bezeichenbare qualitative Veränderung übergehen in Aggression, Unterdrückung und Eroberung. Für die Gesellschaft, die ein solches Prinzip ihrem geschichtlichen Handeln im einzelnen wie im ganzen zugrunde legt, gibt es keinen wirklichen Unterschied zwischen der Selbstkonstitution ex nihilo und der Weltherrschaft. Beide sind lediglich faktische Extreme einer Skala, auf der die Unterschiede der Situationen im wesentlichen nach dem quantitativen Umfang des Kontrollierten abgetragen werden.

Hobbes geht allerdings aus von einer Anerkennung menschlicher Bedürfnisse, der Sicherung von Leben und Kontinuität. In dem entsprechenden Recht auf Selbsterhaltung, das freilich ziemlich weit reduziert ist, hätten sie sich nicht zu erschöpfen brauchen. Howard Warrender hat betont, »it is a law, it is not a right«, also ein allgemeines Prinzip, nicht ein individueller Anspruch. Trotzdem könnte diese Anerkennung von Bedürfnissen als Legitimationsbasis selbst eine dialektisch-materialistische Gesellschaftskonzeption begründet haben. Hobbes hat es dazu unter dem Druck chaotischer, ordnungheischender Verhältnisse nicht gebracht. Aus Kants Ansatz sind sie aber nicht einmal mehr zu denken, und in der vergleichsweise ruhigeren Zeit wurden nicht etwa nun Rechte und Prinzipien der Gesellschaft aus emphatischeren Bedürfnissen der Menschen als dem nach Lebensentfaltung entwickelt. Der antinomische Charakter der Autonomie, die in diesem Geschichtsabschnitt realisiert wurde, wird hieran deutlich: In der Phase von Hobbes war Autonomie historisch noch so sehr Autonomisierung bürgerlichen Handelns gegen spät- und nachfeudale Zwänge und gegenüber einer Natur, die bis dahin nur auf gut Glück in der agrarischen Produktion genutzt worden war, daß sich die verhängnisvolle Borniertheit nicht vorstellen ließ, die für das so autonom werdende Subjekt als Konsequenz mit in Kauf genommen wurde.

Zu dem dialektisch entwickelten Interpretationsmodell der *Dialektik der Aufklärung* beziehe ich hier insofern eine Gegenposition, als ich versuche, historisch-dialektisch die jeweilige historische Konstellation einer Epoche konstitutiv in ein entsprechend verändertes Modell aufzunehmen: Bei Hobbes wurde Vernunft als notwendig instrumentelle gefaßt; dabei wurden theoretisch emphatische Möglichkeiten ihrer Entfaltung mitgesetzt, sie wurden aber durch die herrschaftlich-irrationale Gesellschaft strategisch instrumentalisiert oder sonst an ihrer Realisierung gehindert. Zugleich läßt sich diese innergesellschaftliche Irrationalität für diese Epoche nicht streng genug trennen von der Irrationalität, die durch den Druck des unbefriedigenden Verhältnisses zu der ersten Natur als gesellschaftliche Notlage sich darstellte. Es war nicht, wie Horkheimer und Adorno meinen, ein böser Kern in einer Vernunft, die gleich mit ihrem Eintreten in die Geschichte eine eigentliche Bestimmung in sich getragen hätte, nach der sie einfach für eine Entfaltung der Menschen hätte wirken müssen. Ihr »Umschlagen« in nur perfektionierte Herrschaft unter den schlechten Verhältnissen hat deshalb auch weniger jenen schicksalhaften Charakter.

Gegen die emanzipatorischen Theorieansätze von Habermas muß gesagt werden, daß jene emphatischen Möglichkeiten aus Vernunft, die unter ganz bestimmten Bedingungen, mit ganz bestimmten Strategien und auch mit spezifischen Konsequenzen – eben weit über die vordergründige Ökonomie von Produktionsverhältnissen und Güterverteilung hinaus – für die Konstitution von Klassen unterdrückt worden sind, nicht als abgehoben formale über formale Prozesse wieder hereingeholt werden können. Vergröbert gesagt: Es kann nicht ein »Entzerren des Diskurses« und auch keine quasi gerechte Verteilung der Reproduktionsmöglichkeiten uns helfen. Es geht darum, systematisch und in solch weitem Umfang, wie die technologische Arbeitsteilung das erlaubt – und sie erlaubt eben wesentlich mehr und anderes als die bürgerliche Arbeitsteilung als Organisation der technischen –, Praxis als Reflexionsebene einzubeziehen. Nur so kann man überwinden, daß, wie Willms beklagt, »die gesamte Welt in Subjekt und Objekt dichotomisiert« ist. Der »Diskurs«* ist ebenso wie der »Mechanism der Antagonismen« ein Epiphänomen dieser Dichotomie; er läßt sich bei systemtheoretischer Reduktion auch auf dieselbe Struktur zurückführen. Beide sind Formalabstraktionen des Marktmodells und also dessen, was Marx als den Geldschleier und als den nichtäquivalenten Äquivalententausch an der ausgebeuteten Lohnarbeit analysiert hat.

Die vom Bürgertum in unserer Geschichte entwickelte Vernunft trägt die »herrschaftlichen Verzerrungen« dieser Geschichte in sich selbst, und zwar in zweifacher Hinsicht. Im

* Vgl. die Rekonstruktion des Diskursmodells nach Jean Bodin, also an seinem neuzeitlichen Entstehungsort, in: Rudolf zur Lippe, *Naturbeherrschungen am Menschen*, Bd. II.

Zuge ihrer Entwicklung mußte das Bürgertum seine eigene Defizienz gegenüber der zunächst ihm noch notwendigen absolutistischen Gewalt verinnerlichen. Auch wenn diese Verinnerlichung schon zu einer Verarbeitung gelangte, die aus der machtpolitischen und organisatorischen Defizienz letzten Endes in ein offensives Selbstbewußtsein umgesetzt wurde, so blieb dieses doch in einem gewissen Umfange extrovertiert und innerlich unsicher. Diese Richtung wurde verstärkt dadurch, daß die bürgerlichen Gegenmodelle zum bestenfalls vernunftförmigen Absolutismus und zum Klerikalismus in ihrem stringenten Teil immer rein formal und damit ihrerseits auf die äußere Sphäre von gesellschaftlicher Geltung angewiesen blieben. Daneben konnte das Bürgertum zwar seine Klassenherrschaft gegenüber dem Proletariat durchsetzen, es blieb aber in solch elementarer Weise auf die Ausgebeuteten verwiesen, daß ihm der Mangel an einem bestimmten grundlegenden Zugang zur geschichtlichen Wirklichkeit – auch seiner selbst – in der verschobenen Form der verschiedensten Probleme stets Unbehagen bereitet hat. Das heißt, die objektiven Bornierungen, die aus der klassenspezifischen Arbeitsteilung auch für die Vernunftausbildung durch das Bürgertum folgten und folgen, verdoppeln sich mindestens in dem Vorbewußten des Bürgertums.

Man muß sehen, daß die historische Situation des Bürgertums unter dem absolutistischen Druck und zugleich mit dem Absolutismus im Bündnis sich in der Hobbesschen Theorie spiegelt. In dieser Situation lag die Chance, in einem »privaten« Bereich, der mehr und mehr als der eigentliche begriffen werden mußte, nachdem die in ihn systematisch verwiesenen ökonomischen Vorgänge längst die zentrale Tätigkeit ausmachten, über vernunftförmiges Kalkulieren im Zusammenhang mit ebenso zum »Privaten« erklärten religiösen und anderen inhaltlichen Argumentationen die Vernunft handelnder Individuen auszubilden. Andererseits wurde dieser Prozeß durch den Zwang beeinträchtigt und gelenkt, unter dem die Bürger die ihnen äußerliche Gewalt des Souveräns als die existierende Objektivität ihrer eigenen Interessendurchsetzung hinnehmen mußten. Nur über diese ihnen vorgesetzte, jedoch naturwüchsige Macht vermochten sie ihre eigenen Maximen zur wirklichen Allgemeinheit zu erheben; so konnten sie sich auf ihre eigene Autonomie ökonomischer Provenienz nur vermittelt beziehen, und zwar darüber, daß sie sich mit dem an sich irrationalen *pater patriae* identifizierten. Allerdings konnte das Bürgertum im Windschatten solcher Machtausübung, die ihm gewissermaßen den öffentlich-notorischen Teil der »Dreckarbeit« abnahm, Vernunft ausbilden und von dieser her sich immer prinzipieller von jener Naturwüchsigkeit distanzieren (vgl. Rainer Kosellek, *Kritik und Krise. Ein Beitrag zur Pathogenese der bürgerlichen Welt*, 2. Aufl. Freiburg/München o. J.) Die Anpassung der bürgerlichen Kultur an die Repräsentation als die Selbstdarstellung der Monarohie und der Kampf der Bourgeoisie gegen den Absolutismus sind deshalb nur vordergründig ein Widerspruch. Der gemeinsame Grund für die Ähnlichkeit der Struktur, die sowohl die Selbstdarstellung des Bürgers als Repräsentant seines privaten Eigentums vor dem Äußeren der Gesellschaft von anderen Privateigentümern zeichnete wie auch die Selbstdarstellung des absolutistisch-zentralistischen Souveräns gegenüber den anderen Souveränen, der der patriarchalischen Zwangsgewalt des über das Eigentum disponierenden Familienvaters und der staatlichen Gewalt des Herrschers über nationale Ressourcen und Untertanen unterlag, ist in der Konstitution von Identität durch Ausgrenzung zu sehen. Die Nation wird über der Fläche errichtet, auf der andere nichts zu schaffen haben; Eigentum ist, wovon man die anderen ausschließen kann. Die innere Organisation wird nicht aufgrund von eigentlich inneren Bedürfnissen entwikkelt, sondern in Funktion der Notwendigkeiten des Auftretens nach außen konstruiert. Daß diese Strukturähnlichkeit auf die Durchdringung der Gesellschaft und gerade auch des zentralistisch-absolutistischen Herrschaftsmodells mit bürgerlichen Konzeptionen zurückgeht, habe ich in anderem Zusammenhange eingehend dargestellt (*Naturbeherrschung am Menschen*, Frankfurt am Main, 1974, Bd. II).

Die Parallelität der beiden Strukturen kam dem Vorgang, der als Identitätsbildung des Bürgertums über seine Identifikation mit dem autoritären Dritten, dem Souverän, benannt worden ist, auch der Sache nach entgegen. Anpassung an die souveräne Selbstdarstellung und Kampf gegen den Absolutismus schlossen einander so wenig aus, wie die Vateridentifikation des Kindes dessen Aufbegehren gegen den Vater in der bürgerlichen Sozialisation, die auf diesem Wege Selbständigkeit des Sohnes als Verinnerlichung des ihm bedrohlich, äußerlich gegenüberstehenden Über-Ichs konzipiert. Die psychoanalytische Figur, die im Zentrum der modernen europäischen Sozialisation steht, der Ödipuskomplex, findet sich in der sozialpsychologischen Dimension bürgerlicher Klassenidentität wieder.

Es ist immerhin interessant, unter diesem Gesichtswinkel die Konsequenzen der weiteren Entwicklung in der Philosophie zu sehen. Bei Kant konvergiert der Begriff der Freiheit – ein politischer Name für die Selbständigkeit der Klasse und ein moralischer für die Selbständigkeit des Individuums – mit dem der Notwendigkeit. »Bei Kant drückt der Begriff der Autonomie nichts als die unbedingte Vorbehaltlosigkeit der Unterwerfung aus«, sagt Gerhard Krüger (*Philosophie und Moral in der Kantschen Kritik,* Tübingen 1931). Die Verinnerlichung des äußerlichen Identifikationsverhältnisses wird unter der Strategie einer Autorität erzwungen, auch wenn immer weniger diese Autorität ein Souverän gegenüber dem Bürgertum und ein aktiv autoritärer Vater gegenüber den Kindern ausübt. Zunehmend rückte abstrakt die etablierte Organisation der Gesellschaft als allgemeiner Extrakt aus den konkreten Eigentumskalkülen und Autoritätsrollen an die Stelle von Personen, die die entsprechenden Instanzen in historischer Interaktion zu realisieren hatten. Damit werden zunehmend die konkreten Zusammenhänge, in denen bislang doch noch etwas anderes als die ohnehin formalen Strukturen mitverinnerlicht wurde, ausgeschlossen. Die bürgerliche Freiheit oder Autonomie der Individuen erweist sich zusehends als ihrem Wesen nach inhaltsleer. Diese Autonomie bestimmte sich konkret über die historische Negation der inhaltlichen Einbindung der Individuen in Sinn und Kontinuität der feudalen Lebenszusammenhänge und über die formale Erfahrung von *Sibisufficientia ex negativo* durch Privateigentum bzw. über die Erfahrung von individuellem Kalkulationsvermögen, wie es sich in, objektiven, Marktlagen falsifizieren oder verifizieren konnte. Willms sagt: »Im Ausgang vom deskriptiv-deduktiven Modell der Autonomie der isolierten Individuen, kam Hobbes nur zu jenen strukturellen, nicht mit

Gerechtigkeit verbundenen und Gerechtigkeit nicht realisierenden Verhältnissen der bürgerlichen Gesellschaft.« *(Leviathan)* Willms meint nun, die fehlende Inhaltlichkeit sei in diese Leerstelle durch »Vermittlung mit den Institutionen geschichtlicher Substanz« hineingebracht worden. Sein Hinweis z. B. auf das Christentum kann aber als »Vermittlung« nicht befriedigen; Hobbes hat im Gegenteil die geschichtlich noch anstehenden »Institutionen« – und eben nicht Inhalte wie gerechte Beziehungen zwischen den Individuen – rationalisiert, um sie instrumentell einzusetzen.

In diesem Sinne ist dem Votum von Willms völlig zuzustimmen: »Der Ansatz Hobbes' war das autonome Subjekt, das bestimmt ist als einzelnes mit dem ursprünglichen Recht auf alles.« Dabei ist dieses Recht wiederum bloße Leerform, so daß das »Selbstbewußtsein des bürgerlichen Subjektes als Negation des Allgemeinen« entsteht (ebd.). Von Hobbes wurden ihm »inneres Denken« und »innerer Glaube« überlassen, deren Unvermitteltheit zur funktionalen Autonomie gerade nicht dadurch überwunden worden wäre, daß sie als von Gott »unerforschlich eingegeben« gelten sollten, wie Willms sich das vorstellt; vielmehr entstand Innerlichkeit als Leerstelle. Sie war lediglich dadurch bestimmt, daß sie negatorisch die Instanz gegenüber einer mechanisch-inhaltlos konstruierten Allgemeinheit bilden sollte. Was also in einem empirischen Individuum diese Leerstelle einnahm, mußte *ex definitione* als geborgt von der Allgemeinheit gelten, die zwar nur negativ formal ihm gegenüberstand, aber so seine einzige systematische Bestimmung abgab. Das Allgemeine sollte nichts anderes beinhalten als die Objektivität individueller Maximen, weil die mechanisch-formal konstruierte Allgemeinheit von gesellschaftlich Geltendem doch nur durch Verallgemeinerung zustande kommen konnte, diese aber immer auf der Voraussetzung aufbaute, daß Gesellschaft nicht selbst ein bestimmbares Ganzes sei, sondern lediglich das Resultat aus der Summe angeblich naturgegeben Einzelner. Bis auf die heutigen Verhältnisse hat man diese Antinomie dadurch zu lösen versucht, daß man auch hier für Allgemeinheit ausgibt, was nur statistische Verallgemeinerung von positiv feststellbarem Verhalten ist. Man hat die Deskription von Maximen, insbesondere die Maxime der Profitmaximierung als die kalkulierende Form von Egoismus oder expansiver »Selbsterhaltung«, als Norm ausgegeben. Dabei ist in Wahrheit die Maxime von den Bedingungen des Instituts Privateigentum diktiert, das in der Geschichte der Menschheit erst spät aufgetaucht ist, so daß es nicht geeignet ist, als inhaltliche Bestimmung »des Menschen« angesehen zu werden. Gerade die Lehre von Hobbes macht die Vereinzelung der Menschen in antagonistischer Atomisierung, die durch das Privateigentum und die auf ihm aufbauende kapitalistische Gesellschaftsorganisation überhaupt erst geschaffen worden ist, zu einem angeblichen »Naturzustand« der Menschheit, um aus der vorgestellten vorgesellschaftlichen »Selbsterhaltung« eine Art Naturtrieb abzuleiten, der in der nur formal bestimmten Gesellschaftssituation verändert wird, aber weiterhin als konkrete Bestimmung dient.

Das wird besonders deutlich an dem Wandel, den wir in Hobbes' Auffassung von den »Tugenden« und »Leidenschaften« beobachten können. In der Einleitung zu seiner frühen Thukydidesübersetzung nennt er dessen Geschichtsschreibung »profound« in dem Sinne von »grundlegend«. Er war dankbar für die behauptete Entdeckung von Invarianten; bestimmte Bewegungsgesetze des menschlichen Verhaltens wurden in einer Reihe von Motiven festgehalten, die sich nicht in den Untiefen einer Individualpsychologie zu verlieren drohten. Sie waren, so schien es, geschichtlich positiv, also unbestreitbar hervorgetreten, versprachen jedoch, selber ungeschichtlich zuverlässig menschliches Handeln zu beschreiben. Hobbes scheint mir zwar schon damals diese Erkenntnisse auch im Sinne eines egoistischen Handelns der Einzelnen verstanden zu haben; später ist er jedenfalls ganz von der aristotelischen Tugendlehre abgerückt, um jenen Motiven einen systematisch-strategischen Zusammenhang zu geben. Er hat den individualistisch-existentiellen Aspekt mit dem einer ahistorischen Anthropologie auf ganz neue, eben frühbürgerliche, Weise verbunden. Am deutlichsten wird dies vielleicht an der Tugend der »Ehre«, die er, wie Leo Strauss sagt, später zur »Leidenschaft herabsetzte«. Indem Ehre nicht mehr außenleitende Tugend, sondern innere Triebrichtung sein sollte, wurde das Individuum gegenüber dem feudalen Lebensverband, gegenüber Hegels »sittlicher Welt«, autonom erklärt.

Allerdings gelang die Autonomie vorab nur negativ; an die Stelle von Außenleitung trat eine innere, aber es trat auch an die Stelle von Sinnvorstellungen bloße mechanische Bewegung, animalischer Trieb im gesellschaftlichen Gewande. Eine individuelle Existentialisierung wurde gegenüber dem Mittelalter radikalisiert, da nun »die Furcht vor gewaltsamem Tod« des Einzelnen als Einzelnem eine zentrale Bedeutung erhielt. Sie war möglich gerade durch die Auflösung von gesellschaftlich entstandenem Sinn, hier der Tradition von Ehre als Ausdruck von unentfalteter Kollektivität im Feudalismus. So ging wiederum keinerlei inhaltliche Legitimation des Individuums mit seiner Autonomieerklärung einher, erst recht keine Entfaltungsperspektive jenseits der Selbsterhaltung.

Erst als die »Selbsterhaltung« die extreme Ungesichertheit des Kampfes um die Chancen in der sogenannten ursprünglichen Akkumulation hinter sich gelassen hatte, konnte die pessimistische Anthropologie mit objektiven Perspektiven überprüft werden – moralische und altväterische Entgegnungen hatte sie immer schon gefunden. Die Überprüfung wurde historisch möglich auf der Basis sich konsolidierender ökonomischer Bedingungen, das heißt: als die Handel treibenden Bürger auch die Produktion unter kapitalistische Kontrolle und Planung gebracht hatten. Wie außerordentlich beschränkt diese Basis war, ist offensichtlich. Nur für das Bürgertum stellte sich die Entwicklung als Sicherung dar, die für das Proletariat fortschreitende Verelendung bedeutete und auch für die Aristokratie eine gewisse, wenn auch mehr ihr Selbstverständnis als ihre Subsistenz betreffende Verunsicherung mit sich brachte. Für das bürgerliche Bewußtsein selbst wurde die zunehmende Sicherheit davon begleitet, daß gerade der materialistisch interpretierbare Aspekt der Hobbesschen Konzeption verlorenging, indem das existentielle Moment, das der Selbsterhaltung zugrunde gelegt worden war, preisgegeben wurde. Die Subjektivität insgesamt wie auch die »Persönlichkeit« der empirischen – bürgerlichen – Individuen erfuhr eine innere Aufwertung; aber sie entwickelte sich gerade nicht von innen nach außen, von emphatischer als bei Hobbes begriffenen und entfalteten Bedürfnissen zu deren gesellschaftlicher Verwirklichung; vielmehr vollzog sie sich, insbesondere Kant zufolge, indirekt über eine Aufwertung der Allgemeinheit. Dieser wurde nun mehr als der vernunftförmige Charakter der Verallgemeinerung blind egoistischer Einzelmaximen beigelegt, und diese Aufwertung wurde den Individuen dadurch übermittelt, daß sie sich durch weitere Verinnerlichung, wie sie oben schon dargestellt ist, einen subjektiven Anteil als persönliche Meriten am neuen höheren Beruf der Menschheit sicherten. Die empirischen Individuen wurden formal an eine aufklärerische Fortschrittsperspektive angeschlossen, indem ihnen eine teleologische Beziehung zur neuen Form von Allgemeinheit, zum intelligiblen Gattungssubjekt, zugesprochen wurde. Solche Aufwertung bedeutete zugleich eine systematische Abwertung, insofern die Einzelnen ihren Beitrag zur arbeitsteiligen Gesellschaft nicht als ihre Selbstverwirklichung unmittelbar erfahren durften; vielmehr schuldeten sie das, was sie nun in dem ihnen vergönnten Bezug auf das intelligible Subjekt sich fühlen durften, der anonymen Allgemeinheit einer abstrakten und metaphysisch, transzendental begründeten Gesellschaftskonstruktion. Und auch dies wurde ihnen selbstverständlich nur zuteil, soweit sie der Bestimmung des Gattungssubjekts zur Vernunftausbildung empirisch nachzukommen vermochten. Was so zu der doch konkreten Gesellschaft und ihrer geschichtlich sich vollziehenden Entwicklung vom Einzelnen beigetragen wird, stellt sich als eine persönliche Defizienz gegenüber einer anonymen Norm dar, die in Wirklichkeit nicht anders als durch eine quasi statistische Verallgemeinerungsabstraktion zustande gekommen ist.

Als ein individuelles Exempel auf einen Gattungsfortschritt, dem es im wesentlichen sich zu verdanken hat, bleibt also auch hier das Subjekt gerade um seiner Autonomie willen defizient. Defizienz ist an einer übergeordneten Autorität, zunehmend an einer unpersönlichen, abstrakten Instanz, orientiert und kann nur durch eine Situation ausgeglichen – nicht prozessual überwunden – werden, in der das sich als defizient erlebende Individuum sich selber etwa so zu verhalten vermag wie der autoritäre Dritte. Bei fortschreitender Verinnerlichung der Über-Ich-Position und zurückgehender Abarbeitungsmöglichkeit in der Interaktion mit einer wirklichen Autoritäts*person* muß man sich zum Ausgleich selbst als Repräsentant jener Instanz fühlen dürfen. Das entspricht in diesem sublimierteren Entwicklungsstadium noch der einstigen Strategie von Ausgrenzung als Selbstbestimmung, durch die Autonomie gegenüber äußerer Natur und naturwüchsigem Feudalismus konzipiert worden ist. In dem äußerlich ruhigeren, in dem verinnerlichenden Zustand kehrt das Subjekt seine abstrakten »Rechte auf alles« wiederum formal nach außen. Man kann die Unterwerfung der gesamten Weltgeschichte unter die europäische Entwicklung zur bürgerlichen Gesellschaft bei Kant ebenso als ein entsprechendes Phänomen betrachten wie die Herrschaft über die äußere Natur und die innere der Menschen. Das Exemplarische überhaupt ist indes die Klassenherrschaft, durch die Arbeitskraft als profitbringender Faktor angeeignet wird, weil darin beide Seiten zugleich getroffen werden: das Ziel einer authentischen Menschheit und das bürgerliche Organisationskalkül, in dem das von ihm durch Ausgrenzung Eingegrenzte mit der bornierten Klassenperspektive in Zusammenhang gebracht wird. Lukács hat »die Antinomien der bürgerlichen Gesellschaft« *(Geschichte und Klassenbewußtsein)* so interpretiert, auch wenn man seiner lediglich kategorialen Gleichsetzung von Proletariat und Ding an sich nicht folgen kann. Obwohl man sich aus gegenwärtigem allgemeinen Interesse mit den inneren ausweglosen Widersprüchen der bürgerlichen Klassenidentität und Subjektvorstellung beschäftigen muß, ist die entscheidende Aporie die klassenbedingte Dichotomie der gesellschaftlichen Entwicklung – von der bürgerlichen Subjektivität wie auch von ihrer Sozialisationsform her gesehen, also ihr Verhältnis zu dem von ihr Ausgegrenzten und nur durch herrschaftliche Wiedereingrenzung kontrolliert auf sie bezogenen Äußeren.

Angesichts solch kategorialer Konstruktion kann man eine historische Parallelität aufzeigen zwischen der ausbeuterischen Aneignung von gesellschaftlich abstrakter Arbeit durch die Kapitalisten und deren Unvermögen, sich selber und ihr System von Gesellschaftsorganisation anders als durch Abstraktion von Inhalten zu begreifen und darzustellen. Situationen und Beziehungen reduzieren sich dabei immer auf Verhältnisse, auf äußerliche Zusammenhänge. Es ist »das abstrakte Individuum, [...] das schon in Hobbes' Naturzustand als reine Negativität, d. h. als absolute Freiheit gedacht ist« (Willms, *Leviathan*).

Erst in einigen Wendungen der *Jenaer Realphilosophien des Geistes* wurde wieder angedeutet, was eigentlich verlorengegangen war durch die innergesellschaftliche Ausgrenzungsstrategie: Durch Autonomie *gegen* und *über* die Umstände und die Arbeit, in der äußere Natur angeeignet, aber auch innere entfaltet, abgearbeitet werden muß, wurde eine hierarchisch ausbeuterische Arbeitsteilung geschaffen und körperliche Arbeit ›nach unten‹ delegiert; so können die geschichtlichen Strategien auf keinem substantiellen Bezug mehr aufbauen und auch an dergleichen sich nicht legitimieren. Substantiell wäre eine Beziehung, durch die die Trennung von Aneignungsarbeit und Aneignung der Arbeit aufgehoben würde. Die proletarische Aneignung durch Arbeit in Entfremdung von der gesellschaftlichen Aneignung ist dabei eine Arbeit ohne Verarbeitungsperspektive und -spielraum. Die »ruhig zusehende«, die »theoretische Intelligenz« hat durch »List« ihre Einheit mit der Arbeit als Gegenstandsbezug in der tätigen Dimension zerbrochen. Dieser bei Hegel nicht offengelegte, aber klar im Konstitutionszusammenhang zutage tretende Bruch ist es vor allem, über den an den *Realphilosophien des Geistes* dieses entscheidende Stück unreflektierter bürgerlicher Geschichte faßbar wird.

Habermas hat die entsprechenden Texte durch seinen Aufsatz *Arbeit und Interaktion* (in: *Wissenschaft und Technik als ›Ideologie‹*, Frankfurt am Main, 1968) in die Diskussion eingebracht. Außerdem hat er durch seinen Hinweis auf die drei Modelle »Sprache«, »Arbeit« und »Interaktion« gezeigt, daß man sich sehr wohl auf einzelne Phasen des von Hegel entworfenen Konstitutionsganges als einzelne Modelle beziehen kann, was doch die Voraussetzung dafür darstellt, daß eine gesellschaftstheoretische Interpretation sich ihrer bedienen kann, die sich nicht auf eine Beschäftigung mit dem philosophischen Entwurf als ganzem einlassen könnte. Allerdings wäre es doch wichtig gewesen, daß Habermas wenigstens mit einer zusammenfassenden Überlegung darauf eingegangen wäre, welchen Stellenwert zueinander die drei Modelle, die er ausgewählt hat, dem Hegelschen Zusammenhang nach aufweisen. So erscheinen sie als isoliert nebeneinanderstehend.

Der dadurch erzeugte Eindruck ist weniger aus philosophischen Gründen zu bedauern als vielmehr deshalb, weil Habermas seine eigene Vorstellung grundsätzlicher Trennung zwischen Arbeit und Interaktion durch sein Vorgehen in den Text projiziert. In diesem Text wird zwar tatsächlich der von Habermas zum Modell der »Interaktion« überhaupt stilisierte Reproduktionszusammenhang der Familie am Familiengut von der »Arbeit« abgehoben; in dem Beitrag zu Hegel, in dem wir übrigens gerade auch den für die Habermassche Interpretation weniger geeigneten Text der *Jenaer Realphilosophie I* heranziehen, wird jedoch versucht, den Konstitutionsgang zu rekonstruieren, und dabei genau die Stelle gezeigt, wo der Bruch zwischen Arbeit und gesellschaftlicher Entwicklung sich manifestiert (vgl. u. S. 156ff.), Habermas hat im Gegensatz dazu die Hegelsche Reflexionsform auf gesellschaftliche Verwirklichung der Menschheit gerade in dem Punkt übernommen, in dem sie in der folgenschwersten Weise die bürgerliche Trennung in körperliche und geistige Arbeit im Gange der »Selbstverwirklichung des Geistes« ontologisiert. Nur wird bei ihm mit positiver Klarheit ausgesprochen, was Hegel unwillkürlich in sein System mit aufgenommen hat: »Eine Zurückführung der Interaktion auf Arbeit oder eine Ableitung der Arbeit aus Interaktion ist nicht möglich.« (*Technik und Wissenschaft als ›Ideologie‹*, l. c., S. 33.) Gerade diese Klarheit führt wohl dazu, daß Habermas sich nicht mehr mit der einbindenden Funktion des Konstitutionsganges bei Hegel zufriedengibt, sondern nach einer expliziten und den drei Modellen gleichermaßen übergeordneten Vermittlung sucht, um logisch ihren historisch-faktischen Zusammenhang zu rekonstruieren.

Er wählt dafür das Hegelsche Modell des »Kampfes um Anerkennung«. Ihm liegt das ältere Modell des »Mechanism der Antagonismen« zugrunde. Aber die dort sinnfrei nach dem physikalischen Modell von Adhäsion und Repulsion vorgestellten Bewegungen zwischen einzelnen Instanzen – den Waren tauschenden und Produktion kalkulierenden Privateigentümern – werden als Prozesse verstanden. Sie laufen nicht mehr wie im Kantschen »Mechanism«, erst recht nicht wie im Hobesschen unmittelbar der mechanischen Physik entlehnten Erklärungsmodell in sich selbst bzw. in eine anonyme gleichbleibende Summe von identitätslosen Einzelbewegungen zurück. Im »Kampf um Anerkennung« sollen die Einzelnen in dem Antagonismus, der das mechanische Ganze am Laufen hält, zugleich sich selbst mit den anderen Einzelnen auseinandersetzen und so zu identitätsbildenden Konstitutionsprozessen gelangen. Diese Vorgänge beanspruchen zwar qualitative Bestimmtheit und sollen, grob gesagt, die auseinandergefallenen Einzelnen durch einen realen Reflexionsprozeß wieder zusammenführen; aber die Teilung geht auf die Arbeitsteilung zurück, und die Getrennten sollen auf dem Niveau gesellschaftlicher Geltung wiedervereinigt werden.

Hegel hat sich bemüht, die üblen Konsequenzen der Privateigentumskonzeption einer Entwicklung dienstbar zu sehen, die sie zu überwinden vermöchte. Doch das Problem ist eine Grundaporie, die nicht im nachhinein kuriert werden kann, ohne daß man noch einmal radikal auf die Grundkonzeption zurückkommt. Was die Einzelnen in der bürgerlich-kapitalistischen Gesellschaftsorganisation miteinander verbindet, das sind ihre formal gleichen, konkret immer gegeneinander gerichteten Interessen ökonomischer Art. Jeder ist außerdem durch die Arbeitsteilung von denen abhängig, von denen er wegen der Konkurrenz mit ihnen unabhängig zu sein versucht. Und schließlich haben sie alle das allgemeine Interesse an einer institutionalisierten Hoffnung darauf, durch eine gemeinsam installierte Ordnung die individuellen Fundamente solch partieller Unabhängigkeit auf Dauer zu sichern: In dem rechtlichen Institut Privateigentum, von dem »jeder alle anderen ausschließen kann«, schlägt sich die bürgerliche Erfahrung nieder, daß eine gewisse Proportionalität der beim Konkurrenzkampf in Kauf zu nehmenden Reibungsverluste, daß eine gewisse Begrenzung der Risiken zugunsten einer wenigstens prinzipiellen Perspektive von Kontinuität und Identität am Erkämpften notwendig ist. Diesen äußerlichen Vorgang will Hegel als einen auch innerlichen interpretieren, er will die vereinzelte Hoffnung eines jeden als Identifikationspotential mit dem gegnerischen Anderen begreifen. Aber er vergißt, daß diese »Selbsterkenntnis im Anderen« weder Aneignung von äußerer Natur noch Entfaltung von innerer Natur in die Beziehungen zwischen den Menschen einzubringen vermag; sie bleiben deshalb in ihrer gesellschaftlichen Bestimmung wesentlich Einzelne und bringen nur eine gemeinsame Institution im Bereich der formal fundierten gesellschaftlichen Geltung zustande: »Anerkennung« statt tätig reflektierender gemeinsamer Erkenntnis.

Habermas hat schon in seinem Buch über Öffentlichkeit sich nur auf die institutionalisierten Formen von Öffentlichkeit bezogen und die spontanen Objektivationen von Kollektivität, z. B. in bestimmten Situationen der Französischen Revolution, erst da erwähnt, wo sie von Napoleon durch regierungsamtliche Handlung wieder kassiert worden sind. Ähnlich geht er vor, wenn er die drei Modelle unter dem der »Anerkennung« institutionell »vermittelt« sein läßt und jene Wendungen der *Jenaer Realphilosophien*, insbesondere den gesamten Text I, außer acht läßt, in denen sich Ahnungen von den Möglichkeiten einer Produktion von Beziehungen im vollen Sinne auffinden ließen.

Der Willmssche Begriff von Vermittlung steht kaum auf der Höhe der Hegelschen Dialektik; schon gar nicht leistet er das historisch Erforderliche – ebensowenig wie seine Vorstellung von der Innerlichkeit, die er der Hobbesschen entgegenzusetzen hat. Da hat Leo Strauss, ohne zu derartigen Begriffen zu greifen, klarer herausgearbeitet, worum es geht, indem er sehr nachdrücklich auf den Satz hinweist: »Furcht ist die Macht, die die Menschen aufklärt«, und: man lerne besser aus dem Übel als aus dem Gelingen. (Strauss, a.a.O.) Furcht ist eine innere Repräsentanz in den zu »autonomen« Instanzen sich in sich abschließenden Individuen. In ihr wird die allgemeine Erfahrung individuell festgehalten, daß im Äußeren der bürgerlichen Gesellschaft Aneignung nur Leistung heißen kann und daß, was Leistung sei, von der faktischen formalen Anerkennung durch das bürgerliche »Publikum« und seine Institutionen klassenspezifischer »Allgemeinheit« abhängt. Die Repräsentanz solch gesellschaftlich bestimmter, historisch erzeugter Furcht hat sehr wohl, trotz ihrer allgemeinen Begründung in bloß formaler Geltung für das Individuum, äußerste existentielle Bedeutung. Das bloß formal zur Geltung Gebrachte hängt nicht innerlich, sinnvoll mit den einzelnen Existenzen zusammen, gibt diesen aber um so rigider die Existenzbedingungen vor. Wenn es von den Individuen mit Furcht verinnerlicht und zur Repräsentanz ausgeprägt wird, dann muß diese im Hinblick auf den existentiellen Aspekt auch Ausgangspunkt der entsprechenden existenzsichernden Strategien sein. Dies ist eine spezifisch bürgerliche sozialpsychologische Form des Modells von Realitätsprinzip und Anpassung. Die Deformationen, die das über sie formierte Individuum erleidet, schließen zwar nicht, wie die spezifisch proletarischen, Aktivität bei der Anpassung aus; aber dieser Zwang gerade zur Aktivität und die Okkupation der Ich-Instanz durch die Identifikation von Ich und erfolgreicher Anpassung zeigen die ganze Fragwürdigkeit solcher Autonomie.

Gewiß unterscheidet sich die Bildung »öffentlicher Meinung«, des verbindlichen »Geschmacks« usw. von dem Grundmodell Markt; doch dessen Struktur prägt letztlich auch sie. Auf ihm wird Anerkennung stumm, konkludent erteilt. Seine angebliche prästabilierte Harmonie läßt dem Individuum für seine Selbstverwirklichung nur die Alternative, entweder durch sein richtiges Kalkulieren ihre Geltung zu bestätigen oder durch sein falsches Kalkulieren seine eigene Defizienz zu erweisen. Das ist der Preis für die autonome Konstruktion der Welt ex nihilo, die Hobbes aus »Elementen« nach dem Vorbild des Euklid, die Kant in der gleichermaßen klassisch-physikalischen Perspektive des Newtonismus konstruierte. Selbst die extremsten Formen des Privateigentums als Garantie der Unabhängigkeit aus solcher Tradition, Max Stirners *Einziger und sein Eigentum*, konnten die Ausweglosigkeit nicht überwinden. Auch der Entwurf, diese Autonomie über ihre regressiv-restriktiven Bedingungen in der bürgerlich-kapitalistischen Gesellschaft hinaus zu transzendieren, den Horkheimer und Adorno unternommen haben, weist über eine »negative Dialektik« nicht hinaus. Noch in dem Versuch, das schlechte Bestehende negativ zu setzen, drückt sich aus, daß jenes grundlegende *ex nihilo* der bestehenden Verhältnisse auch über deren Kritik hinauswirkt und die Entwicklung von Gegenmodellen aus Inhalten verwehrt: Die *Dialektik der Aufklärung* wendet sich »an den imaginären Leser«.

Dieser imaginäre Leser hält immerhin als Leerstelle den Anspruch gegenwärtig, aus der Produktion von sich differenzierender Sinnesentfaltung (Marx), aus der inhaltlichen Dialektik von Konsumtion und Produktion eine Freiheit »frei assoziierter Individuen« zu erarbeiten, die der aporetischen

Autonomie entgegenwirken kann. Dagegen ist von den modernsten Theorien bürgerlicher Subjektivität gerade das Subjekt gestrichen worden, z. B. im Strukturalismus. Vielleicht aus Sorge vor dem endgültigen Untergang von Subjektivität unter den bestehenden Strategien, die noch das letzte aus dieser Geschichte Angesammelte auszubeuten drohen, hat er die Subjektivität der Objektivität allenfalls zur Verwahrung übergeben, sie damit allerdings auch von der weiteren Geschichte ausgeschlossen.

Mehrere Linien sind von der klassischen Epoche des konkurrenzkapitalistischen Bürgertums und seiner Theorie in die Gegenwart zu ziehen. Die spätkapitalistische Form von Herrschaft kann nur durch eine neuerliche Produktion von Ideologie aufrechterhalten werden. Deren verschiedene Gestalten haben zwar die Tendenz zu fortschreitender Moralisierung, in der sich die Verinnerlichung äußerlicher Normen einst darstellte, abgestreift; die beiden Haupttendenzen jedoch, die der fortschreitenden Rationalisierung und die der fortschreitenden Verinnerlichung, werden in den scheinbar wertfreien technokratischen Ideologien um so radikaler durchgesetzt, als dieser Schein der Wertfreiheit sie mit der modernen Aura des Nichtideologischen umgibt und sie als Vermassung der zu Voltaires Zeiten durchaus elitären Aufklärung anpreist. Doch gehen die Strukturen auf die »klassischen« Theorien zurück, zu deren entsprechend strategischer Analyse die folgenden Beiträge einige Ansätze mit unterbauen und schärfen sollen. Die aporetische Grundstruktur dieser Gesellschaft, die kapitalistisch und bürgerlich bestimmt ist – auch über die »klassischen« Epochen von Markt, Konkurrenz und Bürgertum hinaus –, hat sich verändert nur, indem sie immer mehr historische Substanz verbraucht hat und darum nackter hervortritt. Autonomie als Instanz ist dichotomisch isoliert gegen die Ausbildung von subjektiver Substanz.

Die Regel- und Systemtheorien nehmen ihre Axiome aus dem Modell des »Mechanism«; Kempski und Gäffgen müssen dabei formale Verallgemeinerungen von Deskriptionen als Normen unterstellen. Die Konzeption von »Bedürfnissen« *ex negativo* liegt noch den Motivationstheorien zugrunde. Die kompensatorischen Erziehungsstrategien samt der Soziolinguistik stellen eine gesamtgesellschaftliche Strategie im Klassenkampf von oben dar, mit der das Modell von der konstitutiv defizienten Ich-Instanz-Bildung in einer um alle großbürgerlichen Nebenperspektiven verkürzten Volksausgabe den nichtbürgerlichen Massen übergestülpt wird. Diese und weitere wichtige Zusammenhänge können hier nur benannt werden, um zu zeigen, in welcher praktischen Perspektive die theoretischen Überlegungen dieses Bandes ihren Sinn bekommen. Ausgeführt ist im Augenblick nur die Kritik der »Theorie menschlicher Kommunikationen« von Watzlawick, Beavin und Jackson, die als »Ich-Psychologie ohne Ich« die verwertbaren Seiten von Subjektivität als eine Instanz funktioneller Verrichtungen von dem Ballast befreit, den alle Geschichtlichkeit und Individualität, alle Qualität von Beziehungen darstellen, wenn es nur auf ein Höchstmaß an Kombinationsschaltungen durch unproblematische »Mitarbeiter« ankommt. Weitere Auseinandersetzungen mit den genannten Theorierichtungen müssen diesem ersten Ansatz folgen.

Die Entstehung von Vernunft als vorerst instrumenteller (Hobbes)

Die politische Theorie von Hobbes ist immer wieder als pessimistische Anthropologie kritisiert worden – von den bürgerlichen Theoretikern oft gerade wegen ihres herausfordernd pessimistischen Charakters; in diesem Zusammenhang erscheint ihre Kritik als Versuch einer Ehrenrettung dessen, was an der anthropologischen Begründung von Herrschaft über die Menschen bei Hobbes den Interessen auch der gegenwärtig Herrschenden noch entspricht. Die allzu denunziatorischen Bestandteile der Hobbesschen Theorie werden abgestreift; die aufrechterhaltenen Anteile erscheinen notwendigerweise indirekt in ideologischer Einkleidung wieder. Das macht die Frage nach dem heute offensichtlich wiederbelebten Erklärungsansatz aus dem englischen siebzehnten Jahrhundert aktuell.

Der Begriff von Vernunft, den Hobbes gegen die lebensgefährlichen Wirren in seiner Zeit zum Leitprinzip einer Neuordnung machte, war als Instrument reduzierter Interessen konzipiert – reduziert im wesentlichen auf ein zwangsweise gesichertes Überleben, und auch das weniger für alle als für Bourgeoisie und Aristokratie auf Kosten der Unterprivilegierten. Trotzdem lag darin ein Moment von Rationalität gegen die schlechten Verhältnisse: die strategische Entschlossenheit, ohne Umschreibungen empirischen Bedürfnissen nachzukommen. Die Vorstellung, daß heute ähnlich unnachgiebig an die inzwischen akut gewordenen Bedürfnisse die theoretisch-politischen Forderungen geknüpft würden, zeigt, was an diesem Vernunftkonzept für gegenwärtige Verteidiger bestehender Ordnung unerträglich sein muß. Die Hobbessche Lehre vom Menschen ist zwar tatsächlich pessimistisch und verbarg in diesem Pessimismus bereits Rechtfertigungen der Ausbeutung, die damals in der Phase der ursprünglichen Akkumulation systematisiert zu werden begann. Gleichwohl führte ihre explizite Absicht (aber auch ihre faktische Ordnungswirkung) tendenziell die Möglichkeit einer von Repression freien Gesellschaft mit herauf. Allerdings lag ihr fern, ein solches Konzept zu entwickeln. Es war die Tatsache von Ordnung und geschichtlicher Strategie im Zeichen von Vernunft überhaupt, die eine bessere, befreite Geschichte wenigstens mittelbar näher rückte in einer Epoche, in der zugleich mit dem Kampf der Klassen um Macht und ökonomische Ausbeutung noch das Ringen der gesamten Gesellschaft um eine das Überleben sichernde Organisation stattfand. Der halb berechtigte Ruf nach irgendeiner Ordnung damals ist unterdessen, unter voller Planung und Verwaltung, zur reinen Ideologie geworden. Selbst den vorsichtigeren Zeitgenossen von Hobbes war an seinen Argumenten aufgefallen, wie brutal sie Interessiertheit ausdrückten – vielleicht maßen sie auch schon dem Bürgertum mehr Gewalt zur Selbstorganisation zu, als die Abtretung der politischen Funktionen an den absolutistischen Herrscher zu erkennen gab. Jedenfalls muß eine Hobbeskritik, die zugleich die selber ideologischen bürgerlichen Hobbeskritiken zu enthüllen sucht, bei diesem Kirchenvater der konservativen Gesellschaftspolitik auch den Ansatz zu weiterführender Vernunft bestimmen. Er besteht in der Konkretheit dieses instrumentellen Vernunftprinzips. Der Pragmatismus Hobbes' hat auch einen gewissen emanzipatorischen Zug. Er drückte aus, was sich bereits in der Durchsetzung und Absicherung des Bürgertums und, parallel dazu, in der Verwirklichung von nationalem Zentralismus durch den Absolutismus abzeichnete: die Möglichkeit der Gattung, ihre Geschichte selbst zu organisieren. In seiner Philosophie war davon freilich so nicht die Rede. Sie leitet sich auch weniger aus einem bestimmten historischen Zustand her, den sie dann theoretisch abschlösse und überhöhte, wie dies in der Epoche des entwickelten und etablierten kapitalistischen Bürgertums der Fall sein konnte. Die Funktion von Theorie für die politische Praxis des siebzehnten Jahrhunderts war weniger eine Rechtfertigung oder ein Fortspinnen realhistorischer »Gleichgewichts«-Situationen im Reich der Gedanken als vielmehr, direkter, *ein* Mittel zur Erreichung eines solchen Zustandes; sie war folglich zufälliger, pragmatischer als ein späteres theoretisierendes Selbstverständnis. Diese strategische Funktion indessen weist die Theorie immerhin als aktiven Faktor aus.

I. Der Vernunftbegriff aus realhistorischem Zwang

Bei Hobbes wird nicht schlicht ein kalkulierter Gebrauch von Vernunft im Interesse der Mächtigen vertreten. In einer machtpolitisch durchaus diffus sich darstellenden Epoche ging es tatsächlich um eine zuverlässige Abhilfe gegen allgemeines Morden und Plündern. Es lag damals noch im Interesse des Bürgertums, sich einen absolutistischen Herrscher zu verschreiben, dem es sich seinerseits zu überantworten hatte. Aber dieser Zustand hatte durchaus etwas Verzweifeltes an sich. Naturwüchsig gab es eine historische Entwicklung, die zu einem solchen Regime die Möglichkeiten bot, und das war der einzig greifbare und sichtbare Ansatz für reale Ordnung, während das Bürgertum sich zu einer derartigen Leistung noch nicht wirklich organisieren konnte – erst recht nicht die plebejischen Schichten, die nun überhaupt erst an den Tiefpunkt ihrer sozialen Position gerieten. Die Ordnung, die auf Grund der vorhandenen Ansätze faktisch zustande kommen konnte, war rein äußerlich und mußte den Machtverhältnissen entsprechen, die sie durchsetzten; sie war trübe, aber die einzig zwingende. Das drückt sich auch in der Anthropologie aus: Die Moral wird als empirisch vernünftiges Verhalten im politischen Kontext konzipiert. Auf gesellschaftliche Bestimmungen von qualitativen, von Sinn-Kriterien wurde verzichtet; diese wurden in einen »privaten« Bereich verwiesen. Objektiv wird in dieser Anthropologie ein Moment von Zerstörung im Durcheinander individueller menschlicher Einzelbewegungen als eine Art Naturphänomen festgeschrieben. Der Rückgriff auf naturwissenschaftlich-physikalische Vorstellungen von solchen Bewegungen, nach wertfreier Anziehung und Abstoßung, war ebenso ein Hilfsmittel der instrumentellen Vernunft wie ein Grund dafür, daß weder ein besseres Erklärungsmodell gesucht noch überhaupt ein Bedürfnis danach entwickelt werden konnte.

In einer späteren Epoche war die praktisch-organisatorische Intention von Hobbes im Sinne wenigstens eines solchen »Gleichgewichtsmechanismus« gesichert. Die Unmöglichkeit, qualitative Kriterien für die gesellschaftliche Organisation der Menschen zu konzipieren, wirkt in der veränderten Situation als Relativismus. Die Funktion von, im pessimistischen

Sinne, Realpolitik theoretisch zu begründen, die in der Hobbesschen Lehre angelegt ist, konnte sich unter den verbesserten späteren Verhältnissen verselbständigen, ließ sich als Instrument der Politik der Mächtigen einlösen.

II. Logische Funktion des Naturzustandes bei Hobbes

Die Figur, nach der Hobbes seine Absicht zur Lehre entfaltete, ist die von Naturzustand und Gesellschaftszustand. Der Naturzustand hat bei ihm, wie Macpherson soweit richtig betont, keine historisch vorgestellte Priorität vor dem Gesellschaftszustand. Das gilt ebenso noch für Rousseau, wie Otto Vossler gezeigt hat, obgleich dieser im achtzehnten Jahrhundert bereits historisierender vorging, indem er ein reales Zusammentreffen von geschichtsphilosophischer Konzeption und Menschheitsentwicklung andeutete. Dieses Verfahren einer logischen Teilung und der Zuordnung des Geteilten zu unterschiedlichen historisch dargestellten Zeitabschnitten findet sich auch in mythischen Welterklärungen. Das Unheil, das in den Mühen der Reproduktion, in Naturkatastrophen, in allen Gefährdungen der Lebens- und Geschichtskontinuität aufscheint, wird in vielen mythischen Entwürfen als ein antagonistisches Prinzip abstrakt gefaßt. Diese Abstraktion wird dem realen historischen Kontext des gesellschaftlichen Lebens gegenübergestellt und in einen logischen, möglichst auch räumlich faßbaren Differenzbereich projiziert. Alles Chaotische wird dadurch ausgegrenzt; wenn es dennoch vorkommt, so signalisiert es den Einbruch des »Anderen«, Feindlichen. Diese Ausgrenzung kann, was auch oft geschehen ist, zeitlich vorgenommen werden, indem ein Punkt, ein Ereignis angenommen wird in der Geschichte, bis zu dem es solche Einbrüche nicht gab und von dem ab das Paradies (oder wie immer der frühe angebliche »Normalzustand« genannt wird) aufgebrochen, umkämpft, problematisch wurde. Das Unheil oder das Böse, zerstörerische Kräfte jedenfalls, wird durch die Ausgrenzung gleichzeitig als etwas identifiziert, das man eindeutig von sich unterscheiden kann. Die mythischen Bilder davon werden in die Zone des Anderen verwiesen. Es gilt eine Auffassung davon, nach der ein principium sui generis konstituiert ist.

Ähnliches leistete die Anthropologie von Hobbes. Der brutale Durchsetzungswille »aller gegen alle« oder gegen alle und alles, den er empirisch beobachtete, war zwar erst in der gesellschaftlichen Wirklichkeit zum »Trieb« der Einzelnen geworden; Hobbes jedoch ontologisierte ihn nun zum Naturzustand. Damit ermöglichte er in einem eingegrenzten Bereich die Perspektive eines besseren Gesellschaftszustandes.

III. Ausgrenzung wildwüchsiger Gewalt

Der bessere Gesellschaftszustand soll aber nicht deshalb, weil er zeitlich auf den Naturzustand als auf das logisch Erste folgt, ein logisch Zweites sein; dann wäre er ja Folge des Ersten und diesem innerlich verbunden. Durch die Setzung der Begriffe wird das, was an Kontinuität vom einen im anderen Zustand fortdauert, zu einem logisch prinzipiell Anderen ernannt. So kann sich in der Gesellschaft wenigstens Vernunftförmigkeit, vielleicht sogar Selbstbestimmung der Menschheit denken lassen und der Möglichkeit nach konstituieren. Soweit jedenfalls kann zunächst einmal das Chaotische ausgetrieben werden, das in den Menschen, sobald sie einander gegenüberstehen, festzustellen war als ein gegenseitiges Sichverderben.

Dieses Vorgehen ist dem Exorzismus vergleichbar. Bei der Austreibung der bösen Geister soll eine mythische Macht, die als hilfreich für die Menschen und darum als gut vorgestellt wird, an die Stelle einer Macht treten, die als ihnen feindlich erlebt wird. Gleich ist dem freilich das Modell von Natur- und Gesellschaftszustand nicht: Zwar ist eine Vernunft, die ihre Konstitution einer Setzung verdankt, durch die ein zerstörerischer Egoismus der Menschen zum ontologischen Prinzip erklärt wird, bloß »zweckrational«; aber es steht immerhin Vernunft dem Unvernünftigen gegenüber. Keineswegs wird mehr ein unkontrollierbares Mythisches einem Mythos des Unkontrollierten entgegengesetzt. Statt der Konfrontation zweier irrationaler Prinzipien zugunsten des menschlichen Auskommens wird ein Prinzip eingeführt, das nicht aus einem Bereich stammt, der dem menschlichen Handeln jenseitig ist und Unterwerfung verlangt.

Die einmal konzipierte Selbstbestimmung als vernünftiges Handeln kann, der Möglichkeit nach jedenfalls, den Gegenpol des Unvernünftigen Schritt für Schritt durchdringen. Ohne das schon zu meinen, ruft jede Polarisierung dazu auf. Dadurch, daß die Extreme einander radikal entgegengesetzt werden, wird denkbar, daß das eine das andere zu überwinden, aufzuheben vermag. Erst die faktische und die begriffliche Strukturierung der bloßen Kontingenz – und werde sie bloß nach einem solchen ontologisch fixierten Widerspruch wie dem gefaßt, den Hobbes zwischen vernünftigem geschichtlichen Handeln und unvernünftig wütendem Selbsterhaltungsdrang aufstellte – ermöglicht eine gewisse kategoriale und politische Organisation innerhalb der Gesellschaft. Später kann, nachdem sie durchgeführt ist, sich etwas entwikkeln, das wenigstens die Vernunftförmigkeit voll durchsetzt, wie es sich in der Kantschen Vorstellung vom »durchgängigen« »Mechanism der Antagonismen« darstellte und in der ihr zugrunde liegenden historischen Entwicklung verwirklichte.

Allerdings wurde der Widerspruch nur als der von Vernunft und erster Natur begriffen, selbst als schon alles darauf ankam, auf die zweite Natur im Unterschied zur ersten zu reflektieren. Hobbes hatte dies nicht getan, man könnte sagen: im Gedränge der Ereignisse. Er hat damit aber eine Tradition erhärtet, die auch ohne solche Not bei einer Verwechslung von erster und zweiter Natur gern blieb, jedenfalls da, wo es im Interesse des inzwischen zumindest ökonomisch herrschenden Bürgertums geschah. Daß diese Reflexion auch in der Folge ausblieb, war das eindeutig Irrationale dieser Tradition und führte dazu, daß die bürgerliche Aufklärung neuerdings mythische Züge erhielt. Ihrer Grundlegung auch bei Hobbes ist noch näher nachzugehen, da zunächst nur eine Seite seines Ausgrenzungsmodells analysiert ist. Die späteren, bürgerlichen Mythen haben freilich ganz anderen Charakter als die »primitiven«, weil sie das Verhältnis der Gesellschaft zu historisch geschaffenen Verhältnissen und nicht zu den naturhaft anstehenden Voraussetzungen fixieren.*

* Die analytische Mytheninterpretation der Strukturalisten, z. B. bei Roland Barthes oder Lévi-Strauss, nimmt wiederum ein solch unmittelbares Verhältnis

Das Mörderische wurde als notwendige Seite der notwendigen Selbsterhaltung der Menschen ausgegeben und damit ontologisiert. Es erschien nun wie erste Natur an den Menschen, so daß seine gesellschaftlich-historischen Entstehungszusammenhänge und Ausrichtungen vollends unerkennbar wurden. Mit dieser zweiten Natur wurden eine Chance und zugleich eine Gefahr in die Geschichte eingeführt. Als bloße Natur – wenn in Wirklichkeit auch zweite Natur – konnte das Mörderische in den Menschen prinzipiell aus ihrem vernunftbestimmten Handeln ausgegrenzt und von diesem unter Kontrolle gebracht werden. Es entstand eine Freund-Feind-Situation zwischen dem chaotischen Prinzip und einem vernünftigen Prinzip, mit dessen Stärkung und Durchsetzung die Menschen ihre Verhältnisse ordnen und sich Überleben sichern können. Doch gelingt diese Art von Ausgrenzung nur um den Preis, daß man behauptet, das chaotische Prinzip nicht wirklich überwinden zu können, weil die Menschen »eben so seien«. Das heißt, wenn sie ihre Verhältnisse verbessern, so immer über dem Abgrund jenes ontologischen, letztlich nie besiegbaren Chaos des bösartigen Egoismus. Mit dieser entscheidenden Einschränkung wurde es aber auf Grund der Ausgrenzung möglich, inmitten des nach wie vor aktuellen Naturzustandes fortschreitend einen gesellschaftlichen Zustand im Sinne einer rationalen Ordnung zu konzipieren und praktische Schritte zu ihrer Sicherung im Sinne dieses Anspruches zu begreifen.

Dieser Anspruch war offensichtlich ambivalent. Unter ihm wurde von Hobbes bereits das, was unter den schlechtesten Voraussetzungen gerade möglich schien, als optimale Ratio hingestellt. Andererseits konnte der Anspruch in einer gewissen eigenständigen Logik seiner vernünftigen Formulierung weiterentwickelt werden. Für das Bürgertum, die progressivste Klasse, wurde diese Perspektive immer wichtiger. In dem Maße, in dem es eigene Erfahrungen von selbsthergestellter Überschaubarkeit und Planbarkeit der Verhältnisse in Produktion und Marktgeschehen machen konnte, bildete es auch anspruchsvollere Vorstellungen von der »vernünftigen Ord-

des Mythos zu seinem Inhalt an, wie es gegenüber der ersten Natur zutrifft, während die Mythisierung der historischen Verhältnisse so nicht zutreffend in ihrer Entstehung und Funktion erfaßt werden kann.

nung«. Deren emanzipatorisches Element konnte freilich erst viel später gesellschaftlich manifest werden. Dazu war ein Wandel erforderlich, aufgrund dessen sich eine neue Konzeption von Totalität durchsetzen konnte: An die Stelle der bloßen egoistischen Interessengemeinschaft im Hobbesschen Gesellschaftszustand trat bis hin zu Hegel immer mehr das Selbstverständnis des Bürgertums als Repräsentation einer vernünftig sich organisierenden Gattung. Dieses Selbstverständnis ist mit aller Entschiedenheit der Realgeschichte zu konfrontieren, in der das Bürgertum den größeren Teil der Menschheit seinen partiellen Interessen unterworfen hat. Hier ist aber vor allem hervorzuheben, daß die Hobbessche Staatskonstruktion mit dem Monarchen als praktischer, politisch jene schlechte Totalität verwaltender Macht ihrerseits eine bestimmte Funktion für die Möglichkeit zu einem solchen Selbstverständnis der Bourgeoisie dargestellt hat. Die Vernunft wurde, soweit sie instrumentell auf die schlechten Verhältnisse konkret bezogen wurde, in dem Ordnungsauftrag an den Monarchen gegenüber dem Bürgertum institutionalisiert. Damit war sie innerhalb der historischen Gesellschaft konkretisiert und gleichwohl vom Bürgertum delegiert, so daß es sich von der instrumentellen Konkretion, die es heimlich für sich beanspruchte, noch einmal abgrenzen konnte. Es war der Ansatz gebildet für eine weitere Stufe des Ausgrenzungsprozesses, der mit der Dichotomie von Natur und Vernunft, von Gesellschaftszustand und Naturzustand begonnen wurde.

Vorerst war die bürgerliche Gesellschaft eher ein quantitativer Begriff; sie bezeichnete die Summe der Individuen, die ihren Egoismus mit den Machtmitteln des Privateigentums und nach dessen Maximen zu erfüllen suchen konnten. Diese besonders schlechte Form von Allgemeinheit brauchte sich nicht ganz zu dekouvrieren, weil offiziell und faktisch die politische Allgemeinheit noch von der Krone verwaltet wurde (die man dann später dafür kritisieren, ja haftbar machen konnte). Im Schutze dieser Regelung, in der die notwendigen, wenn auch brutal realisierten Ordnungsfunktionen vom Monarchen ausgeübt wurden, konnte das Bürgertum in seinem nicht-politischen, seinem »privaten Bereich« Vorstellungen von der Ordnung der Welt, der menschlichen Gesellschaft und der Dinge entfalten, die eine qualitative Form von Allgemeinheit mit der Zeit zu beanspruchen erlaubten.

Hobbes konnte die scholastische Einheit von Natur und Vernunft aufbrechen und in eine Dichotomie umkehren; es lagen bürgerliche Erfahrungen in der Handelspraxis und eines rationelleren Umgangs mit den »Gegebenheiten« vor. Das eröffnete die Aussicht, daß in der Richtung auf eine realgeschichtliche Vernunft gegen schlechte Verhältnisse gekämpft werden konnte, und zwar durch Selbstorganisation der empirischen Individuen. Das bedeutete zugleich, daß diese Aussicht sich einer Dichotomie verdankte, die auch eine irrationale Verteufelung von Natur und eine ebenso irrationale Rechtfertigung schon der pessimistisch-pragmatischen Vernunftförmigkeit zur Folge hatte. Daher ist in der Verlängerung dieses Ansatzes eine Gegenüberstellung von naturwüchsiger Ausbeutung und vernünftiger Individuation gerade der Beherrschten nicht möglich. Im Gegenteil, diese Fragestellung wurde durch den Interpretationsrahmen der Hobbesschen Theorie ausgeschlossen. Während die Massen unter die neu entwickelte Staats- und Produktionsmaschine gerieten, wurde indirekt ein Denkverbot installiert; es wurde eine Tradition begründet, der zufolge Strategien überhaupt nur im Sinne der Verwirklichung von äußerlichen Normen, von »Recht und Ordnung«, gedacht werden.

IV. Unmöglichkeit von Geschichtsphilosophie in der Zeit der sogenannten ursprünglichen Akkumulation

Die daraus hervorgehende Geschichtsphilosophie gelangte nicht weit hinaus über praktisch-politische Anweisungen. Im siebzehnten Jahrhundert wurde von vielen wichtigen Positionen aus noch eine jenseitig begründete Entelechie vertreten, die sich Hobbes und dem progressiven Bürgertum – ebenso wie den absolutistischen Interessen der Krone weitgehend – als reaktionär gegenüberstellten. Immer wieder hat Hobbes diese Positionen, insbesondere mit seinen Angriffen und Argumentationen gegen die »hohen Schulen«, zu zerschlagen versucht. Es war ein Kampf gegen die traditionelle Macht von Religion und Universitäten, die freilich dem objektiven Stand der gesellschaftlichen Entwicklung keineswegs mehr entsprach; ein vielleicht besonders auffallendes Beispiel ist der Stand der Jurisprudenz im Verhältnis zu der weit über die gängigen universitären Schullehren hinausgelangten bürgerlichen Praxis im privatrechtlich relevanten Bereich des Warentausches (etwa der Kaufvertrag, in dem nicht mehr die Übergabe, sondern die Vertragsabsicht entscheidende Funktion erhielt). Dagegen hatte das Besitzbürgertum aber noch nicht in ausreichendem Umfange die Erfahrung gemacht, daß es selber die Bedingungen der Reproduktion seines Reichtums durch kapitalistische Planung der Produktion herstellen könnte, um an Stelle der mittelalterlich religiösen Entelechie eine realhistorische Perspektive von vergleichbarer Bedeutung zu begründen. Eine neue Teleologie war noch nicht denkbar.

In dieser Lage konnte nur Pragmatismus die Interessen an einer leidlich verläßlichen Kontinuität ausdrücken, der gegenüber den Problemen und gegenüber der erhofften Kontinuität äußerlich blieb; er war mechanistisch. In der mechanistischen Vernunftförmigkeit der Begründungsstrategie für eine gesellschaftliche Ordnung konnte die Religion, deren alter Anspruch entthront wurde, eine neue Funktion zugewiesen bekommen. Die Zwangsgewalt des absoluten Herrschers war zwar politisch notwendig in der Sicht von Hobbes, er konnte sie aber nicht so systematisch-kausal begründen, wie es dem Vernunftanspruch auch seiner Gesellschaftskonstruktion angemessen gewesen wäre. Die Konkretisierung von zentralistischer Zwangsgewalt in der traditionell vorhandenen Monarchie war mehr praktisch als systematisch bedingt. Die Möglichkeit, die Religion für die Begründung eines Gottesgnadentums in Anspruch zu nehmen, war in dieser Lage ein willkommener Weg, um der Krone neben der vordergründigen Berechtigung ihrer Macht aus dem egoistischen Interesse der Individuen als Gesellschafter des Gesellschaftsvertrages eine absolute Geltung zu verschaffen. Der absolutistische Souverän wurde als *deus supra machinas* eingesetzt. Hobbes hat selbst ganz klar gesagt, daß solche Rückgriffe rein zweckrationalen Wert haben sollten. Er hat es als notwendig bezeichnet, gegen die Not der Verhältnisse ein entsprechendes allgemeines Bewußtsein herzustellen, auch wenn er subjektiv das Manipulative daran durchschaute. Er hat eine derartige Ideologie geradezu gefordert, wenn er zum Beispiel den strategischen Gebrauch religiöser Mittel und Traditionen plante, und ihren Einsatz zur politischen Maxime gemacht.

Alle Arten von Sinnkriterien konnten sich in der damaligen Situation fast nur auf individuelle Erfahrungszusammenhänge stützen. Deshalb hat Hobbes gegen jede objektive Geltung von Sinnkriterien Front gemacht und sie in den individuell-privaten Bereich verwiesen, wo ein jeder sein vielleicht dennoch vorhandenes Bedürfnis nach ihnen ohne die Gefahr befriedigen kann, den Anspruch auf Alleinvertretung des Allgemeinen zu problematisieren, den er allein der faktischen Ordnungsmacht souverän meinte anvertrauen zu dürfen. Man muß dabei vor allem an die religiös begründeten Bürgerkriege in England und Frankreich denken, in denen die Berufung auf die richtige Teleologie gewissermaßen die Nationen im Stadium ihrer eigentlichen Bildung zu zerreißen drohte. Hobbes galt die Macht ebenso wie die antagonistische Machtgier der Einzelnen, gegen die sie durchgesetzt werden müsse, als immer die gleiche. In seine Lehre von den verschiedenen Staatsformen gehen darum auch keine qualitativen Unterschiede, sondern nur solche der quantitativen Verhältnisse und deren Zweckmäßigkeiten ein.

V. Schein ist die herrschende gesellschaftliche Wirklichkeit

Die pluralistische Situation der Gesellschaft war zu undurchsichtig, um objektivere Orientierungen zu erlauben als die anthropologisch und erkenntnistheoretisch formulierten Hilfskonstruktionen, die Funktionen praktisch-effektiver Sicherung der Kalküle erfüllen. Als die gesellschaftliche Wirklichkeit gilt Hobbes der Schein. Wofür einer den Leuten gelten muß, das ist er. So ist der geheime Botschafter kein Botschafter, sondern nur Privatmann, denn »niemand [kann] eine andere Person als seine eigene in ihm erkennen«.[1] Als das

1 Thomas Hobbes, *Leviathan oder Stoff, Form und Gewalt eines bürgerlichen und kirchlichen Staates.* Herausgegeben und eingeleitet von Iring Fetscher, *Politica* Bd. 22, 1966, Neuwied und Berlin, S. 188 (23. Kap., *Von den öffentlichen Beamten der souveränen Gewalt*).

richtige Urteil gilt die Meinung, die als letzte sich durchgesetzt hat – das heißt, bis eine neue stärkeren Zulauf erhält. Alle Lehren sind für Hobbes vorab theoretisches Material für die unmittelbare politische Praxis, also ohne tieferen Grund und dauernden Bestand. Seine Metaphysik erinnert an die »Welttheater«, die den Totentanz zum allumfassenden Verständnis der Welt ausbildeten: Keiner hat viel zu lachen, und wer zuletzt lacht, lacht am besten.

»Weder Welt- noch Naturgeschichte ist also für Hobbes im eigentlichen Sinne Wissenschaft von der Politik.«[2] Der Hobbessche Bürger im Chaos verfügte über genügend Selbstbewußtsein, um sich eine weit radikalere Skepsis gegen die traditionellen Lehren zu leisten als etwa bei Bodin im letzten Drittel des sechzehnten Jahrhunderts in Frankreich; zur eigenen Überhöhung des neuen Kalkulierens als einer wissenschaftlichen Politik indes reichten die historischen Erfahrungen und Perspektiven des Bürgertums auch im England von 1650 nicht aus, obwohl das Regime Cromwells deutliche Ansätze zu bürgerlicher Selbstorganisation der Gesellschaft erkennen ließ. Eine »Wissenschaft von der Politik« war noch weniger möglich als der endgültige Verzicht der Bourgeoisie auf den Monarchen. Erst recht wurde Geschichtsphilosophie wieder denkbar, nachdem die im »bellum omnium contra omnes« auseinandergerissenen Elemente der Gesellschaft nicht mehr nur empirisch aufeinander verwiesen waren. Das geschah dadurch, daß alle diese Elemente mehr und mehr unter den zwingenden Einfluß des Kapitals gerieten, daß in allen Sphären die gleichen Strategien, nämlich die unmittelbar oder mittelbar der kapitalistischen Organisation der Produktion entsprechenden Strategien, sich durchsetzten. In dem strengen kategorialen Sinne wurde erst dann eine Bestimmung der Wirklichkeit »herrschend«; die pragmatischen Orientierungen am Schein und an der positiven Geltung beherrschten die Wirklichkeit, wie sie sich bei Hobbes darstellt, zwingend nur in dem Sinne, daß man äußerlich, aber effektiv auf sie angewiesen war, nicht in dem eines Prozesses, der von ihren inneren Strukturen und Entwicklungstendenzen her die Sphären und Dinge zusammengeschlossen hätte.

2 Max Horkheimer, *Anfänge der bürgerlichen Geschichtsphilosophie*, o. J., o. O., S. 49.

VI. Hobbes' Naturbegriff: widersprüchlich

Die Ausgrenzungsstrategie von Hobbes ist zunächst so dargestellt worden, daß sie zu einer Dichotomie von Vernunft und Natur führte. Wir müssen noch einmal auf sie zurückkommen, um diese Trennung in einer komplizierteren Konstruktion neu zu formulieren. Das gebietet die Feststellung von Hobbes, dem elenden Naturzustand vermöge der Mensch sich zu entziehen, und zwar »mit einer Möglichkeit, [...] die teils in den Leidenschaften, teils in seiner Vernunft liegt«.[3] Hier werden das Prinzip von Vernunft und die als das Andere, Ausgegrenzte fixierte Natur nicht mehr bloß einander konfrontiert; sie erscheinen vielmehr zum Zusammenwirken aufgerufen. In die Konzeption vom Naturzustand als Gegensatz zum vernunftförmigen Gesellschaftszustand und als dem fortdauernd drohenden Chaos geht die Natur als das Reich des mörderischen Gegeneinander zum Zweck der brutalen Selbsterhaltung ein. In den »Leidenschaften« übernimmt die Natur, die in den Menschen steckt, jedoch die Rolle eines Vehikels bei der Überwindung eben jenes Naturzustandes. Freilich soll das aufgrund der Verbindung mit der menschlichen Vernunft möglich sein.

Eine solche Verbindung wird hier nur in der äußerlichen Form vorgestellt; die Leidenschaften sind ein Motor, der, vernünftig gesteuert, auch vernünftigen Zielen dienstbar gemacht werden kann. Der Motor selbst, die Leidenschaften, bleiben dabei durchaus die zerstörerischen Triebkräfte blindwütiger Selbsterhaltung, als die sie in der anthropologischen Grundthese vorkommen. Aber die Ausgrenzungsstrategie ermöglicht es, wie wir gesehen haben, die polarisierten Gegensätze in kleinen kontrollierbaren Schritten wieder zusammenzuführen, jedenfalls so weit, daß stückweise die chaotische Natur von der Vernunft in Dienst genommen wird. Voraussetzung dafür sollte allerdings die grundsätzliche Dichotomie bleiben; die Natur oder die Leidenschaften als die Natur im Menschen konnten durch Zähmung nicht gut werden, sondern nur nützlich wirken. Hierin zeigt sich, daß die Ausgrenzungsstrategie auch Eingrenzungen mit sich bringt, wenn auch als zweiten Schritt.

3 *Leviathan*, a.a.O., S. 98.

Die Strategie muß indessen beibehalten werden, meint Hobbes, wenn nicht aller Fortschritt wieder verloren gehen soll. Die Aussagen über den Charakter von Natur und Leidenschaften widersprechen einander nicht im Sinne dieser Strategie, es sei denn, man wollte sie als apriorische verstehen, was sie nicht sind und worauf Hobbes auch nicht setzt. Seinem Interesse, auf Gewißheiten zu insistieren, genügt es, apodiktische Aussagen zu machen. Hobbes spricht nicht von Leidenschaften an und für sich; er sagt nur, daß die Leidenschaften im – unkontrollierten – Naturzustand zum allseitigen Mord führen. Und in seiner Theorie der Absicht nimmt er apodiktisch an, daß die Menschen auch im Gesellschaftszustand weiterhin einzig auf die skrupellose Befriedigung ihres Egoismus gegen alle anderen bedacht sind, obschon in kontrollierten Bahnen. Deshalb dürfen die Leidenschaften auch nicht Träger von Strategien werden, sondern nur deren Vehikel.

Der Initialakt von Kontrolle durch Ausgrenzung konstituiert den Übergang vom Natur- in den Gesellschaftszustand, in dem die Individuen genügend vernünftige Selbstkontrolle ein für alle Mal aufbringen, um ihre Gewalt gegenüber ihren eigenen Leidenschaften zu verselbständigen; sie treten ihre politischen Rechte an einen Herrscher ab, weil sie nur von diesem sich zwingen lassen können, Grenzen der egoistischen Durchsetzung im eigenen Interesse einzuhalten. Sie brauchen eine Instanz und eine Gewalt, die gewissermaßen ihnen selbst gegenüber die Ausgrenzungsstrategie verwirklichen, die allein leidlich gedeihliche Proportionen zwischen zerstörerischer Kraft und ordnender Zielsetzung herbeiführen kann. Immerhin sind sie selbst es, die in ihrem vernünftigen Konzipieren eine solche Strategie entwerfen und eine entsprechende mit Gewalt ausgestattete Instanz einsetzen. Diese äußere Spannung hat sich in den folgenden Jahrhunderten immer tiefer in psychische Verinnerlichung der politischen Ordnungsmuster umgesetzt; so kamen Vorstellungen zum Zuge, in denen die Leidenschaften selber von jener zunächst ihnen gegenüberstehenden Vernunft durchdrungen werden. Diese Sublimierungsperspektive deutet sich bei Hobbes kaum an; er verläßt sich hauptsächlich auf Disziplinierung durch Zwangsgewalt. Die Leidenschaften werden, nach naturwissenschaftlichem Vorbild, als Faktoren mit einer bestimmten

Energiestärke verstanden, ihre apodiktisch festgestellte zerstörerische Tendenz wird durch den gezielten Gebrauch von vernunftgerichteter Gegengewalt neutralisiert. Je mehr diese Versuchsanordnung existentielle Sicherheit gewährleistete, desto eher war an eine emphatische wechselseitige Durchdringung von Natur und Vernunft zu denken. Diese Möglichkeit war indes nicht Teil der Strategie und ist auch in der Folge viel zu kurz gekommen, da sie unter der deformierenden Perspektive einer Verinnerlichung stand, die den pessimistisch-pragmatischen Ansatz von Hobbes unter günstigeren Bedingungen nicht radikal kritisierte, sondern nur zum Besseren umbog: Die pessimistische Anthropologie dient noch heute der Rechtfertigung der Klassenausbeutung, und die Durchdringung der inneren Natur, der »Leidenschaften«, mit Vernunft übernimmt immer wieder die Rolle der Anpassung an die Nachfolger jener einst als Notlösung eingesetzten schlechten Gesellschaftsordnung.

VII. Folgen der Verwechslung von erster und zweiter Natur

Die mörderisch-egoistischen Verhaltensweisen wurden von der inneren Natur der Menschen als Antwort auf ganz bestimmte historische Verhältnisse entwickelt, die ihren Grund in gesellschaftlichen Ordnungsstrukturen und Ordnungslosigkeiten hatten. Die aus den mittelalterlichen Feudalgemeinschaften Verjagten – unrentabel arbeitende Hintersassen und im zentralisiert-staatlichen Machtgefüge nutzlos gewordenes Lehnsgefolge – verloren die alten Sicherungen ihres Lebens und wurden überdies noch individuell haftbar gemacht, wenn sie kein neues Auskommen für sich erfinden konnten. Die Besitzenden konkurrierten um ihren Besitz und um die Chancen zur weiteren Akkumulation von Kapital. Darein mischten sich die Auseinandersetzungen der Feudalherren um Einfluß auf die sich kapitalistischer organisierende Gesellschaft. Hobbes verstand die in dieser Situation hervorgetriebenen Verhaltensweisen nicht als gesellschaftliche, schon weil es in einem stringenten Sinne gar keine Gesellschaftsorganisation gab, von der her ein solches Konzept hätte gedacht werden können. Er hielt sich an das einzig greifbare systematisierbare Unterpfand, nämlich an das Institut des Privateigentums und die daraus resultierenden Verhaltensweisen der einzelnen Privateigentümer. Dabei wird an Hobbes' Gedankengang die historische Entstehung dieser grundlegenden bürgerlichen Theoriebildung weniger deutlich als bei dem früheren Jean Bodin. Immerhin erkennt man auch im *Leviathan* oder in *De cive*, daß er an das Privateigentum als naturgegebenes Grundfaktum menschlicher Existenz *nicht nur* anknüpfte, um im Interesse des Bürgertums dessen klassenspezifische Strategie zur allgemeingültigen Anthropologie zu erheben; er hatte, außer dem wirklich nicht befriedigenden Ordnungsfaktor monarchische Zentralgewalt, gar keine andere Wahl. Das mag übrigens mit erklären, weshalb, entgegen manchen biographisch-historisch berechtigten Einwänden, die politische Position von Hobbes, mit der Krone auch gegen die aktuelle Artikulation von Interessen der bürgerlichen Parteiungen aufzutreten, sehr wohl vereinbar war mit der wesentlich bürgerlichen Fundierung seiner Theorie. Jedenfalls baut diese Theorie auf dem historisch-gesellschaftlichen Institut Privateigentum auf, leitet daraus – wenngleich die bewußte Argumentation von Hobbes ebenso wie von allen anderen bürgerlichen Sozialphilosophen umgekehrt erscheint – ab, daß die Menschheit nur als Addition der Einzelmenschen konzipiert werden kann, die die tätigen Repräsentanten dieser einzelnen privaten Eigentumsparzellen sind. Erst dieser Ansatz ermöglichte es, die Menschen als gegeneinander isolierte Elemente und ihre Verhältnisse zueinander als die schlecht spontanen Resultate von blindem Selbsterhaltungstrieb bzw. Durchsetzungsvermögen zu begreifen.

So ist das entstanden, was sich uns als die bürgerliche Ideologie in Gestalt einer pessimistischen Anthropologie darstellt. So war es historisch möglich, daß Hobbes die zerstörerischen Triebkräfte der Menschen als die erste Natur »des Menschen« seiner Ausgrenzungsstrategie zugrunde legte. Die gesellschaftliche Gewalt und die von der gesellschaftlichen Lage allseits provozierte Gewaltausübung wurden als Natur verkannt – auch mit der Folge, oberflächlich gebannt werden zu können. In der Hobbesschen Theorie gibt es daher keine Anzeichen dafür, Gewalt sei durch die Organisation der

Gesellschaft abzuschaffen und abzubauen, und ebensowenig Ansätze, die erste Natur in den Menschen und ihnen gegenüber sei von der ausgrenzenden Diffamierung zu befreien, mit der Gewalt mittels eines falschen Naturbegriffes gebannt wurde.

So wurde der Kampf gegen das, was in Wahrheit zweite Natur war, gegen die erste Natur geführt. Damit geriet in der Hobbesschen Theorie die erste Natur achtlos und klanglos unter die Herrschaft der in Wirklichkeit vergesellschaftet ihr gegenübertretenden Menschen, wie dies der beginnenden Ausbildung von Naturbeherrschung damals entsprach. Allerdings kann man bei Hobbes kaum von einer Ontologisierung im *logischen* Sinne sprechen; er behauptete lediglich, Natur und mörderisches Chaos würden *faktisch* ewig zusammenfallen. Diese empirisch perpetuelle Koinzidenz enthält freilich doch die ontologische Behauptung, sie sei von den Menschen nie zu verändern. Die Strategie, sich deshalb auf ihre Disziplinierung zu konzentrieren und zu beschränken, ist die resignative, aber tätige Konsequenz daraus.

Tätigkeit kann nur als Steuern und Gegensteuern, als vernunftförmiger Einsatz der ohnehin wütenden oder wirkenden Kräfte verstanden werden. Dieser Materialismus jedoch ist durch seinen Pessimismus zum bloß mechanistischen Gesellschaftskonzept verdammt. Die Mechanik der damaligen Naturwissenschaften wurde nur als sinnfällige Metapher, als heuristisches Modell aufgegriffen, weil die Auflösung des Ganzen der Gesellschaft in die Einzelelemente aufgrund der Privateigentumsordnung möglich geworden und damit die historische Bedingung für die Übertragbarkeit der physikalischen Systemvorstellungen gegeben war. Die Lehre wurde aber nicht durch die neue Mechanik begründet. Wie diese hatte sie einzig den Vorteil, Praxis wenigstens in diesem minimalen Sinne überschaubar zu machen, während sie außerstande war, Praxis zu durchschauen und von innen her zu gestalten. Die aktuelle Bedeutung dieses Ansatzes war gewiß vorwiegend fortschrittlich, so kann man von heute her sagen. Man muß aber auch sehen, daß diese Beschränkung von Tätigkeit für die weitere Entwicklung selber konstitutive Wirkung gehabt hat, und zwar die durchaus rückschrittliche, daß Handeln und Denken zunehmend unter den Primat des Überschauens und des vernunftförmigen Einsetzens von Kräften gegeneinander gerieten.

Die Folgen der Verwechslung von erster und zweiter Natur in der Hobbesschen Dichotomie für das Verhältnis der Menschen zur äußeren Natur sind jedoch nur die eine Seite. Sie ist von größter Bedeutung, aber letzten Endes nur deshalb, weil die Beziehungen von Gesellschaft und Menschen zur äußeren Natur konstitutiv sind für die Beziehungen der Menschen zu der Natur in ihnen selbst, die Hobbes als Leidenschaften bezeichnete, sowie zueinander bzw. der Gesellschaft zu den empirischen Individuen.

Die emanzipatorischen Möglichkeiten einer rationalen Organisation der Menschen über eine relative Sicherung eines Teiles, der Warenbesitzer und der übrigen Privilegierten, hinaus waren bereits zur Zeit ihres Entstehens borniert, sogar hintertrieben. Noch während bloße Vernunftförmigkeit für die Gesellschaft angestrebt wurde, war durch die Herrschaftsverhältnisse klargestellt, daß die denkbar werdenden Tendenzen zu wirklicher Vernunft, soweit sie überhaupt gedacht und realisiert werden würden, den Herrschenden allein zur Verfügung stehen würden. Neu war, daß zu diesen Herrschenden in zentraler Weise das Bürgertum gehören würde. Es kam darauf an, daß in der historischen Realität vernünftig gesteuerte Veränderung möglich und diese Möglichkeit evident würde. Dafür gab es zwei Hauptansätze. In den Religionskriegen bzw. Bürgerkriegen wurde deutlich, daß die Menschen gegen gesetzte, als heilig geltende Ordnungen kämpfen konnten. Positiv offenbarte die Praxis einer erleichterten und erweiterten Reproduktion der frühkapitalistischen Ära entwicklungsfähige Potentiale der Geschichte. Beide Erfahrungsbereiche waren im wesentlichen das Feld des Bürgertums. Krone und sich umbildender Adel gelangten zwar zu teils gesteigerter Macht im Zentralismus, teils erweitertem Genuß; aber deren Entstehungszusammenhänge blieben ihnen fremd und fern. Die Klassen vor allem, die unter ihnen die Kriege erlitten und die Arbeit zur Erweiterung der Reproduktion leisten mußten, erfuhren die neuen Perspektiven lediglich als eine Intensivierung von Elend und Ausbeutung. Das heißt: nicht nur faktisch – in Form der Macht von Verfügung über ökonomische Produktionsmittel – wuchsen die neuen Möglichkeiten dem

Bürgertum zu; vielmehr konnte dieses auch allein die positiven für das Bewußtsein wesentlichen historischen Erfahrungen, die in einem weiteren Sinne die Produktionsmittel der Gattung zu ihrer Selbsthervorbringung sind, sich aneignen, während das sich bildende Proletariat allenfalls die negativen Leidenserfahrungen als seinen Anteil an der neuen Geschichte wahrnehmen konnte. Diese Situation machte das Bürgertum zur »progressivsten Klasse«.

So wird deutlich, daß die Ausgrenzung von Leidenschaften als Natur und die damit verbundene Forderung, daß Vernunft sie zu disziplinieren habe, keineswegs derart ungeschichtlich und allein gegenüber dem gesellschaftlich nicht Geordneten betrieben wurde, wie es sich in der Anthropologie ausnimmt und wie es in gewissem Umfange für die allgemeine Konfrontation mit dem »Chaos« unter damaligen Verhältnissen akzeptiert werden kann. Die ausgrenzende Strategie war auch eine Eingrenzungsstrategie. Exemplarisch war sie das gegenüber der Natur in den Menschen selbst, die in dem Gesellschaftszustand als nichts anderes auftreten konnten denn als die Träger der natürlichen Ressource Arbeitskraft. Diese Arbeitskraft muß nach der Ausgrenzungskonzeption der an sich zerstörerischen Natur zugerechnet werden, wie die Leidenschaften. Entsprechend ist ihr gegenüber das Prinzip disziplinierender Vernunft zu aktivieren, das sie zu vernünftigen Zwecken reguliert und nutzbar macht. Diese Versuchsanordnung erlaubte nicht nur, die Vielheit individueller, einander antagonistischer Einzelbewegungen der Privateigentümer zu einem Gesamtsystem zu binden, das als *perpetuum mobile* gelten konnte: unausgesprochen, quasi selbstverständlich und um so sicherer konnte auch die naturhafte Kraft der gesellschaftlich Schwachen zum Gegenstand der Regulierung und Ausnutzung durch die gesellschaftlich Mächtigen gemacht werden. Während die Bürger sich politisch noch vom Souverän regulieren ließen, zu ihrem eigenen Besten, mußten die Unterprivilegierten sich von den Bürgern ökonomisch regulieren lassen. In der Parallele kommt aber noch nicht das, zumindest auf die Dauer, Entscheidende zum Ausdruck: Die Mobilität der körperlich Arbeitenden war es, die die Macht der vernunftförmig sie Ausbeutenden fortsetzte; sie wurden zum Motor einer Bewegung gemacht, die das Bürgertum sich aneignen konnte. Indem Hobbes diesen Zusammenhang an angeblich naturbedingten Gegebenheiten festzumachen erlaubte, verewigte er unter dem Anschein, bloß eine vernunftförmige Lösung für Dauer und minimale Sicherung gefunden zu haben, eine Klassenherrschaft.

Diese Struktur wurde auf eine, oberflächlich gesehen, überraschende Weise ergänzt. Im Zuge der pessimistischen Anthropologie wurde nämlich nicht nur die zerstörerische Natur von dem Bereich der Vernunft ausgegrenzt, sondern auch jedes qualitative Kriterium für Sinn, weil auch von dieser Seite einer vernunftförmigen Ordnung Gefahr drohte, solange der Sinn, die Qualität nicht mit völliger Gewißheit auf die angestrebte Ordnungsstrategie vereidigt werden konnten; sie wurden in den Bereich des »Privaten« verwiesen, wo sie nun mit den »Leidenschaften« zusammentrafen. Diese Asylgemeinschaft war der Ansatzpunkt dafür, daß die Ausbildung von sinnorientierter, emphatischer Vernunft nicht ganz ohne eine Durchdringung der »Leidenschaften« möglich war, und begünstigte die Entwicklung, die oben als Verinnerlichungsprozeß beschrieben worden ist.

Damit hängt auf eine Weise, die für die Entwicklung der bürgerlichen Form von Subjektivität wichtig ist, eine andere Konstruktion zusammen. Die Konstruktion eines Gesellschaftszustandes, der nicht direkt systematische Rekonstruktion der historischen Situation sein sollte, mußte auf dem Umwege über einen unterstellten Naturzustand begründet werden. In diesen Naturzustand wurde zwar als Grundmotiv die gesellschaftlich-historische Form des die Individuen gegeneinander absetzenden und gegeneinander kehrenden Privateigentums projiziert, aber bloß indirekt, da anders das offen auftretende Motiv »des Einzelnen« als Urelement nicht hätte gefunden werden können. Das Eigentum wird für den Naturzustand der Menschen nicht in diesem Sinne erwähnt; es ist im Gesellschaftszustand faktisch bei den einen dagewesen und bei den anderen nicht. Und da Eigentum im Gesellschaftszustand zu dem gehört, was zum »Privaten« erklärt werden muß, brauchte von Hobbes nicht betont zu werden, daß bei dem von ihm angenommenen Übergang der vielen Einzelnen zum Gesellschaftszustand die Einzelnen ihre »privaten« Verhältnisse in die vertragliche und geordnete Situation einbringen konnten bzw. mußten. Die Eigentumsverhältnisse bleiben in der Theorie unerwähnt unter dem Schein, zum Privatbereich zu gehören. Gleichzeitig jedoch machte Hobbes im Grunde gerade am Eigentum, das die einzig systematisierbare und gesicherte Gegebenheit war, alles fest. Das Privateigentum wurde implizit zur zentralen Kategorie; nachdem es bei Bodin einer der beiden faktischen Gravitationspunkte des Systems geworden war, sprach Hobbes weniger offen davon, wohl aber setzten sich die mit dem Privateigentum verbundenen Typen der Kalkulation und des Handelns systematischer durch. Bei Locke wurde das Eigentum dann explizit zu der Universalie des gesamten theoretischen Entwurfes gemacht.

Es wird bisweilen die Ansicht vertreten, in der Hobbesschen Lehre schlage sich bereits die Erfahrung des Bürgertums nieder, die Bedingungen seines ökonomischen Handelns ließen sich durch sie selbst herstellen. Dem kann man angesichts des noch wenig fortgeschrittenen Produktivkapitalstandes und der Abhängigkeit von den naturwüchsigen, allenfalls vernunftförmig werdenden politischen Gewaltverhältnissen nicht zustimmen. Es spielt bei Hobbes das Privateigentum noch eher verdeckt, gewissermaßen hinter den Kulissen des »bellum omnium contra omnes«, die Rolle einer Universalie faktisch und nicht dem Namen nach. Das entsprach dem Stand der Realgeschichte, in dem sich am einst feudalen Grundbesitz kommerzielles Denken durchzusetzen begann, fiskalische Rechenhaftigkeit nach dem Vorbild der kaufmännischen eingeführt wurde, usw. Es handelt sich um die Vorbedingungen und die Vorstufe zur Herrschaft des Kapitals, das zwar noch ein Faktor unter mehreren naturwüchsig zusammenwirkenden war, aber schon seinen dominierenden Einfluß ausüben konnte, weil die anderen Faktoren keine vergleichbaren Ansätze zu systematischer Durchdringung der Situation und zu ähnlich expandierender Tendenz aufwiesen. Im übrigen wurden erst in dieser Phase die feudalen, die »persönlichen Verhältnisse« auf einen Begriff gebracht. Nur in diesem Übergang, während dessen die feudale Ordnung in ihre Elemente zerlegt war und diese Elemente der ihnen fremden bürgerlich-kapitalistisch bestimmten Systematik eingeordnet zu werden begannen, nahmen sie die begrifflich faßbare Gestalt an, in der sie von einer späteren Entwicklung bürgerlicher Vernunft kritisiert werden konnten. Erst recht konnte die Kritik von Marx am Feudalismus sich bloß an dem absolutistisch verformten Feudalismus, wie ihn Hobbes begrifflich und systematisierend zubereitet hat, entwickeln, wenn er zum Beispiel das Gottesgnadentum des preußischen Königs unter der Kategorie des Privateigentums kritisierte: der König sage »mein Volk«, wie er sage »mein Pferd«.[4]

VIII. Gleichheit ex negativo

»[...] diejenigen sind gleich, die sich das Gleiche antun können.«[5] Die Allgemeinheit, die der Gleichheit der sonst unvergleichbaren isolierten Einzelnen zugrunde liegen muß, wird gewonnen aus der negativen Bestimmung, daß sie einander gleichermaßen an Leib und Leben – und Eigentum – bedrohen können. Das ist eine potentielle und reale Negation des anderen. Gleich sind die Menschen einander als Ziele des Angriffs. Die Allgemeinheit ist somit eine schlechte Allgemeinheit.

Der Qualität solcher Allgemeinheit entspricht die Definition von Recht bei Hobbes: »Und was nicht gegen die Vernunft ist, nennt man Recht oder ius.«[6] Diese Definition ist ebenfalls eine ex negativo; sie erlaubt eigentlich nur, bestimmte vorfindliche Tatbestände faktisch zu diskriminieren und zu unterdrücken; auf die essentiell regulative Funktion von Normen wird dabei nahezu verzichtet. Das schlägt auf den Begriff von Vernunft, unter dem die Diskriminierung als Ausgrenzungsstrategie konzipiert wird, zurück, so daß er nicht mehr geeignet erscheint, die einzelnen Rechtsbestimmungen kategorial unter sich zu begreifen, wie das für Normen doch behauptet werden würde. Die Vernunft kann also nur ein Parameter zweckrationaler Reaktionen auf die schlechten

4 Marx, *Zur Kritik der Hegelschen Rechtsphilosophie*, Einleitung, in: *MEW*, Berlin 1957, Bd. 1, S. 391.

5 Zit. n. C. B. Macpherson, *Die politische Theorie des Besitzindividualismus. Von Hobbes bis Locke*, Frankfurt/M. 1967, S. 91.

6 Zit. n. C. B. Macpherson, *Die politische Theorie des Besitzindividualismus*, a.a.O., S. 92.

gesellschaftlichen Verhältnisse sein, wie sie sich gerade darstellen.

Ein Vernunftbegriff, der einen höheren Rang hatte, war in der europäischen Tradition des Mittelalters behauptet und insbesondere an der aristotelischen Logik gehärtet worden; allein, er war gebunden an die Gesellschaft der Stände und den rechten Ort der Individuen in ihr. Solche Orte im *ordo* waren aufgelöst worden; übriggeblieben war dem einen oder anderen Inhaber privilegierter Positionen eine Verfügungsmacht, die er nun eifersüchtig in »private« Titel nach dem Modell des Privateigentums ummünzte. Da Hobbes bei seinen Ordnungsbemühungen an die vorhandenen Machtmittel anknüpfen wollte, mußte ihm Recht die Macht des Stärkeren heißen, die gesamtgesellschaftliche Durchsetzungschancen besaß. Vernunft bestand darin, eine Anordnung der Machtbewegungen zu schaffen, in der diese Macht als wenigstens einheitliche und überschaubare gegen die Zerstörung durch uneinheitliche und unübersehbare Durchsetzungsambitionen eingesetzt werden konnte. Die List dieser Vernunft war es, erstens auf diese Weise eine schlechte Ordnung durch Vereinheitlichung halbwegs überschaubar und damit kalkulierbar zu machen – das war vor allem der Zweck der Konzentration aller politischen Macht bei einem Souverän; zweitens alle zerstörerischen Einzelbewegungen so gegeneinander zu kehren, daß sie wechselseitig sich am äußersten, an der Zerstörung, hinderten und trotzdem eine allgemeine Tätigkeit noch als Resultante zu verbuchen wäre. Das war eine Art Gleichgewichtsmodell, wenn auch die Übertragung des physikalischen Gesetzes vom Ausgleich der Summe aller Adhäsions- und Repulsionsprozesse auf die Beziehungen der vergesellschafteten Menschen nicht gerade emphatische Qualitäten hat. Recht und Unrecht konnten für Hobbes nur von dem trüben, aber immerhin faktisch aussichtsreichen Typus sein, der mit den Funktionen des Privateigentums entstand. Das Privateigentum und die Bewegungen zwischen den Warentauschenden stellten tatsächlich eine historisch-gesellschaftliche Realität dar, die man als Erfüllung jenes physikalischen Gesetzes interpretieren kann; die aufeinander angewiesenen Mitglieder einer arbeitsteiligen Produktionsgesellschaft streben gleichzeitig, gerade indem sie auf die anderen sich notgedrungen beziehen, danach, durch Erwerb von Gütern und Titeln die anderen »privat« von sich ausschließen zu können, und nach der Unabhängigkeit von den »Partnern«. Darin liegt selbstverständlich ein tiefer Widerspruch. Die Antinomie belastet sowohl die überhaupt möglichen Beziehungen zwischen den Individuen mit dem notwendigen Streben, diese Beziehungen eigentlich nur um der eigenen Chancen willen zu betreiben, die anderen ausgrenzen zu können, als auch die Unabhängigkeit, derer sich der Eigentümer in seinem Privatbereich erfreuen will, mit dem ärgerlichen Zwang, dennoch Abhängigkeiten von den anderen eingehen zu müssen.

Auch dies ist eine Struktur, deren ganze Bedeutung für die Hoffnungen der Menschen, Subjektivität in einem qualitativen Miteinander und in einer reziproken Entfaltung individueller Vermögen auszubilden, erst nach mehreren Jahrhunderten, heute, deutlich wird. So lange haben die vorkapitalistischen Substanzen von Familienstrukturen, regionalen Zusammenhängen usw. der sie zerstörenden vernunftförmigen Ordnung noch so viel Kraft entgegensetzen können, daß sogar manche ungeahnten Fähigkeiten und Vorstellungen neu entstanden sind. Die Geschichte dieser Jahrhunderte war keineswegs nur das, was gefordert, verkündet und zur Durchsetzung gebracht wurde. Um so schlimmer ist die Illusion, gerade diese Entfaltungen seien typische Errungenschaften der bürgerlich-kapitalistischen Gesellschaft, während sie eher das klassenspezifische Privileg des Bürgertums darstellen, aufgrund seiner nur im äußerlichen Sinne produktiven Strategien selber vorübergehende Chancen zu Besserem zu genießen. Und auch diese Dimensionen bürgerlicher Subjektivität in nicht bloß instrumentellem Denken, in zweckfreien Künsten und nicht antagonistischen Freundschafts- oder Liebesbeziehungen tragen in sich den Stachel zwanghaften Mißtrauens oder zumindest konstanter Ungewißheit gegenüber den anderen wie gegenüber sich selbst, den ihnen die Organisation nach dem Gesetz von Adhäsion und Repulsion eingepflanzt hat. Die Konstruktion *ex negativo* ist im Kern eine erste Konstruktion von gesellschaftlicher Organisation *ex nihilo,* die lediglich – negativ – auf die bestehenden Verhältnisse bezogen ist, um sich von diesen abstoßen und unabhängig werden zu können.

IX. Zur Vermittlung vom Naturzustand zum Gesellschaftszustand

Hobbes »deduzierte Rechte aus der Tatsache, daß ein jeder Bedürfnisse hat, die er zu befriedigen sucht und suchen muß«, bemerkt Macpherson. Doch er ist zu sehr auf sein sogenanntes Modelldenken konzentriert, um die außerordentliche Bedeutung dieser Feststellung aufzugreifen.

Dies ist aber genau der Punkt, an dem der mechanistische Empirismus der Forderung nach rationaler gesellschaftlicher Ordnung in einen rationalen Materialismus umschlagen könnte: Rechte der Menschen sind nicht jenseitig begründet, sie werden nicht metaphysisch deduziert, sondern sie erscheinen als unmittelbare Konsequenz realer Bedürfnisse. (Von hier die Linie über Montesquieu zur Naturrechtsbegründung bei Kant zu ziehen wäre wichtig.) Freilich liegt in solcher Unmittelbarkeit auch die *crux*. Für eine rational konzipierte Existenz der Menschen mit ihren Bedürfnissen in der Gesellschaft ist die Reflexion auf deren Vermittlung unabdingbar. Die Hobbessche Konzeption von gesellschaftlicher Totalität ist mechanisch-additiv: »Denn wenn sie unter ›alle zusammen‹ den kollektiven Körper als eine Person versteht, dann bedeutet ›alle zusammen‹ und ›jeder einzelne‹ dasselbe, und der Ausdruck ist widersinnig.«[7] Wie hier logisch nicht der Gedanke an Aufhebung von Momenten sich einstellen kann, so bleibt der Begriff der Repräsentanz gesellschaftstheoretisch eine arithmetische Größe – als Souverän repräsentiert die Person des Monarchen das Ganze. So wird aber auch aus den naiv konstatierten Rechten aller, wenn sie in staatlich legalisierte Arbeitsteilung gemünzt werden, das legitime Recht des Stärkeren. Hobbes stellte, wohl zu Recht, eine gewisse Bedeutungslosigkeit physischer und intellektueller Unterschiede für die Möglichkeit eines jeden fest, einen jeden zu töten. Er sah grundsätzlich richtig die Bedeutung der verschiedensten gesellschaftlich vermittelten Machtfaktoren. Die Möglichkeit des Schutzes durch die bürgerliche Gesellschaft konstruierte er jedoch nur vor dem gegenseitigen Mord. Sein Modell von Naturzustand und Vertrag hatte die Wirkung, die übrigen

7 *Leviathan*, a.a.O., S. 143.

Faktoren durch eine bestimmte optische Versuchsanordnung unsichtbar zu machen. Das läuft, sobald die Anordnung nicht mehr nur praktisch-politisches Vorgehen, sondern auch in der beabsichtigten Weise verinnerlicht ist, auf eine Art von Denkverbot hinaus. Die praktische Möglichkeit einer gerecht, jenen Bedürfnissen entsprechend, vollziehbaren Reproduktion in der Gesellschaft fällt aus der Reflexion heraus. Damit stimmte seine Konstruktion nicht einmal im mechanistischen Verständnis: Er hätte die gesellschaftlich bedingten Machtfaktoren als Hebelkräfte, die bestehenden Verhältnisse als Hebel begreifen müssen. Die Reflexion auf den Gesellschaftszustand mit all seinen komplexen Beziehungen hat Hobbes unterlassen. Von den Bewegungsimpulsen kommt nur der eine vor: die Macht, durch Mord den anderen zu bedrohen, und außerdem werden die sehr verschieden langen Hebel außer acht gelassen, mit denen die Inhaber von sehr verschiedenen Machtpositionen diese Bedrohung ausüben können, wenn nicht nur in dem einen Punkte jene negative Gleichheit herrscht.

Doch wurde es so möglich, daß im Vertrag alle als Bürger mit ihren politischen Rechten an den Souverän auch ihre gesamten Bedürfnisse an die Gesellschaft abtraten und sie von dieser nach dem Maß ihrer gesellschaftlichen Macht als scheinbar individuell-private erfüllt oder versagt bekamen. Bei der Abtretung blieb, nach Hobbes' Theorie, einem jeden gerade so viel zurück, daß die Aufgabe der Bedürfnisbefriedigung nach dem Muster des Naturzustandes formal als Privatsache dem Einzelnen zugewiesen werden konnte. Historisch mußte das die Legalisierung der Bereicherung der Mächtigen bedeuten, die von der einzig verbleibenden gesellschaftlichen Seite, mit der die Arbeitsteilung in der Lehre berücksichtigt wurde, verhältnismäßig unberührt blieben. Diese war wiederum eine negative Bestimmung – Ausgrenzung nach tendenziell statistischen Kriterien. Die Bedürfnisbefriedigung des Einzelnen wurde zur individuellen Pflicht erklärt. Die Konsequenzen der Arbeitsteilung im vertraglichen Zustande wurden für den Einzelnen nur so weit reflektiert, als nach dem Mann-gegen-Mann-Modell die Selbstvernachlässigung des einen zur Belastung für den anderen hätte werden können, wie immer vermittelt sie durch die Verhältnisse eben des Vertragszustandes sein mochte.

Die nichts oder wenig Besitzenden müssen ihre Sicherung vor unsystematischem Mord damit bezahlen, daß sie auf ihre einzige Waffe gegen die systematisch werdende Ausbeutung durch die Herrschenden und Besitzenden zu verzichten haben. Ihr Recht zur Selbstwehr sogar gegen die Staatsgewalt, das Hobbes ihnen zubilligte, hat er vorab zum Belanglosen gestempelt. Es ist moralisches Recht zum Widerstand, als moralisches aber ein privates, als privates ein uneigentliches. So ist es auch in der Tat unerheblich geblieben, ob die der Zwangsgewalt zum Opfer Fallenden mit oder ohne Berechtigung gegen die Exekution sich zur Wehr setzten, die sie real aufzuhalten ohnehin nicht die Macht hatten. Ein wirksamer Widerstand durch Selbstorganisation sollte als schwerstes Verbrechen unterdrückt werden.

Die Konstruktion individueller Rechte aus individuellen Bedürfnissen ist an sich rational; aber die Rationalität bricht zusammen, wenn der atomistische Zustand der Menschen gegen ihren vermittelten in den Anhäufungen – Gesellschaft, Nation, Staat usw. – vertauscht wird. Der angenommene Naturzustand ist ein heuristisches Mittel, dem zwingend existentielle Bedeutung in strategischer Absicht beigelegt wird, von der bereits im Zusammenhang mit den Fragen nach dem Ursprung der Vereinzelung und des Privateigentums die Rede war. Das »Mann-gegen-Mann« ist ein Prinzip abstrakter Besonderheit: Der individuelle Tod trifft so und so viele, die aber nur statistisch interessieren. Die daran festgemachte Allgemeinheit als negative Gleichheit im existentiellen Aspekt, Leib und Leben, wird an der systematisch entscheidenden Stelle gesetzt: im Übergang vom Natur- zum Gesellschaftszustand; aber das geschieht verschwiegen. Durch Schweigen darüber, was sich mit dem Übergang qualitativ verändert haben könnte, werden zwei Dinge festgeschrieben, ontologisiert: erstens die pessimistische Grundvorstellung von »dem Menschen«, zweitens die naturwüchsig eingeschleppten Machtvorgaben. Denn einmal über den Zustandswechsel hinweggerettet, konnten die besonderen Positionen unter den allgemeinen Schutz gestellt und somit unausgesprochen beibehalten werden. Alle verzichteten auf das Mittel, das allen zur Verfügung stand und dessen Besitz sie negativ zu Gleichen machen konnte – Mord. In solcher Ruhe und Ordnung konnten nun die einen die Mittel, die ihnen besonders verblieben waren, unter dem Schutze des neuen Gleichheitsprinzips gegen alle kehren – konkurrierend gegen Gleiche, ausbeutend gegen Ungleiche.

Alle tauschen die Chancen und Gefahren der drohenden Vernichtung gegen die Sicherheit vor dem Mord ein, und die Beherrschten bezahlen sie überdies mit dem Schicksal von Ungleichheit in Ausbeutung: Das ist die politische Erscheinungsform des Äquivalententausches. »Wie bei der Anwesenheit des Herrn die Knechte alle gleich und ohne jede Ehre sind, so sind dies auch die Untertanen in Gegenwart des Souveräns.«[8] Nur: diejenigen, die nach der Übertragung der politischen Rechte aller auf den Souverän noch eine »private« Macht zurückbehalten haben, können ihn programmieren. Ebenso wurde später die gattungsgeschichtliche Perspektive fortschreitenden Reichtums einerseits transzendent zum »Fortschritt« erhoben, andererseits die Möglichkeit der einen, sich zu bereichern, und zwar mit den Kräften der anderen, als die Offenheit des Systems in der Bereicherungsperspektive aller interpretiert.

Dieses allgemeine Telos blieb bloße abstrakte Behauptung; es war abstrakt, während konkret die besonderen Chancen der wenigen sich mit den naturhaften Möglichkeiten aller, der Arbeitskraft, als Grundlage durchsetzten. Es wurde für »den Menschen« etwas behauptet; aber »der« Mensch blieb eine Allegorie, hinter der sich die historischen Individuen versteckten oder verstecken lassen mußten. Freilich wurde die Arbeitskraft der vielen zur Zeit von Hobbes zwar noch weitgehend naturwüchsig organisiert, aber doch immer mehr zur vergesellschafteten Arbeit. Und das allgemeine Telos konnte sogar an einem weiteren, darauf aufbauenden gesamtgesellschaftlichen Phänomen behauptet werden: Entwicklung von Technologie und Anhäufung von Produktionsmitteln.

8 *Leviathan*, a.a.O., S. 143.

X. Exkurs: Geschichtsinterpretation durch die Kritische Theorie

Solange beide vorwärtsweisenden Phänomene von den Herrschenden usurpiert – das heißt: nicht für die gesamte Gesellschaft, sondern gegen die Mehrzahl – im eigenen Interesse genutzt wurden, war eine »Wirklichkeit« das Ergebnis, die in ihrem äußersten Verdichtungsstadium, im entwickelten Kapitalismus, von Hegel als vernunftnahe Totalität interpretiert, von Marx als schlechter Zwangszusammenhang von allerdings größter innerer Folgerichtigkeit kritisiert worden ist. In einem solchen Sinne wird in der *Dialektik der Aufklärung*[9] für alle möglichen Perioden der Geschichte davon gesprochen, daß emphatische Vernunft historisch immer in bloß perfektere Instrumentalisierung »umgeschlagen« sei, während es zum Beispiel in der Zeit, die sich bei Hobbes artikuliert, darum geht, daß eine gewisse vernunftförmige Strategie Möglichkeiten zu emphatischer Vernunft in der Geschichte mit sich heraufführte, die nicht realisiert wurden; statt dessen wurden die im Zuge der sich durchsetzenden Rationalisierung der Gesellschaft frei werdenden Potentiale zu einer rationelleren, perfekteren Weiterführung der ursprünglich nicht besser konzipierten Ordnung eingesetzt.

Die Kritische Theorie ging hier nicht dem realgeschichtlichen Umschlagen nach; sie kritisierte auch nicht einen frühbürgerlichen Vernunftbegriff an den Bedingungen seiner Entstehung. Sie ging vielmehr so vor, als könne dieser Vernunftbegriff immer schon als emphatischer verstanden und einer Realität konfrontiert werden, die ihn auf Grund der herrschenden Verhältnisse zu Rationalisierung von Herrschaft herabbrachte. Auf Hobbes ist Horkheimer ausdrücklich in seinem Aufsatz *Anfänge der bürgerlichen Geschichtsphilosophie*[10] eingegangen. Er sagt dort: »Seine Geschichtsphilosophie darf man [...] ebensowohl als Wirkung wie als Ursache der Praxis ansehen.«[11] Wie problematisch der Begriff von

9 Max Horkheimer und Theodor W. Adorno, *Dialektik der Aufklärung. Philosophische Fragmente*, Amsterdam 1947.

10 Max Horkheimer, *Anfänge der bürgerlichen Geschichtsphilosophie*, o. J., o. O.

11 A.a.O., S. 49.

Geschichtsphilosophie hier ist, hat Horkheimer selber bezeichnet. Aus demselben Grunde muß man auch das Verhältnis der Hobbesschen Theorie zur Praxis als ein zwar in beiden Richtungen beziehungsreiches, aber doch äußerliches verstehen. Nach Horkheimer »steht also bei Hobbes die Erkenntnis schon am Anfang«, und es gilt ihm als ausgemacht, »daß die Vernunft ewig dieselbe bleibt«, und zwar in den Auffassungen von Hobbes bis zur Aufklärung, wenn auch diese als Erkenntnis erst am Ende eines Prozesses steht.[12] Es muß dagegen der Nachdruck darauf gelegt werden, daß auch ein derart ungeschichtlich gedachter Begriff von Vernunft seinerseits sehr wohl in veränderter realgeschichtlicher Situation verschieden bestimmt werden muß. Horkheimer nennt selbst die Voraussetzung für seine eigene Interpretation: »Aus Hobbes, wie aus Spinoza und der Aufklärung spricht unverhüllt das Vertrauen in die Organisationsform der bürgerlichen Gesellschaft.«[13] Dies muß für Hobbes gerade bestritten werden. In seinem Ansatz steckt mehr verzweifelte Hoffnung als Vertrauen. Zwischen der gesellschaftlichen Praxis, die »Ursache« seiner Lehre war, und der, die womöglich »Wirkung« seiner Lehre genannt werden kann, liegt realhistorisch ein entscheidender Schritt – der vom Abschluß der sogenannten ursprünglichen Akkumulation unter dem Schutz des Absolutismus zur erstmals möglichen Etablierung der bürgerlichen Organisationsform als gesellschaftlich herrschender.

Dies ist deshalb von Belang, weil das von Marx entwickelte Modell einer Kritik an den bestehenden Verhältnissen als Ideologiekritik nur auf diese zweite Phase, die Epoche der kapitalistisch-bürgerlichen Gesellschaft, stringent angewandt werden kann, aus deren Analyse es entstand. In der *Dialektik der Aufklärung* schlägt dagegen die Tendenz durch, nach dem Modell der Ideologiekritik auch für die früheren Epochen zu verfahren. Darum muß noch einmal darauf hingewiesen werden, daß der Widerspruch zwischen einem wie immer fertig gedachten Vernunftbegriff bei Hobbes und seinem Aufgehen in rationalerer Herrschaft nicht als der von Ideologie und Wirklichkeit begriffen werden darf. Der Begriff von Objektivität, den die gesellschaftliche Wirklichkeit zu tragen hat,

12 A.a.O.
13 A.a.O.

muß über diese als bloß empirische eine logische Qualität annehmen, wie sie nur unter einer alle ihre Bereiche durchdringenden Kategorie wie der des Kapitals zur Zeit der entfalteten bürgerlichen Produktionsgesellschaft herausgebildet werden kann, um einer Ideologiekritik ihre Stringenz zu sichern.

XI. Zum Problem von Kontinuität und Identität

Ebenso wie die Allgemeinheit ist bei Hobbes die Kontinuität eine mühsam errungene und schlechte. Nicht mehr unverbrüchlich versorgt in einer *civitas aeterna,* im Reich eines metaphysisch Eigentlichen, kam die Hinfälligkeit des menschlichen Daseins zu sich; sie blieb chaotisches Faktum. Die *civitas terrena* der zur christlichen Kirche gehörigen menschlichen Organisationen zerfiel in die Kämpfe von Parteien und Staaten, aus denen kein *bellum iustum* und keine *treuga dei* die Neugeburt gottgewollter irdischer Ordnung erhoffen ließen. Eine Gesellschaft gab es in dieser Zeit nur im empirischen Verstande des Wortes. Hobbes erwies sich als konsequenter Empirist, indem er den einzig vorfindlichen Ansatz, das Privateigentum als die Vergegenständlichung praktischer Vernunft, faktisch zur zentralen Kategorie seiner Theorie der Gesellschaft machte. Individuum und Staat waren in der gleichen Lage, Kontinuität nur an den Dingen festmachen zu können; sie war insofern nicht »verdinglichte«, als sie vorab nicht anders als äußerlich sein konnte. Dabei standen naturwüchsig noch die Zahlen der Leibeigenen und die der Warenwie der Geldkisten nebeneinander. Eine Kontinuität des Staates ließ sich in derartigen Umständen nur in der, privatrechtlichen, Form des Erbrechts konstruieren. Sie stand, wie das Erbrecht selbst, vor dem abschirmenden Hintergrund der letzten sozialen Einheit, der aus dem zusammengebrochenen *Ordo* eine reale Geltung verblieben war. Die Familie hatte sich als der kleinste Verband zur Absicherung der isolierten Einzelnen gegen Koalitionen und Konkurrenzkampf behaupten können. Auch sie war durch Streit und Habsucht gefährdet; doch eignete sie sich noch am ehesten, an ihr das Sicherungsbedürfnis auch in der Gestalt von Emotionen verwandtschaftlicher Liebe und Zuneigung festzumachen. Von der existentiellen Verwiesenheit der Familienmitglieder aufeinander war am ehesten eine gewisse Immobilität zu erhoffen, während die von Hobbes ebenfalls für diese Zwecke erwogene Freundschaft doch zu unbeständig war, weil sie unmittelbar immer an den Marktwert der Person gebunden erschien.

Die Kontinuität der Individuen als Identität konnte sich erst dumpf und nur teilweise aus der Identität des Warentauschenden mit seinem am Markt objektiviert ihm entgegentretenden Interesse herstellen wie etwa zur Zeit Kants – in der Einheit der Erkenntnisvermögen, der Subsumtion des Mannigfaltigen unter das Schema der Verstandesbegriffe sich ausdrückend. Der Wille des Einzelnen vermochte sich noch nicht auf Grund einer gesellschaftlichen Konstruktion, die seiner Durchsetzung unter dem Schein vernünftiger Allgemeinheit entsprach, als einen konkret projektierenden zu verstehen. Diffus mußte der Wille als fern von Vernunft sich erfahren. An ein Aufgehen von Vernunft und Willen in der Gleichsetzung von Vernunft und Freiheit über eine Moral, die das bewußte Wollen der Vernunft sein sollte, war nicht zu denken. Es mußte eine Situation erreicht werden, die sicher nicht rational zu werden versprach, aber doch weithin dadurch kalkulierbar wurde, daß Verkehrsfreiheit, Rechtsgleichheit, Schutz an Leib und Leben organisiert wurden – jedenfalls für die, die ein solches Interesse überhaupt zu entfalten vermochten. Während über ihnen diese Aufgabe der absolutistische Staat erfüllte, konnten die akkumulierenden Besitzbürger Erfahrungen des Individuums für sich zur Individuation entwickeln.

Die Gesellschaft existierte nur in der naturwüchsigen Abhängigkeit ihrer Teile voneinander. So konnte sie Allgemeinheit nur in der schlechten Gleichheit ex negativo konzipieren. Zur Geltung bringen und darstellen ließ diese Allgemeinheit sich lediglich in einem Staat, der durch seine Zwangsgewalt und in der natürlichen Person des Souveräns sinnlich wahrnehmbar war. Durch die natürliche Kontinuität des Herrschers in erbrechtlich gewordener Thronfolge ließ sich begrifflich wie faktisch so etwas wie Identität des Staates in der historischen Zeit behaupten. Der Begriff der Repräsentanz bei Hobbes ist mechanisch-additiv. In den folgenden Jahrhunderten wurde dieses Stadium durch eine zweifache

Verinnerlichung solch äußerlicher Konstrukte überwunden: Als Untertanen verinnerlichten die Subjekte die zu Hobbes' Zeiten erst durchgesetzte äußerliche Form von staatlicher Zwangsgewalt; und die Vernunft der Einzelnen konnte das, was zunächst ins »Private« abgeschoben worden war, durchdringen, nachdem sie immer weniger vom staatlichen Bereich der Realpolitik und der Orientierung des Einzelnen in ihrem Regelwerk okkupiert war. Die außenorientierte Funktion und die Selbstdisziplinierung durch Verinnerlichung von »außengeleiteter« Disziplin der Untertanen haben zwar nicht die davon freieren Prozesse im Innern verhindert; aber diese Prozesse und ihr Ausdruck reproduzieren nun zwanghaft jene Innen-Außen-Schematik, die schon im Zusammenhang mit der Ausgrenzungsproblematik erörtert worden ist.

Zugleich mit dem Prozeß bürgerlicher Individuation konnte sich der Begriff Menschheit, Gattung in dem emphatischen Verstande der Aufklärung entwickeln. Bis dahin galten die Menschen als zu empirischen Einheiten abgeteilt, die aus der Naturwüchsigkeit der geschichtlichen Verhältnisse und der geographischen Bedingungen anstanden und unter dem Titel von Nationen sich das Ansehen vernünftiger Notwendigkeit gaben. Zur klaren Erkenntnis dieser Situation trägt ein Vorgriff auf das bei, was damals objektiv unmöglich war.* Bei Kant etwa tauchte als Terminwechsel auf den Begriff der Menschheit der von Patrie auf und erschien als solcher geeignet, die bürgerlichen Bedürfnisse und Interessen in ihrer Form der Egoismen in sich aufzunehmen und auf die Qualität richtiger Allgemeinheit zu heben, auf Grund des Mechanismus der Antagonismen.

Die Französische Revolution hat im institutionalisierten Bereich weder Gleichheit noch Freiheit, schon gar nicht die bald selbst nominell oft genug vergessene Brüderlichkeit gebracht; vielmehr hat sie ratifiziert und auf den Begriff gebracht, was die Maxime der zentralistischen Politik des Absolutismus gewesen war. Mit der Zerschlagung der persönlichen Verhältnisse in den staatlich gewordenen Organisa-

* Bei der Ungleichzeitigkeit der Geschichten Englands, Frankreichs, Hollands und so weiter ist diese Situation jeweils zu verschiedenen Punkten der Zeitrechnung anzusetzen, ebenso wie sie in allen Ländern ganz verschieden strukturiert ist.

tionsformen der Gesellschaft wurde die Republik, wie die erste französische Verfassung noch des Konvents zu verkünden Eile hatte, »une et indivisible«. Bis dahin war die Einheit von Nationen über die monarchischen Gebilde mit feudalistischem Aussehen konstruiert – die unter einer Krone vereinigten Länder. Der Tod des Trägers der Krone, die nicht mehr ein Sakrament bedeutete, stellte potentiell jedesmal erneut die Existenzfrage, so wie der Kampf um die Erbschaft die bürgerliche Familie zu liquidieren droht. Eine Familie oder ein Königreich »gut regieren« heißt, »verschiedene Geschäfte ausführen«.[14]

Für die Einzelnen, deren Summe Kontinuität nur im Souverän finden konnte, war solche Kontinuität freilich abstrakt und dabei doch sinnlich wahrnehmbar – eine günstige Kombination von Voraussetzungen für eine Verinnerlichung, wie sie oben skizziert worden ist. Sie entsprach der konkret vergegenständlichten des Privateigentums. Wohl hatte sich die über Markterfahrungen herausgebildete Identität noch nicht durchgesetzt, sie hatte sich also auch nicht als die Zwangsidentität der Menschen mit ihrer Rolle in den Produktionsverhältnissen effektuiert. Die Zwangsgewalt ließ als äußerliche den Menschen darum nicht freieres Spiel, es sei denn denjenigen, die zu dem Abstrakt-Sinnlichen, dem Souverän, neben dem allgemeinen abstrakten noch ein konkretes besonderes Verhältnis hatten. Insbesondere ermöglichte das ein biosoziologischer Status von Verwandtschaft. Indessen okkupierte freilich auch die von ihnen mit darzustellende Allgemeinheit ihre individuelle Entfaltung, wie sie als natürliche Personen diese okkupierten. Staatsräson machte ihre Ehen, und ihre Neigungen wurden zur Staatsräson.

XII. Rationalisierung fortbestehender mittelalterlicher Elemente

Diese Form des Besonderen in der »Gleichheit aller Untertanen vor ihrem Herrscher«, die vom Souverän ausgehenden Titel und Ränge kleideten sich in die Erscheinungen der

14 *Leviathan*, S. 55.

feudalen Hierarchie, die doch mit der absolutistischen Ableitung aller gesellschaftlichen Positionen von der Krone gerade entleibt wurde. – Freilich täuschten auch darüber die äußere Kontinuität der Titel und die biologische eines großen Teils ihrer Träger hinweg. Die höheren und niederen Inhaber von feudalen Rechten und Pflichten wurden insgesamt zu Empfängern von Privilegien durch den Monarchen. Im Privileg aber institutionalisierte sich die Kontrolle; sie war die durch ihre unilaterale Begründung zentralisierende Abstraktion der alten, an den Boden gebundenen Hierarchie und damit zugleich deren Entmachtung. Unter dem Schein der alten Würden wurde den neu Privilegierten die neue Aufgabe zugewiesen, eine sinnlich wahrnehmbare Verlängerung der Person des Souveräns zu bilden, deren es bedurfte, um die Darstellung des Staates hinreichend wahrnehmbar zu gestalten.

Die alten Würden und Titel gaben solcher bloß physischen Verlängerung den Schein eines Glanzes von geborgter Qualität. In Wirklichkeit konnten Allgemeinheit wie Kontinuität bloß mechanisch konzipiert werden. Jedes qualitative Moment, das im gesellschaftlichen Bereich zugelassen worden wäre, hätte eine Auflösung des Staates in einen Pluralismus von Gruppen bedeutet – »Staaten im Staate«, wie man z. B. die Hugenotten in Frankreich bezeichnete – sowie das Zerfallen seiner Geschichte in kurze Perioden. In der Zeit der Religions- und Bürgerkriege mußte jede Anerkennung von Sinnkriterien als gesellschaftlichen Normen die Gefahr der Totalisierung des Partiellen bringen. Zur Universalie konnte nur der reale Inbegriff des Quantitativen unter den Bedürftigen und einander Beraubenden werden: der Besitz als Privateigentum, das freilich in dieser Periode der Akkumulation noch nicht mit seiner ganzen Konkretheit im Geldwert aufging. Dieses war das reale gesellschaftlich existierende Substrat der »Leidenschaften«, die Konkretheit des diffusen Willens. Wie die staatliche Zwangsgewalt durch hierarchische Konstruktionen die gesellschaftlichen Beziehungen atomisierte, indem sie die Träger der einst auch aufeinander bezogenen Funktionen des Feudalsystems durch das Institut des Privilegs auf sie allein bezog und damit gegeneinander isolierte, so vollzog sich von der bürgerlichen Seite her der Prozeß der Monadologisierung. An die Stelle des »Jedem das Seine!« trat die individuelle Subsistenzgarantie bzw. Existenzangst.

Entsprechend konnte die Identität, die so konstituiert wurde, also durch Verinnerlichung solcher Bedingungen sich bildete, ihrem Kern nach nicht qualitativ bestimmt sein. Sie mußte erkämpft werden über die Erfahrung von faktischer Kontinuität gegen die Gleichen und unter einer politischen Gewalt, der man sie zugleich zu danken hatte, aber der man als Untergebener innerlich widerstrebte.

XIII. Schlußbemerkung: Realhistorische Perspektiven des Hobbesschen Pragmatismus

Das qualitative Moment an der radikalen Quantifizierung des gesellschaftlichen Seins, das von der instrumentellen Vernunft zum Wesentlichen stilisiert wurde, entwickelte sich erst an den historischen Resultaten. Die Prozesse der Verinnerlichung zunächst äußerlicher Zwangsnormen und die Prozesse der entäußerten Selbsterfahrung bildeten den Beginn von Individuation. Diese vollzog sich allerdings bereits in ihrer Entstehung für die Klassen tief unterschiedlich. Der Warentauschende und Besitzbürger hatte an seinem Eigentum seine praktische Vernunft. Den Besitzlosen fehlte auch dies. Als schließlich die arbeitslosen Massen sozialpsychologisch und wirtschaftsgeschichtlich ihr Überleben wenigstens an die Lohnarbeit zu binden vermochten, trat ihnen solche praktische Vernunft als doppelt äußere entgegen: bloß im Eigentum, und dies war auch noch das Eigentum des anderen. Die Folgen davon wären genau zu untersuchen für die wechselseitige Durchdringung von »Privatem« – Moral, Religion, Wertvorstellung überhaupt – und Vernunft bei den Bürgern bis hin zur Aufklärung; es wäre also eine Naturgeschichte bürgerlicher Organisation und Kommunikation zu rekonstruieren, vor allem die Folgen für die Entwicklung einer proletarischen Form von Individuation. Deren Geschichte kann nicht einfach deswegen ignoriert bleiben, weil der Begriff Individuation, der innerhalb der Bornierungen der bürgerlichen Philosophie entstand und verblieb, in der Geschichte des proletarischen Anderen nicht eingelöst werden kann, weil er ihr so, wie er vom begriffsbildenden Bürgertum geprägt ist, spezifisch unangemessen ist. Das kapitalistische Bürgertum hat aus der Produzierbarkeit der Produktionsbedingungen seine Teleologie gezogen. Das Proletariat sah seine Subsistenz an diese Produktion gebunden, die ihm als naturnotwendig von ihm zu leisten, seinem Kalkül aber radikal sich zu entziehen schien. Beiden Klassen eignet in ihrem Bewußtsein eine bestimmte Geschichtslosigkeit, deren spezifische Formen indes gerade differenziert werden müßten. Das Modell naturwüchsiger Kontinuität in der Familie, das der Hobbesschen Staatstheorie zugrunde lag, war und blieb für die plebejischen und proletarischen Klassen radikal sinnlich anschaubar; für die Besitzbürger bot sie sich vermittelt über das zu vererbende Eigentum dar. Viele ähnliche Problematisierungen aus der Realgeschichte wären zu betreiben, die mit den Begriffen der bürgerlichen Ideengeschichte nicht faßbar sind. Sie bleiben weit über das Maß dessen hinaus ohne Präsenz, was aus objektiven Gründen des historischen Materials selbst im Unbegrifflichen liegt.

Das bürgerlich-autonome Subjekt in den geschichtsphilosophischen Schriften von Kant

Am klarsten wird der Begriff bei Kant, dem Vollzieher der »kopernikanischen Wende«. Sein Substrat ist der Mensch in der Gesellschaft, und zwar als durch Aufklärung geistig, »moralisch« mündiger und als selbständiger, das heißt keinem anderen dienender Bürger. Bedingt und vermittelt zugleich durch den Begriff von Aufklärung, die auch bei Kant als noch nicht abgeschlossener Prozeß verstanden wird, tritt der mündige und selbständige Bürger im genau bestimmbaren historischen Zusammenhang auf. Eine kritische Kantrezeption, die das autonome Subjekt thematisch macht, kann und muß deshalb in zweifacher Weise seine Philosophie mit der historischen Situation der Menschen, aus der Kant formuliert, und das ist ihre politische als ökonomische und ihre ökonomische als die politische, konfrontieren: aus Kants eigener Reflexion auf diese Bedingungen und aus der objektiven Konvergenz oder Divergenz seiner Theorie mit den tatsächlichen Verhältnissen zu seiner Zeit, freilich insbesondere in Deutschland.

Es ist auszugehen davon, daß das Auftreten eines autonomen Subjektes in der Philosophie historisch abhängt von der Herausbildung des Phänomens individueller ökonomischer Autonomie am Ausgang der feudalen Periode vor allem im italienischen, französischen, englischen, deutschen Europa. Die Aufklärung entwickelte, zunächst in literarischen Salons, dann gegen Klerikalismus und für eine Erziehung zur Selbständigkeit des Denkens überhaupt, mit dem neuen Begriff vom Individuum auch den von seiner Freiheit. Die sozialen Träger der Aufklärung, die nämlich, die als Handel und Fertigung Betreibende wirtschaftlich die Stellung der agrarisch fundierten Aristokratie – mit dem Aufrücken als Amtsadel mehr und mehr auch politisch – in den Schatten zu stellen begonnen hatten, meinten mit jenen ideologischen Forderungen zugleich Handlungsfreiheit für ihre Geschäfte gegenüber den alten Ordnungen. Diese sind in der Verbindung des dirigistischen, absolutistischen Staates mit den kontingentistischen, zünftlerischen Ordnungen zu sehen; im Merkantilismus und den mit ihm einhergehenden Rechtsnormen, im Geldwesen und Finanzgebaren der Fürsten, ihrer Höfe; in der Kabinettspolitik. »Und seitdem die bürgerliche Illusion von der Ewigkeit und Letztinstanzlichkeit der kapitalistischen Produktion dazugekommen ist, gilt ja sogar die Überwindung der Merkantilisten durch die Physiokraten und Adam Smith als ein blasser Sieg des Gedankens, nicht als der Gedankenreflex veränderter ökonomischer Tatsachen, sondern als die endlich errungene richtige Einsicht in stets und überall bestehende tatsächliche Bedingungen.« (Friedrich Engels)

Generell hat Kant angenommen, alle Mitglieder der Gesellschaft könnten zu einer Form ökonomischer Unabhängigkeit gelangen sowie sich aus eigenen Stücken zu einem mündigen Bürger und zu einem sittlichen Subjekt entwickeln. Das steht im Gegensatz zu den wirklichen Möglichkeiten derjenigen, die jene von Kant selbst als Voraussetzung genannten ökonomischen Bedingungen für eine derartige Entwicklung ihrer selbst erst einmal hätten erwerben müssen. Deren Auftauchen in Kants Schriften selbst nachzugehen heißt, die erste Seite der oben als notwendig bezeichneten doppelten Untersuchung zu verfolgen; Kants Verhalten gegenüber diesen Brüchen zur Wirklichkeit ist Ausgangspunkt für den anderen Weg der Überlegungen. Schließlich wird nach der subjektiven Notwendigkeit des Kantschen Insistierens auf dem Junktim zwischen autonomem Subjekt und ökonomischer Autonomie innerhalb seines Systems sowie nach der objektiv historisch-ökonomischen zu fragen sein.

I.

»Derjenige nur, welcher das Stimmrecht in dieser Gesetzgebung hat, heißt ein *Bürger* (citoyen, d. i. Staatsbürger, nicht Stadtbürger, bourgeois). Die dazu erforderliche Qualität ist, außer den natürlichen (daß es kein Kind, kein Weib sei), die einzige: daß er sein eigener Herr (sui iuris) sei, mithin irgendein Eigentum habe [...], welches ihn ernährt; [...] folglich daß er niemandem als dem gemeinen Wesen im eigentlichen Sinne des Worts *diene.*« (*Über den Gemeinspruch: Das mag in der Theorie richtig sein, taugt aber nicht für die Praxis*, II, 3. Werkausgabe hrsg. v. Wilh. Weischedel,

Frankfurt am Main 1964, Bd. XI, S. 151) Es wird noch eingehender bestimmt, wer demnach Bürger sei und wie letztlich doch der Staatsbürger immer Bourgeois ist, so daß die Unterscheidung von »Stadtbürger« und »citoyen« eher verschiedene Aspekte derselben Gruppe betraf als verschiedene Gruppen. Warum Weib und Kind, offenbar nicht zufällig, in einem Atem genannt und als für die Bürgereigenschaft nicht in Betracht kommend bezeichnet werden, erhellt aus dem Zusammenhang. Sie gelten gleichermaßen als nicht zum Erwerb des eigenen Unterhalts fähig, und zwar müssen sie wohl auch nach Kants Votum unter dieselbe Kategorie in dieser Hinsicht fallen – die der von Natur aus zum eigenen Unterhalt nicht Befähigten. Das paßt um so schlechter zu den Aufforderungen Kants in der *Beantwortung der Frage: Was ist Aufklärung?* an das weibliche Geschlecht, gleich allen anderen »Unmündigen« sich von diesen »beinahe zur Natur gewordenen« Hindernissen zu befreien und sich »des eigenen Verstandes zu bedienen« (a.a.O., XI, S. 54), als die Frau als Erbfähige durchaus Eigentümer eines sie – und möglicherweise auch ihren Mann – ernährenden Vermögens zu sein vermochte.

Zu den Gruppen, die »mithin irgendein Eigentum« darstellen, zählen für Kant »auch jede Kunst, Handwerk oder schöne Kunst, oder Wissenschaft« Betreibenden. Es hätte sonst auch schlecht um das Recht der Gelehrtenrepublik gestanden, durch Kritik an den Maßnahmen des Staates sich zum berufenen Sprecher bürgerlicher Öffentlichkeit zu machen. Denn zu diesen »Gelehrten« – »Ich verstehe aber unter dem öffentlichen Gebrauche seiner eigenen Vernunft denjenigen, den jemand als Gelehrter von ihr vor dem ganzen Publikum der Leserwelt macht« (a.a.O., S. 55) – gehörten nach den Beispielen Kants gerade der Geistliche, der Offizier, der Finanzrat etc. (a.a.O., S. 55 f.). Es wäre in anderem Zusammenhange wichtig, darauf einzugehen, warum hier diejenigen, die nicht nur im sittlichen Sinne »Diener des gemeinen Wesens« waren, sondern auch abhängig von der Besoldung durch den Staat, eigentlich als ökonomisch unabhängig gelten sollten. Am Ausgang des achtzehnten Jahrhunderts war die »Unabhängigkeit der Richter« sowie die der Professoren gegenüber dem Staat durch die Festlegung ihrer Unkündbarkeit noch längst nicht durchgesetzt – man denke an den späteren Fall der »Göttinger Siegen« noch in der ersten Hälfte des neunzehnten Jahrhunderts. Ohnehin hat Kant ausdrücklich auf die Freiheit der Staatsdiener von Weisungsgebundenheit verzichtet: »Nun ist zu manchen Geschäften, die in das Interesse des gemeinen Wesens laufen, ein gewisser Mechanism notwendig, vermittelst dessen einige Glieder des gemeinen Wesens sich bloß passiv verhalten müssen« (ebd.).

In der näheren Erklärung zu dem, was ein Eigentum sei, das, sozusagen, seinen Mann ernährt, heißt es (*Über den Gemeinspruch* ..., l. c., S. 151): »d. i. daß er, in denen Fällen, wo er von andern erwerben muß, um zu leben, nur durch Veräußerung dessen was *sein* ist erwerbe, nicht durch Bewilligung, die er anderen gibt, von seinen Kräften Gebrauch zu machen, folglich daß er niemandem als dem gemeinen Wesen im eigentlichen Sinn des Worts *diene*. Hier sind nun Kunstverwandte und große (oder kleine) Gutseigentümer alle einander gleich, nämlich jeder nur zu einer Stimme berechtigt.« Künstler und Schriftsteller wurden als ihr »eigener Herr« angesehen, denn: »Derjenige, welcher ein Opus verfertigt, kann es durch *Veräußerung* an einen anderen bringen, gleich als ob es sein Eigentum wäre.« Ebenso wie für den Handwerker gilt: »Obgleich der, welchem ich mein Brennholz aufzuarbeiten, und der Schneider, dem ich mein Tuch gebe, um daraus ein Kleid zu machen, sich in ganz ähnlichen Verhältnissen gegen mich zu befinden scheinen, so ist doch jener von diesem, wie Friseur von Perückenmacher (dem ich auch das Haar dazu gegeben haben mag), also wie Taglöhner vom Künstler oder Handwerker, der ein Werk macht, das ihm gehört, solange er nicht bezahlt ist, unterschieden« (ebd., Anm.). Das heißt ökonomisch, als sein eigener Herr könne der auftreten, der erst nach der Übergabe seines »Werks« bezahlt wird, bis dahin aber eventuell Gehilfen, Hilfsmaterial, eine Werkstatt und dergleichen mehr, zu allermindest aber seine eigene Reproduktion selbst bestreiten kann: der also wenigstens in Form dieses kleinsten Umlaufkapitals Kapitalist ist. Kant artikuliert an der angegebenen Stelle eine gewisse Unsicherheit bei der Bestimmung des »Erfordernisses, um auf den Stand eines Menschen, der sein eigener Herr ist, Anspruch machen zu können«; seine Umschreibung trifft den historischen Sachverhalt indessen sehr gut, obwohl ihm das entscheidende Kriterium offenbar mehr vorschwebte, als deutlich benennbar war. Der Abschnitt ist überschrieben *Selbständigkeit (sibisufficientia)*; deren Bedingung läuft auf die Verfügung über ein, wenn auch noch so geringes, Kapital hinaus. Damit wurde, auch unter den Verhältnissen vor der Akkumulation des Kapitals, bestätigt, daß eine große Zahl von Menschen aus dem Kreise der sozusagen eigentlichen Mitglieder der Gesellschaft ausgeschlossen waren. Kant blieb das durchaus nicht verborgen. Bevor darauf eingegangen wird, sollten freilich seine Gründe für die Konstruktion der bürgerlichen Gesellschaft untersucht werden, nach der Bürger nur die Eigentümer sein können.

Diese Gesellschaft wurde, zunächst einmal, gedacht als eine von freien Bürgern, das heißt, diese sollten die Autonomie des Eigentümers im Gegensatz zu dem feudalen und absolutistischen Staat, der ihnen auch in dem Umgang – das ist dem Warentausch – miteinander Vorschriften machte, nunmehr voll ausüben. Die zu überwindende »Unmündigkeit« war von »Bevormundung durch die Regierung« verursacht worden. Nicht nur in Dingen der Religion wie der Künste und Wissenschaften ohnehin, die aber vielleicht weniger brisant erschienen, sollte die Bevormundung durch die Regierung aufgehoben werden (*Was ist Aufklärung?* l. c., S. 60); überhaupt die »väterliche Anmaßung des Staates, besser zu wissen, was den Einzelnen nutze oder schade, als diese selbst«, galt es auszuschalten. In der Aufklärung wurde die Emanzipation der Menschen von ihrer Naturgeschichte zugleich als politische Polemik für eine Emanzipation der – »bürgerlichen« – Gesellschaft vom absolutistischen Staat gedacht. »Die Natur hat gewollt: daß der Mensch alles, was über die mechanische Anordnung seines tierischen Daseins geht, gänzlich aus sich selbst herausbringe, und keiner anderen Glückseligkeit, oder Vollkommenheit, teilhaftig werde, als die er sich selbst, frei von Instinkt, durch eigene Vernunft, verschafft hat.« (*Idee zu einer allgemeinen Geschichte in weltbürgerlicher Absicht*, Dritter Satz, l. c., S. 36) Was für den Menschen als Gattung gegenüber der Natur gefordert beziehungsweise festgestellt wird, das wird auch für die Bürger gegenüber der Regierung verlangt. Indessen war festzustellen, daß die Einzelnen weder die Interessen aller anderen durchschauen konnten, noch sich überhaupt grundsätzlich für mehr als ihren eigenen Nutzen interessierten (z. B. a.a.O., S. 34). Jedoch soll dies kein Hinderungsgrund sein, jene Handlungsfreiheit – als Freiheit des Handels – zu fordern; jedenfalls soweit nicht. Zwei Momente wurden hier bei Kant nebeneinander und miteinander eingeführt.

Das eine ist das als »Mechanism der Natur« (a.a.O., S. 34) bezeichnete Modell, bekannter noch als »Mechanism der Antagonismen«. Danach können blind und isoliert auf einem gemeinsamen Felde ihrer eigenen Bestimmung nachgehende Elemente ein gleichgewichtiges System bilden, indem die Einzelnen mit Verstand der eigenen Nutzenmaximierung folgen und einander so einschränken und so im eigenen Interesse auch fördern, daß ein vernünftiges Ganzes daraus entsteht. So soll es möglich sein, gerade »in dem unvermeidlichen Antagonism derselben einen Zustand der Ruhe und Sicherheit auszufinden« (a.a.O., S. 42). Aus Gründen, zu deren Erörterung in diesem Augenblick wohl noch keine ausreichenden Anhaltspunkte gefunden sind, wird daneben eine »Naturabsicht« eingeführt. Nicht ganz von selbst setzt sich das Gleichgewichtsmodell durch; vielmehr hat »die Natur« »die Unvertragsamkeit der Menschen, selbst der großen Gesellschaften und Staatskörper dieser Art Geschöpfe, wieder zu einem Mittel gebraucht« (ebd.). Allerdings scheint das Mittel geradezu unfehlbar: »Das Problem der Staatserrichtung ist, so hart es auch klingt, selbst für ein Volk von Teufeln (wenn sie nur Verstand haben), auflösbar und lautet so: ›Eine Menge von vernünftigen Wesen, die insgesamt allgemeine Gesetze für ihre Erhaltung verlangen, deren jedes aber in Geheim sich davon auszunehmen geneigt ist, so zu ordnen und ihre Verfassung einzurichten, daß, obgleich sie in ihren Privatgesinnungen einander entgegen streben, diese einander doch so aufhalten, daß in ihrem öffentlichen Verhalten der Erfolg eben derselbe ist, als ob sie keine solche böse Gesinnungen hätten.« (*Zum ewigen Frieden. Ein philosophischer Entwurf*, l. c., S. 224)

Aus dieser Passage erhellt zwar, wie der einmal ins Werk gesetzte »Mechanism« funktionieren soll: auf Grund eines Antagonismus von Egoismen. Es wird jedoch gleichzeitig die Notwendigkeit einer staatlichen Einrichtung zu diesem

Zustande angenommen. Es wird hier die notwendig ambivalente Stellung des Aufklärers zum monarchischen Staate, insbesondere in Deutschland, evident. Wohl war das Programm auf eine Funktion einzuschränken, die mit der geforderten Vernunftförmigkeit der Gesellschaft und deren Entwicklung nach solchen Gesetzen, wie sie ihr automatisch zu einer unreflektierten Gleichgewichtigkeit verhelfen sollten, vereinbar erschien. Der bürgerliche Rechtsstaat mit Laisser-faire-Politik in konstitutionellen Monarchien stellte später historisch dessen Einlösung dar. Trotzdem brauchte man eine Verfassung, mußte ein »Staat errichtet« werden, war es unerläßlich, die »Menge von vernünftigen Wesen [...] so zu ordnen«, daß jenes System zur Entfaltung kommen konnte. Wenn auch Kant nicht ausdrücklich die Einsetzung solcher Verhältnisse noch vom monarchischen Staat selbst forderte, so sprach er doch auch nicht von einer Selbstorganisation der Gesellschaft – oder der Bürger – in entsprechender Form. Ob sie sich nun in der Betonung notwendiger Kontinuität gegen jene Revolutionen äußert, deren fortschrittliche Ergebnisse er an anderer Stelle einmal als unabdingbare hervorhebt (*Zum ewigen Frieden*, l. c., S. 234, und *Über den Gemeinspruch*..., l. c., S. 158) und denen er als Schritt zu einer republikanischen Verfassung auch ein objektives Recht einräumte, während er die Revolutionäre verurteilt sehen wollte (*Zum ewigen Frieden*..., l. c., S. 243), oder ob er immer wieder dem preußischen Staat Friedrichs II. huldigte, in dem Freiheit des Gedankens neben dem gutzuheißenden Zwang zum Gehorsam im Amte herrschen könne: Kants affirmative Haltung gegenüber dem Staat dürfte seine, preußisch betonte, Variante der allgemein bei den Aufklärern herrschenden Einstellung sein, die Ausführung aufklärerischer Programme, insbesondere der Volkserziehung, müsse von den Fürsten erhofft und erreicht werden. Tatsächlich lagen auch die Möglichkeiten einer Durchsetzung noch beim monarchischen Staat. Gegen dessen Macht konnte das Bürgertum – selbst in der Organisation der Erziehung, der Handhabung der Zensur etc. – noch nichts Entscheidendes bewirken, wollte es sich nicht wie in Frankreich mit dem Vierten Stand einlassen.

In diesem Zusammenhang muß wohl auch der Umstand gesehen werden, daß sich zusammen mit Ausführungen über jenen »Mechanism« oder auch über die Freiheit der in ihm Wirkenden stets unmittelbare Hinweise auf ein unerläßliches Korrektiv finden. Dieses Korrektiv ist das Recht als ein Institut der bürgerlichen Gesellschaft, und die Ausübung seiner Funktion oblag dem Staate. Es bleibt zu klären, warum; jedenfalls konnte offenbar nicht auf gewisse Voraussetzungen verzichtet werden, ohne deren Garantie der »Antagonism« der freien Bürger doch nicht dauerhaft erscheinen konnte. »*Recht* ist die Einschränkung der Freiheit eines jeden auf die Bedingung ihrer Zusammenstimmung mit der Freiheit von jedermann, in so fern diese nach einem allgemeinen Gesetz möglich ist; und das *öffentliche Recht* ist der Inbegriff der *äußeren Gesetze*, welche eine solche durchgängige Zusammenstimmung möglich machen.« (*Über den Gemeinspruch*..., l. c., S. 144). Nicht das bloße egoistische Verhalten der isolierten Einzelnen kann die größtmögliche Freiheit garantieren; andererseits braucht der »gute Bürger« auch »nicht ein moralisch-guter Mensch« zu sein (*Zum ewigen Frieden*..., Erster Zusatz I, l. c., S. 224). Vielmehr wurde der »Mechanism« praktisch nicht als ein je und je faktisch und spontan sich herstellender gedacht. Nicht nur zur Erlangung eines moralischen, also willkürlich egoistische Motive überwindenden Verhaltens, auch zum Einspielen der Egoismen aufeinander wurden Erfahrungen gefordert, die sich in einem positiven Recht niederschlugen. Damit wurde für das Modell der scheinbaren Selbstregulierung der Interessen zum allgemeinen Besten eine historische Dimension eingeführt – nur so kann die allmähliche Etablierung dieses Systems, zumal unter dem Signum der Aufklärung selbst, zusammenstimmen mit dem Zweiten Satz der *Idee zu einer allgemeinen Geschichte in weltbürgerlicher Absicht*, nach dem die Aufklärung »der Gattung« »*überliefert*« werden muß, »um endlich ihre Keime [...] zu derjenigen Stufe der Entwicklung zu treiben, welche ihrer Absicht vollkommen angemessen ist.« (*Idee zu einer allgemeinen Geschichte*... l. c., S. 35) Und: »Das moralische Böse hat die von seiner Natur unabtrennliche Eigenschaft, daß es in seinen Absichten (vornehmlich gegen Gleichgesinnte) sich selbst zuwider und zerstörend ist, und so dem (moralischen) Prinzip des Guten, *wenngleich durch langsame Fortschritte*, Platz macht.« (*Zum ewigen Frieden*..., XI, S. 242.

Hrvhbg. R. L.) Was aber berechtigt oder veranlaßt dann noch, von einem Mechanismus zu sprechen, wenn dessen Durchsetzung von historischen Entwicklungen abhängt, die doch abbrechen oder umgebogen werden könnten? Übrig bleibt eine Geschichtsmetaphysik, in der die Natur eine »Absicht« verfolgen, in der es eine »Vorsehung« geben kann: Die Bürger sahen sich aber nicht mehr wie in der Zeit des Absolutismus dem akzidentellen Eingreifen irrationaler Mächte ausgeliefert. Allerdings beschränkten sie sich darauf, eine »vorbestimmte« Richtung der allgemeinen Entwicklung anzunehmen und deren Realisierung unter dem Eindruck des Newtonismus mechanikförmig, vernunftförmig zu denken. Aufklärung wird nun zu der teleologischen Kategorie der Menschheit schlechthin. Sie als Hypostasierung zu problematisieren muß einem späteren Überlegungszusammenhang vorbehalten bleiben, zumal dies aufs engste mit der Thematik des autonomen Subjekts selbst verbunden ist.

II.

Immerhin kann man nunmehr einsehen, warum für Kant »die größte Freiheit«, die er für das autonome Subjekt fordern muß, in der Gesellschaft »einen durchgängigen Antagonism ihrer Glieder« bedeutete (*Idee zu einer allgemeinen Geschichte*... Fünfter Satz, l. c., S. 39), warum er aber damit in eins »die genaueste Bestimmung und Sicherung der Grenzen dieser Freiheit [...], damit sie mit der Freiheit anderer bestehen könne« (ebd.) notwendig verband. Abgesehen davon, daß eine solche »vollkommen gerechte bürgerliche Verfassung« sich zu geben als »die höchste Aufgabe der Natur für die Menschengattung« bezeichnet wird, sind für unsere Frage nach der Begründung des Junktims zwischen autonomem Subjekt und ökonomischer Autonomie, die noch unbeantwortet ist, die beiden Elemente dieser bürgerlichen Verfassung entscheidend: »Freiheit unter äußeren Gesetzen im größtmöglichen Grade mit unwiderstehlicher Gewalt verbunden« (ebd.).

Wenn die größte Freiheit in dem »durchgängigen Antagonism« beruht, müssen alle, die an ihr teilhaben sollen, das Spiel des »Mechanism« als die Weise der Verwirklichung ihrer eigenen Interessen betrachten. Der Nichteigentümer hat darin als solcher so gut wie nichts zu hoffen, steht doch hinter seinem »Egoism« nicht die Möglichkeit, durch Ausspielen der eigenen Trümpfe die anderen in ihre Grenzen zu weisen. Wir können, wohl über Kants Argumentation hinausgehend, sagen, der Nichteigentümer könne auch die zweite Seite, die der Erfahrungen aus den Kämpfen am Markt, wie sie im Recht kodifiziert sind, überhaupt nicht verstehen, geschweige denn sie sich um eines Egoismus willen zu eigen machen. Wohl steckt diese Erkenntnis in der Forderung, wer Bürger sein wolle, müsse zuvor sich in den Stand »eigenen Rechts« gesetzt haben; dennoch wird sie nicht ausdrücklich artikuliert. Das würde allerdings Kant auch gezwungen haben, auf die Möglichkeit der Gültigkeit jenes bürgerlichen Rechtes für die nicht bürgerlichen Gruppen schon an dieser grundlegenden Stelle einzugehen. Er hätte einen engeren Begriff von Bürger explizieren und ebenfalls auf die zumindest außerordentlich unterschiedlichen Formen der Teilnahme am »Mechanism« hinweisen müssen, die für die Grundbesitzer oder die Künstler und Wissenschaftler oder gar die Beamten abzuleiten blieben. Aber weder von den alten feudalen Gewalten noch von den Tagelöhnern konnte man in irgendeiner Weise erwarten, daß sie die »Staatsverhältnisse« »aus dem chaotischen Zustande herauszuarbeiten« (*Idee zu einer allgemeinen Geschichte*, l. c., S. 45) und eine allgemeine Moralisierung der Gesellschaft herbeizuführen geeignet waren, wie sie einmal an die Stelle der bloß gegenseitig sich in Schach haltenden Egoismen treten und dann ja in Abstraktion von den ökonomischen Verhältnissen eine auch substantielle Gleichheit aller aus der nur rechtlichen entwickeln sollte. Darum mußten die Kalküle des »realistisch« denkenden Aufklärers auf die berechenbarste Sphäre der bestehenden Gesellschaft bauen – die rechenhafte der kalkulierenden Bürger, die wagen und gewinnen wollen, aber auch um das schon Vorhandene besorgt sein müssen.

Wo ein als Eigentümer des Staates handelnder absoluter Fürst nach seiner »Lust« über Krieg und Frieden verfügen konnte, durften von einer intrigenhaften Kabinettspolitik keine vernünftigen Handlungen erwartet werden. Eine sittliche Welt, in der die innerhalb der einzelnen Staaten und unter diesen das Gleichgewicht wahrenden Mechanismen durch ein moralisches Verhalten abgelöst würden, war in der historischen Wirklichkeit nicht abzusehen. Darum sind es in der

Frage der Erhaltung des Friedens wieder die egoistisch-materiellen Interessen, auf die Kant seine Hoffnungen setzte. Diejenigen, die Kriegskosten, Verwüstungen und Kriegsschulden »aus eigener Habe« zu tragen haben, werden nicht unbedacht den Frieden aufs Spiel setzen: die Staatsbürger, denen die republikanische Verfassung überdies »aus dem reinen Quell des Rechtsbegriffs« schon die Entscheidung über Krieg und Frieden zugestehen muß. Wohl wird auch, trotz der Einrichtung des Berufsheeres in Deutschland im Gegensatz zu den in Frankreich bereits gerade gebildeten nationalen Bürgerheeren der Revolution, unter den persönlichen Risiken der Staatsbürger im Kriegsfall erwähnt, daß sie »selbst zu fechten« haben. Dennoch scheint dies allgemeine Wagnis von Leib und Leben, das auch die nicht besitzenden Teile des Volkes, sie vielleicht am stärksten traf, nicht genügt zu haben, innerhalb des Kantschen Systems der Gesellschaft auch die Nichtbesitzer zu Trägern vernünftiger Entscheidungen aus subjektivem Interesse zu machen.

Es ist schwer zu sagen, warum sie in dieser Hinsicht offenbar als irrelevant betrachtet wurden. Denkbar ist, daß man auf Grund ihrer Lage und empirischen Abhängigkeit überhaupt nicht auf den Gedanken verfiel, von ihnen irgendein Votum in Staatsangelegenheiten zu erwarten. Das hieße, daß sie in politischer Hinsicht, um noch nicht von den öffentlichen Angelegenheiten zu sprechen, wie Metöken lebten. Wenn das auch kaum ausdrücklich gesagt ist, so dürfte einer solchen Einstellung auch der Nachklang von Argumentationen zugrunde liegen, nach denen die Ärmsten ja nicht viel zu riskieren hatten, andererseits aber ihren Egoismus noch in so barbarischem, brutalem Stande betrieben, daß sie in Kriegsbeute und Plünderungen eine willkommene Verbesserungsaussicht ihres Schicksals gesehen haben würden. Das heißt, daß ihr Egoismus noch nicht über die Interessen der Warentauschenden an der Existenz ihrer Tauschpartner zu eben jenem Mechanismus vermittelt waren, in dem das partikulare Wohlergehen des einen auch den Geschäften anderer Vorschub leistete. Sie standen für Kant auch in der damaligen arbeitsteiligen Gesellschaft noch jener »brutalen Freiheit« der ungesellig lebenden Menschen nahe. Bei den Nichteigentümern fehlte die Grundlage, auf der partikularer Egoismus zu einem nationalen – etwa als ›sacro egoismo‹ ... – hätte vermittelt oder diszipliniert werden können. Auf die daraus folgende Notwendigkeit für die Bürger/Eigentümer, jenen Egoismus auf andere Weise zu »fesseln« oder zu »lenken« (Max Horkheimer, *Egoismus und Freiheitsbewegung* in: *Kritische Theorie*, Bd. II, Frankfurt am Main 1968), wird im folgenden noch näher einzugehen sein.

Der Erhaltung des Friedens wird das Interesse – nämlich das Geschäftsinteresse – auch auf der zwischenstaatlichen Ebene nützlich. Der »wechselseitige Eigennutz« leistet, was Moral vorerst nicht erhoffen läßt: »Es ist der *Handelsgeist*, der mit dem Kriege nicht zusammen bestehen kann, und der früher oder später sich jedes Volks bemächtigt. Weil nämlich unter allen, der Staatsmacht untergeordneten, Mächten (Mitteln) die *Geldmacht* wohl die zuverlässigste sein möchte« (*Zum ewigen Frieden* ..., Erster Zusatz, l. c., S. 226). Darum auch heißt es, die großen Mächte »schämen sich nicht vor dem gemeinen Haufen« (ebd.).

Das gemeine Volk kann äußerstenfalls Privatgesinnungen hervorbringen; da es nicht über einen Markt oder ein Publikum an dem Schema teilhat, nach dem durch ein bestimmtes wechselseitiges »Einanderentgegenstreben« und »Aufhalten« die Zufälle des Privaten zu einem »öffentlichen Verhalten« geläutert werden, kann es sich auch nicht relevant politisch artikulieren. Obwohl der neue bürgerliche Begriff einer Öffentlichkeit aufklärerisch als Konsequenz von theoretischer Vernunft erschien, so blieb er doch auf die praktische Vernunft der Bürger als kalkulierende Privatleute gegründet. Die bürgerliche Meinung besetzte mit der Aufklärung einen Raum, den zuvor der absolutistische Staat okkupiert hatte. Mit der tatsächlichen Einrichtung der bürgerlichen Gesellschaft ging die Dichotomie zwischen einem praktisch handelnden Staat und einer theoretischen Kritik über in eine Dichotomie zwischen dem öffentlichen und dem privaten Auftreten der Bürger. Über diesen Gegensatz hinweg verband das Antagonismusmodell beide Seiten. Die resultierende Harmonie des Mechanismus ergab sich aus einer Rationalität, die eigentlich nur Gleichartigkeit der ins Spiel der Konkurrenz eingebrachten Interessen war. Ihre Wahrheit ist auf eine bestimmte Berechenbarkeit zurückzuführen.

Daß Kant noch nicht auf den Gedanken kam, die Handelsinteressen eines Landes – oder wenigstens einer großen Gruppe von Eigentümern in einem Lande – könnten sich so darstellen, daß ihre Durchsetzung mit Krieg gegen ein anderes Land, mit Wirtschaftskrieg, wünschenswert erscheint, läßt sich nur aus den zu seiner Zeit in Deutschland vorgestellten Entwicklungsmöglichkeiten erklären. Zu diesen zählte noch nicht die industrielle Akkumulation von Handels- und Produktionskapital in einem Ausmaße, das ausgereicht hätte, um die Vorstellung von national geschlossen auftretenden Wirtschaftszweigen zu entwickeln, und offenbar hatten die Kolonialkämpfe insbesondere zwischen England und Holland bzw. England und Frankreich noch nicht hinreichend den Charakter von Wirtschaftskriegen zwischen europäischen Mächten zu erkennen gegeben, ebensowenig wie der Krieg zwischen England und den in seiner Folge begründeten Vereinigten Staaten von Nordamerika. Gerade für die Deutschen mußte die Zukunft wohl zunächst in der Überwindung der, im deutschen Duodezsystem zahllosen und gänzlich unmotiviert erscheinenden, Zollgrenzen und so in einer Erweiterung der Märkte gesehen werden, auf denen Vorteile hauptsächlich im Bereich variabler Tauschverhältnisse, weniger in einer Okkupation bestimmter Märkte durch bestimmte Gruppen – oder gar Einzelne – gesehen wurden. Schließlich war ja gerade die nationale Protektionspolitik als »unvernünftiger« Eingriff in den Mechanismus mit die Zielscheibe der Aufklärung, und eine Entwicklung über den Markt selbst zu entsprechend dominierenden Positionen setzt mit der notwendigen Kapitalakkumulation auch Produktionsweisen voraus, unter denen Rationalisierung der Produktion größere Maßstäbe als den der Ausweitung handwerklicher Betriebe zu Manufakturen und Verlagen erfordert.

Da aber, wie wir gesehen haben, auch unter den Eigentümern nicht immer und spontan das Gleichgewicht der Interessen sich herstellt, institutionalisierte Kant ein Korrektiv als das geltende Recht und verlangte für dessen Durchsetzung eine »unwiderstehliche Gewalt«. Es konnte wohl gezeigt werden, daß solch positives Recht, in der republikanischen Verfassung der Bürger begründet, auf ein System von vernünftigen Regeln hinauslaufen mußte. Diese mußten ein System bilden, weil die »Durchgängigkeit« des Antagonismus für alle Glieder gewährleistet werden sollte, und es mußte vernünftig sein, weil es die »verstandesmäßigen« Kalküle der Einzelnen nach »allgemeinen Regeln« unter sich faßte. Insofern sollte jeder – im Sinne seiner eigenen Interessen – diesem Recht beistimmen können, und die bei seiner Durchsetzung angewandte Gewalt würde den Einzelnen gewissermaßen nur zwingen, ein Verhalten aufzugeben, das ohnehin seinen wahren Interessen widerspricht. Dieses System von vernünftigen Regeln dürfte faktisch die Einheit darstellen, unter der die Mannigfaltigkeit der Erfahrungen der Bürger beim Warentausch miteinander begriffen wird. Das ist der durchaus historische – und ökonomisch benennbare – Grund der praktischen Vernunft.

III.

Es wurde bereits auf das Problem der Geltung eines solchen positiven Rechtes hingewiesen. Es ist nach der Geschichte solcher Normen unter dem Aspekt der Veränderung der Bedingungen zu fragen, unter denen die Erfahrungen sich ebenfalls verändern müssen; und es ist nach der Geltung für diejenigen zu fragen, die diese Erfahrungen nie gemacht haben, weil sie gar nicht in dem Interesse und in den Verhältnissen stehen, die dazu vorausgesetzt werden.

Die erste Frage geht so weit über die explizite Problemstellung bei Kant hinaus, daß sie getrennt, und zwar auf dem mittelbaren Wege der Kritik der praktischen und der reinen Vernunft, behandelt werden sollte. Die zweite Frage ist aufzugliedern nach der bereits angedeuteten Differenzierung des Bürgerbegriffs, insbesondere also darauf hin zu erörtern, welche Auswirkungen die Anwendung eines Rechts der warentauschenden Bourgeoisie auf die Grundbesitzer, die Beamten, die Künstler und Wissenschaftler haben muß; zum anderen ist die Stellung der Nichteigentümer unter der Allgemeingültigkeit eines solchen Rechts zu untersuchen. »Für Menschen, die der Rechte fähig sind« kann »nicht eine väterliche« Regierung in Frage kommen, denn in der richtigen Verfassung darf ein jeder »seine Glückseligkeit auf dem Wege suchen, welcher ihm selbst gut dünkt« (*Über den Gemeinspruch* ..., II 1, l. c., S. 145). Die väterliche Regierung war die des absolutistischen

Landesvaters. Er stellte als der Staat nur die oberste Spitze einer ganzen patriarchalischen Gesellschaft dar. Mit letzten zünftlerischen Elementen und mit der Unberechenbarkeit fürstlicher Politik und Gesetzgebung stand diese den um Ausweitung ihrer Geschäfte besorgten Bürgern einschränkend im Wege; andererseits sicherte sie für den abhängigen Bauern, den Tagelöhner, den Domestiken eine gewisse minimale Sicherheit in der Fürsorgepflicht der patriarchalischen Herrschaft. In Deutschland dauerten darin feudale Verhältnisse weit mehr als etwa in England fort.

Für den Bourgeois bedeutete also die Befreiung der Selbständigen von der irrationalen Anordnung solcher Verhältnisse nicht allein Befreiung von den Hemmnissen einer wirtschaftlichen Kontingentierung und eines ihn, zumal in Deutschland, geographisch isolierenden Zollsystems; er und die Grundherren wurden gleichzeitig befreit von jener Fürsorgepflicht. Die Unselbständigen erhielten die »Freiheit«, gleich ihnen, sich ihr Glück zu suchen auf dem Wege, der ihnen »selbst gut dünkt«: Indessen hatten sie nicht jenes kleinste Kapital, das Kant selbst als notwendig erkannt hatte für die »Selbständigkeit«, um wenigstens über einen gewissen Zeitraum die eigene Reproduktion vorfinanzieren zu können. Praktisch bedeutete das, daß sie ihr Weg nicht ins selbstgewählte Glück, sondern aus Not in das erste schlechteste Unglück eines noch so ausbeuterischen Arbeitsverhältnisses führte, wenn sie nur sich ernähren konnten oder gar nur weniger hungern mußten. Zwar gab es zur Zeit Kants in Deutschland noch kein Proletariat im strengen Sinne; doch beschäftigten der schlesische Kohlebergbau und die sächsischen Textilunternehmungen bereits große Zahlen von Lohnarbeitern; Weber waren über Verlagssysteme kapitalabhängig, und die sogenannten Bauernbefreiungen durch die Stein-Hardenbergschen Reformen zu Anfang des neunzehnten Jahrhunderts machten Scharen von expropriierten Kleinbauern zu einem Heer von Arbeitsuchenden.

Nun sollten »unter schon vorhandenen öffentlichen Gesetzen« nach Kant alle Menschen in einem Staate gleich sein; geben können diese Gesetze aber nur diejenigen, »welche dieses Rechtes fähig sind« (a.a.O., S. 150). War auch deutlich geworden, warum in dieser Konstruktion die Nichteigentümer nicht an der Erstellung der Gesetze teilnehmen können, ohne den »Mechanism« umzustürzen, so wird doch nicht erklärt, wie sie sich dagegen sollten wehren können, daß der Mechanismus auf ihrem Rücken sich einspielte. Ihre faktische Unfähigkeit, als Warentauschende in den Antagonismus der moderierten Egoismen einzutreten und unter diesen ökonomischen Bedingungen sich substantiell geistig von der »Bevormundung« im Gebrauche ihres Verstandes zu befreien, wurdevon Kant mit Bedauern zur Kenntnis genommen, während er sie doch durch das System, das er unter Abstraktion davon zu etablieren sich genötigt sah, zu einer anthropologischen Invariante machte. Für deren Vorhandensein in einem rationalen System findet er dann nur die irrationale Erklärung, solche Unfähigkeit beruhe auf Faulheit oder Unglück. — Obgleich einige Reflexionen auf die Verhältnisse der Nichteigentümer sehr wohl, wie zu sehen war, diese Problematik auch explizit enthalten, geht die Konzeption von der bürgerlichen Verfassung der Gesellschaft über sie hinweg. Es heißt: »Diejenigen, welche dieses Recht nicht fähig sind, sind gleichwohl, als Glieder des gemeinen Wesens, der Befolgung dieser Gesetze unterworfen, und dadurch des Schutzes nach denselben teilhaftig; nur nicht als *Bürger*, sondern als *Schutzgenossen*« (ebd.). Die Gesetze gewähren aber nicht nur Schutz, und wo sie es tun, schützen sie die Interessen der Eigentümer – wenn auch der Konzeption nach voreinander. Sie stellen für die Nichteigentümer eine unvermittelte Disziplinierung dar; Zwangsverhältnisse sollten unter dem Vorwand von Rechtsgleichheit verinnerlicht werden, wo die Bürger wohlkalkulierten Triebaufschub leisteten, den sie sich außerdem als »Patriotismus« vorstellen durften (a.a.O., S. 146). Die Bürger konnten als »patriotisch«, nämlich als dem gemeinen Wesen nützend, ausgeben, was ihnen nützte, solange nur die Interessen des Einzelnen – und sei es lediglich mechanisch – mit denen der anderen im Einklang standen. Was dabei für die Nichteigentümer Patriotismus heißen konnte, ist eine Frage, die Voltaire eindeutig beantwortet hat mit der Feststellung, die kleinen Leute hätten kein Vaterland.

Die Ableitung des Instituts des Rechts bei Kant, die oben versucht wurde, muß den Einwand herausfordern, es werde bei ihm ausdrücklich von öffentlichen Gesetzen gesprochen, während wir von ihnen als von Regeln gehandelt haben, die sich aus den Erfahrungen der Bürger beim Verkehr, beim Kommerz, miteinander – im alten Gebrauch hatte das Wort deutsch wie französisch (commerce) die Bedeutung sowohl von Kommunikation wie von Handel – als notwendiges Korrektiv zur Erhaltung eines möglichen selbsttätigen Gleichgewichtsmechanismus ergeben hatten. Würde dies nicht aber vielmehr den Bereich der bürgerlichen Gesetzbücher, das heißt die Regelung des Privatrechts, und nicht die öffentlichen Gesetze bezeichnen? Diese Unterscheidung läuft auf die zwischen privatem Recht und verfassungsmäßigen Grundrechten, den Menschenrechten, hinaus. Soweit ist der Einwand auch vollkommen berechtigt. Allein, er dürfte sich als bloß formaler herausstellen, sobald die Trennung in öffentliches und privates Recht ihren Ideologiecharakter nicht mehr verbergen kann. Dies geschieht in dem Augenblick, da die Dichotomie von öffentlichem und privatem Bereich nicht als eine ontologische festgehalten werden kann. Es gibt nicht ein gesellschaftliches und ein aus ihrer Gesellschaftlichkeit ausgespartes ökonomisches Sein der Menschen. Es war zu unterscheiden zwischen der Funktion der Bürger einerseits als Besitzende und Planende gegenüber dem in Deutschland noch monarchischen Staat und andererseits als Produzenten und Händler gegenüber Einzelnen. Solche Unterscheidung war zwar historisch gerechtfertigt und Ausfluß des notwendigen bürgerlichen Selbstverständnisses, stellte aber objektiv eine Verschleierung dar, weil beide Funktionen historisch bedingt zwei Seiten derselben polit-ökonomischen Rolle der Besitzbürger als Kapitalisten in einer Klassengesellschaft zur Zeit der Akkumulation und der Industrialisierung waren.

Die öffentlichen Grundrechte für die Citoyens sind die Konditionierung eines Verkehrs der bourgeoisen Individuen miteinander zu einer Zeit, da in diesem Verkehr sich geistig öffentliche Meinung bildete und ökonomisch der Warentausch einspielte. Das mußte ein für alle Mal gegen die Gesetzgebungen des Feudalzeitalters gesichert werden, die noch weit weniger den Charakter bewußter Selbstorganisation der menschlichen Geschichte getragen hatten als der prästabilierte Zufall des »Mechanism«. »Vielmehr ist meine äußerliche (rechtliche) *Freiheit* so zu erklären: sie ist die

Befugnis, keinen äußeren Gesetzen zu gehorchen, als zu denen ich meine Beistimmung habe geben können. – Ebenso ist äußere (rechtliche) *Gleichheit* in einem Staate dasjenige Verhältnis der Staatsbürger, nach welchem keiner den anderen rechtlich wozu verbinden kann, ohne daß er sich zugleich dem Gesetz unterwirft, von diesem wechselseitig auf dieselbe Art auch verbunden werden zu können.« (*Zum ewigen Frieden* ..., II. Abschn. Erster Definitivartikel, l. c., S. 204) Würde nicht an anderer Stelle bereits ausdrücklich gesagt, daß Staatsbürger nur die Eigentümer sein können, die anderen nur »Schutzgenossen«, es ließe sich aus der Interpretation dieser Definition von »Gleichheit« entwickeln. Die wechselseitige rechtliche Verbindung ist der privatrechtliche Vertrag, sei dieser nun auf Sach- oder Dienstleistungen gerichtet. Er tritt an die Stelle von gesellschaftlichen Verhältnissen der Menschen zueinander, wie sie aus einer als göttlich apostrophierten *lex naturalis* notwendiger ständischer Ungleichheiten von Geburt an bestimmt worden waren. Gefordert wurde sozusagen die aktive Vertragsfreiheit zwischen denen, die etwas zu bieten hatten; erreicht wurde zugleich die passive Vertragsfreiheit derer, die sich selbst anbieten mußten, weil sie nichts als Arbeitskraft besaßen. Diesen nützte es gar nichts, eine verfassungsmäßige Garantie dafür zu erhalten, daß sie, wenn je sie in diese Lage kommen sollten, auch ihre Dienstherren ihrerseits in Dienst nehmen dürften. – Wo dies im einzelnen Falle doch sich ereignete, wurde es als exemplarische Rechtfertigung des Systems vom Mechanismus bis heute spektakulär herausgestellt: Vom »nouveau riche« bis zum »selfmade man« ist im Himmel der Besitzenden jedenfalls insoweit mehr Freude über einen spätberufenen Kapitalisten als über viele Opfer der Akkumulation, zu denen er dann auch schon noch irgendwann wieder gehören kann. Daneben mag der einzelne Glückliche ebenso exemplarisch zu verfahren geneigt sein und an den Depossedierten wie an den seit je Armen mehr Unterdrückung auslassen, um sich in dem Genusse jener Wechselseitigkeit zu wiegen, als die alten Routiniers praktisch finden mögen. Nach Kant soll die Wechselseitigkeit durch eine Unterwerfung unter das Gesetz garantiert werden. Gesetz aber soll nur sein können, wozu »ich meine Beistimmung habe geben können«. In der Freiheitsdefinition sind die Gesetzesvorstellungen abstrakter und damit der ideologischen Trennung von öffentlichem und privatem Recht noch angemessener formuliert als in der Gleichheitsdefinition; ihre Funktion für die Besitzbürger, das heißt für den Klassencharakter der Gesellschaft, ist dort nicht ohne weiteres erkennbar, wird aber durch die Ausführungen zur Gleichheit um so deutlicher.

Nichteigentümer können nach der Kantschen Konzeption nicht selbst über die Gesetze bestimmen, denen sie »gehorchen« müssen. Dieser Umstand steht nicht nur im krassesten Gegensatz zu der Erklärung, die Kant anschließt, dieses seien die »zur Menschheit notwendig gehörenden und unveräußerlichen Rechte«. Diese Rechte wurden für einen Großteil der gegenwärtigen »Menschheit« theoretisch suspendiert, faktisch ihm aberkannt und vorenthalten. Das brachte sogar eine gewisse systematische Gefährdung jener an sich von Kant gesetzten Möglichkeit aller mit sich, durch ein moralisches Verhalten in den Kreis der sittlichen Wesen einzugehen. Denn jene Rechtsverhältnisse sollten nicht nur zwischen den Menschen, sondern auch zwischen ihnen und »höheren Wesen (wenn er sich solche denkt)« (ebd.) Gültigkeit haben, nach ihnen sollte der Mensch sich »auch als Staatsbürger einer übersinnlichen Welt« vorstellen (a.a.O., S. 204 f.). »Denn, was meine Freiheit betrifft, so habe ich, selbst in Ansehung der göttlichen, von mir durch bloße Vernunft erkennbaren Gesetze, keine Verbindlichkeit, als nur sofern ich dazu selber habe meine Beistimmung geben können (denn durchs Freiheitsgesetz meiner eigenen Vernunft mache ich mir allererst einen Begriff vom göttlichen Willen)« (a.a.O., S. 205). Wie steht es da für diejenigen, die empirisch nicht »zum selbständigen Gebrauche ihres Verstandes« ausreichend fähig sind? Sie können nur in der guten vernünftigen Ordnung der bürgerlichen Verfassung sich durch Fleiß und Glück in den Stand der Eigentümer zu bringen hoffen und auf die Wirkungen der einzurichtenden allgemeinen aufklärerischen Erziehung durch den Staat warten. Einstweilen, das heißt: solange sie Nichteigentümer und unmündig sind, müssen sie sich »einen Begriff vom göttlichen Willen« durch die aus der Vernunft der aufgeklärten Besitzbürger entworfenen Gesetze machen. Vor allem haben sie diese Gesetze zu befolgen unter der Fiktion, die Verfassung gewähre ihnen die Aussicht, einmal auch ihre

Interessen in ihnen wiederzuerkennen.

Nun würde Kant aber gerade den, wenn auch systematisierten, empirischen Charakter des Rechts auf das entschiedenste zurückweisen. Er hat sich sogar ausdrücklich um eine Ableitung dieser Gesetze a priori bemüht und behauptete sie. »Um die praktische Philosophie mit sich selbst einig zu machen, ist nötig, zuvörderst die Frage zu entscheiden: ob in Aufgaben der praktischen Vernunft vom *materialen Prinzip* derselben, dem *Zweck* (als Gegenstand der Willkür) der Anfang gemacht werden müsse, oder vom *formalen*, d. i. demjenigen (bloß auf Freiheit im äußern Verhältnis gestellten), darnach es heißt: handle so, daß du wollen kannst, deine Maxime solle ein allgemeines Gesetz werden«. (*Zum ewigen Frieden...*, Anhang I, l. c., S. 239) Die Entscheidung lautet dort: »Ohne alle Zweifel muß das letztere Prinzip vorangehen: denn es hat, als Rechtsprinzip unbedingte Notwendigkeit, statt dessen das erstere, nur unter Voraussetzung empirischer Bedingungen des vorgesetzten Zwecks, nämlich der Ausführung desselben, nötigend ist, und, wenn dieser Zweck [...] auch Pflicht wäre, so müßte doch diese selbst aus dem formalen Prinzip der Maximen, äußerlich zu handeln, abgeleitet worden sein.« Das materiale Prinzip ist aus der Willkür, deren Gegenstand der Zweck ist, bestimmt. Das formale Prinzip gründet in einer individuell möglichen Antizipation der Grundbedingung von Gesetzen mit Geltung unter freien Staatsbürgern; die Anforderung, die an die Maxime meines Handelns gestellt wird und deren Erhebung zum allgemeinen Gesetz rechtfertigen soll, entspricht der Bedingung, unter der ein gegebenes Gesetz mit meiner Freiheit allein zusammenstimmt: Ich muß dem Gesetz beistimmen können, wie jeder in seinem eigenen Interesse meinem Handeln nach meiner Maxime beistimmen können muß. Es kommt also alles darauf an, ob der allgemeine in den Gesetzen sich niederschlagende Wille ein qualitativ wesentlich anderer ist als die sich mechanisch, das heißt empirisch, ausgleichende Summe der auf einen besonderen Zweck sich richtenden Willkür der unbewußt und ohne moralische Absicht handelnden Einzelnen.

Das formale Prinzip der Maximen lautet: »äußerlich zu handeln«. Es kann aber, historisch, bloß deshalb von dem materialen Zweck abgesehen und also ein äußerliches Handeln nach apriorischen Maximen für die Staatsbürger aufgestellt werden, weil sie nach dem Modell des Antagonismus der Egoismen schon in der privaten Sphäre, als atomistisch agierende Eigentümer, faktisch nach diesen Maximen handeln. Allerdings fehlt ihnen in dieser Eigenschaft noch die Erkenntnis dieses Umstands, die es nunmehr festzuhalten gilt, damit sie nicht mehr verloren gehe. Die scheinautomatische Rationalität des »Mechanism« beruht auf der bloß empirischen Gleichartigkeit der Maximen der Bürger. Sie stellen gleiche Kalküle an und erleben die gleiche »Objektivierung« dieser individuellen Projektionen auf dem Markt in Form von aufgegangenen Kalkulationen von Kosten und Gewinn, weil sie alle formal die gleichen Interessen haben: vor allem Gewinnmaximierung. Der formale, quantitativ ausdrückbare Charakter dieser Maximen erlaubte, ihre praktische Wirksamkeit – im Auftreten der Wirtschaftssubjekte am Markt – nach mechanistischen Prinzipien darzustellen: »mechanische Einhelligkeit, als in einer bürgerlichen Verfassung« (*Der Streit der Fakultäten*, l. c., S. 352). »Denn das hat die Moral Eigentümliches an sich, und zwar in Ansehung ihrer Grundsätze des öffentlichen Rechts (mithin in Beziehung auf eine a priori erkennbare Politik), daß, je weniger sie das Verhalten von dem vorgesetzten Zweck, dem beabsichtigten, es sei physischem oder sittlichem Vorteil, abhängig macht, desto mehr sie dennoch zu diesem im allgemeinen zusammenstimmt; welches daher kömmt, weil es gerade der a priori gegebene allgemeine Wille [...] ist, der allein, was unter Menschen Rechtens ist, bestimmt; diese Vereinigung des Willens aller aber, wenn nur in der Ausübung konsequent verfahren wird, auch nach dem Mechanism der Natur, zugleich die Ursache sein kann, die abgezweckte Wirkung hervorzubringen, und dem Rechtsbegriffe Effekt zu verschaffen« (a.a.O., S. 240 f.). Daß »in der Ausübung konsequent verfahren wird«, daß nicht blinder Antagonismus zu große Reibungsverluste – was soviel heißt wie »ruinöse Konkurrenz« – erfordere, zu garantieren, das ist die Aufgabe der Gesetze, des Rechts als eines »privaten«; daß von seiten eines, eben immer noch monarchischen, für Kant speziell friderizianischen, Staates Eingriffe in die gewünschte Entfaltung des »Mechanism« nicht mehr zu befürchten seien, das ist die Aufgabe der öffentlichen Gesetze, des Rechts als einer republikanischen bürgerlichen Verfassung. In den praktischen Erwägungen zum *Ewigen Frieden* heißt es darum: »[...]: bürgerliche Freiheit kann jetzt auch nicht sehr wohl angetastet werden ohne den Nachteil davon in allen Gewerben, vornehmlich dem Handel, dadurch aber auch die Abnahme der Kräfte des Staats im äußern Verhältnisse, zu fühlen.« (*Zum ewigen Frieden* ..., l. c., S. 46) Apriorische Maximen und empirisches Zweckverhalten sind deshalb ebenso wie privates und öffentliches Recht zwei Seiten derselben Sache. Die Übereinstimmung zwischen dem vernünftigen System der Maximen und dem verstandesgemäßen Verhalten der Eigentümer im Verkehr des Warentauschs – konstruiert entsprechend der Übereinstimmung der Erkenntnisvermögen in der *Kritik der reinen Vernunft* – ist darum nicht erstaunlich: Das Klasseninteresse der Besitzbürger stimmt mit sich selbst überein. Die kapitalistische Bourgeoisie hatte ein ökonomisches Interesse, das sich ihr im Hinblick auf ihr eigenes Verhalten als ein wesentlich privat-ökonomisches, im Hinblick auf den zu überwindenden feudalen Staat als ein politisch-öffentliches und im Hinblick auf die Nichteigentümer, von deren ökonomischer Definition möglichst weitgehend abstrahiert wurde, als eines geistig-aufklärerischer Bildung darstellte. In dieser Klasse kam zum erstenmal Rationalität zu gesellschaftlich bestimmender Geltung mit der Berechenbarkeit des Verhaltens berechnender Subjekte auf der Grundlage einer vollkommen abstrakten Recheneinheit, des Geldes. So stellte sich dem Theoretiker dieser Gesellschaft die Übereinstimmung zwischen ihrer Rechenhaftigkeit und dem Aufgehen aller Rechnungen in der gemeinsamen als eine nicht historisch aus sich bedingte, sondern metaphysisch in dem »Plan der Natur« liegende dar. Nach dem überwältigenden Eindruck, den die Lehren Newtons hinterlassen hatten, erschienen jener »Mechanism« und sein Resultat gewissermaßen wie ein – freilich außerordentlich komplex zu denkendes – Parallelogramm der Kräfte und dessen Vektor. Diese Kräfte zu zählen und die Teilvektoren kalkulierend zu steuern erlauben erst die Computer. Die kopernikanische Wende in der Philosophie ist – und zwar objektiv gewiß dem Stand der Geschichte damit entsprechend – von Kant insofern nur vollzogen worden als eine Setzung des Erkenntnisobjekts durch das bürgerliche Individuum, nicht durch »den« Menschen. Das heißt, für dieses autonome Subjekt bleiben die unmündigen Nichteigentümer Natur. Seine Projektion der eigenen ökonomischen Interessen in diesen Bereich bedeutet historisch Naturbeherrschung an Menschen, die sich in dem faktischen Verdikt des Philosophen über die »Unmündigen« ideologisch verdoppelt und verewigt, obwohl gerade Kant der Erkenntnis dessen an einer Reihe von Stellen recht nahe gekommen war. Kurt Lenk sagt, wenn auch keineswegs ausdrücklich über Kant: »Die Konzeption einer im Kern unveränderlichen Wesensstruktur des Menschen, die sich im Prozeß der Zivilisation gleichsam immer reiner herausschält, verdeckt zugleich die Differenz zwischen bürgerlicher Ratio und Weltvernunft, die einander gleichgesetzt werden. Die Überzeugung der Aufklärer, daß es nur der Einsicht in das eigene, wohlverstandene Interesse und der Betätigung des Erwerbstriebes in einer auf Privateigentum gründenden freien Konkurrenz bedürfe, um eine gerechte Gesellschaftsordnung heraufzuführen, hat sich im Fortgang der Geschichte selbst als unwahr herausgestellt.« (*Ideologie*, Neuwied 1961, S. 26)

IV.

Die Bindung des autonomen Subjekts an die ökonomische Autonomie ist an den Texten Kants entwickelt worden. Der Stellenwert des transzendentalen Subjekts ist in diesem Zusammenhang ebenfalls deutlich geworden; auch seine Vermittlung auf die ökonomische Situation der Individuen ist als historische aufgezeigt. Zu klären bleibt noch der Platz, den der Begriff der Gattung bzw. der Menschheit bei Kant in diesem Kontext einnimmt.

Auszugehen ist am besten von dem Neunten Satz der *Idee zu einer allgemeinen Geschichte in weltbürgerlicher Absicht:* »Ein philosophischer Versuch, die allgemeine Weltgeschichte nach einem Plan der Natur, der auf die vollkommene bürgerliche Vereinigung der Menschengattung abziele, zu bearbeiten, muß als möglich, und selbst für diese Naturabsicht beförderlich angesehen werden.« (a.a.O., S. 47) Denn »ob wir gleich zu kurzsichtig sind, den geheimen Mechanism ihrer [der Natur, R. L.] Veranstaltung zu durchschauen, so dürfte diese Idee uns doch zum Leitfaden dienen, ein sonst planloses

Aggregat menschlicher Handlungen, wenigstens im großen, als ein *System* darzustellen« (a.a.O., S. 48). Angeblich stellt die europäische Geschichte vom antiken Griechenland über Rom bis in die Gegenwart eine Kontinuität dar; alle übrige Geschichte von Menschen wird an diese Tradition angehängt, indem ihr nur durch deren Berichte vermittelte Relevanz zuerkannt wird. So wurde aus zeitlicher und räumlicher Vielfalt des Geschehenen die Linearität eines Stranges herausstilisiert. Damit schuf Kant zunächst die Voraussetzung für den zweiten Schritt, mit dem dieser Linie die Qualität einer Registrierung linearen Fortschritts zuerkannt wird.

Dies geschieht durch die Einführung nicht etwa der Geschichte in die Idee eines Systems, sondern des Modells einer bürgerlichen Verfassung in die Geschichte, und zwar als die bereits aufgetretene Absicht der Natur. »So wird man einen regelmäßigen Gang der Verbesserung der Staatsverfassung in unserem Weltteile (der wahrscheinlicher Weise allen andern dereinst Gesetze geben wird) entdecken« (ebd.). Eine Fußnote ergänzt das Substrat dieser Geschichte: »Nur ein *gelehrtes Publikum*, das von seinem Anfange an bis zu uns ununterbrochen fortgedauert hat, kann die alte Geschichte beglaubigen. Über dasselbe hinaus ist alles terra incognita; und die Geschichte der Völker, die außer demselben lebten, kann nur von der Zeit angefangen werden, da sie darin eintraten.« Die kopernikanische Wende Kants hat den Aufbau der objektiven Welt dem Transzendentalsubjekt übertragen, das für Kant und seine Zeitgenossen Träger der Geschichte geworden war: Die »Menschengattung« wurde nicht allein unter Abstraktion von den Nichteigentümern gesehen; die Philosophie, die stolz sich des Vollzuges dieser kopernikanischen Wende rühmte, ging darin weit hinter die Entdeckung Galileis zurück, daß sie unter der Behauptung einer vernünftigen Begründung die Europazentrizität transzendental installierte, die geographisch-kosmisch hatte überwunden werden können. Auch der außerordentliche Wahrheitsgehalt dieses Hand-in-Hand-Gehens von bürgerlicher Verfassung und Europazentrizität war am Ausgang des achtzehnten Jahrhunderts angelegt in der Kolonialisierung der außereuropäischen Welt und ihrer Behauptung als einer weiteren Naturbeherrschung am Menschen. Die Einordnung der »anderen

Völker« in das System der Geschichte, etwa bei Kant, das durch seine Vernunftförmigkeit Stringenz erhielt und theoretisch »durchgängig« wurde, lieh den europäischen Weltreichen das ideologische Selbstbewußtsein ihres Imperialismus. Zu der Einordnung hatte es aber nur aus der Ahnung der Unaufhaltsamkeit der europäischen Expansion kommen können, die unbewußt blieb und darum dem Kantschen Theorem »apriorischen« Charakter mitteilen durfte.

Die Idee einer Geschichtsphilosophie, die auf eine politische Einheit der Menschheit insgesamt hinaus wollte, ist gewiß genauso rational und antizipatorisch wie die Ideen von Freiheit und Gleichheit. Mit ihr wurde historisch aber die fortschreitende Unterwerfung unter die Kolonialmächte beschrieben, zu denen freilich Deutschland so gut wie gar nicht gehörte. Die Antizipation war darum auch so arm und mechanisch wie die Universalität des autonomen Subjekts, das im wesentlichen die ins Transzendentale aufgeblasene politische Autonomie des Bürgers auf Grund seiner ökonomischen war. Jede Frage nach dem Subjekt der Geschichte muß deshalb gleichzeitig mit dem transzendentalen Subjekt auch die Europazentrizität als bürgerliche Ideologie bloßstellen. Die Reflexion auf die sogenannte Dritte Welt und die auf das gesamtgesellschaftliche Subjekt sind nicht nur emphatisch, sondern auch systematisch und historisch zwei Seiten einer Sache.

Soviel zu der geradlinigen und linearen Geschichte. Deren Interpretation meinte Kant nur unter Rückgriff auf eine »Vorsehung«, die einen »diesen Weltlauf prädeterminierenden Endzweck« setzt, wie er ihn aus dem »Mechanism der Natur« erkennen wollte, leisten zu können. (*Zum ewigen Frieden*, ... II. Abschn. 1. Zusatz, l. c., S. 217) »Im Mechanism der Natur, wozu der Mensch (als Sinneswesen) mit gehört, zeigt sich eine ihrer Existenz schon zum Grunde liegende Form, die wir uns nicht anders begreiflich machen können, als in dem wir ihr den Zweck eines sie vorher bestimmenden Welturhebers unterlegen« (ebd., Fußn.). Was hier »unterlegt« wird, erscheint an anderen Stellen bei Kant als ein »Hinzutretendes«. Doch sollte das nicht als projizierende Interpretation verstanden werden; vielmehr sollte an solchen Stellen nur als ein apriorisches, von der Vernunft erkennbares und erkanntes

Moment explizit gemacht werden, was die Ergebnisse empirischer Untersuchungen angeblich schon immer implizieren. Nicht mehr eine je die Geschichte zerteilende *voluntas dei;* kein unberechenbarer Eingriff aus dem Jenseits als dem »ganz Anderen«; auch nicht ein rational nicht und nicht in der Geschichte nachprüfbar sich vollziehendes Heils- oder Verdammungsgeschehen; keine Hypostasierung eines Sinns für das Leben in der Geschichte aus einem der Geschichte Unzugänglichen und keine Verankerung in einer *lex naturalis* sind als Grundlagen zu denken. »Wenn ich von der Natur sage: sie *will,* daß dieses oder jenes geschehe, so heißt das nicht soviel, als: sie legt uns eine Pflicht auf, es zu tun (denn das kann nur die zwangsfreie praktische Vernunft), sondern sie *tut* es selbst, wir mögen wollen oder nicht« (a.a.O., S. 223). Der Mensch wird freigesprochen aus der Abhängigkeit eines ihm äußerlichen Willens, der ihn zu einer Pflicht anhalten könnte. Keine irrationale Macht jenseits der Geschichte soll dem Menschen Aufgaben stellen können, so daß ihm auch keine Abrechnung im Jenseits mit irrationalen Drohungen und Belohnungen, Verheißungen und Verdammungen mehr eine Moral aufzwingen kann, deren Maximen er nicht als vernünftige selbst würde beistimmen können. Vielmehr tritt die metaphysische Absicht der Natur eigentlich nur auf, um – als mediatisierte *lex naturalis* – die Erfüllung menschlichen Daseins hier und jetzt, »auf der Erde«, zu legalisieren. Ihr unbefragbares Tun ist von Kant zweifellos so verstanden, daß der Mensch die Realisierung der Naturabsicht in der Identität seines selbstentfaltenden Wollens mit ihrer Teleologie problemlos darstellt.

Da Kant aber nicht dieses Verhältnis als eines von dem Begriff und dessen Objektivierung faßt und es noch nicht den Hegelschen Begriff der Aufhebung bei ihm gibt, erscheint die Beziehung als eine mechanische. Damit entsteht die Gefahr, diese Beziehung als eine von Wille und Werkzeug mißzuverstehen, also den menschlichen Willen in seiner Übereinstimmung mit einem Naturwillen untergehen zu lassen und so seine gewonnene Befreiung von metaphysischer Außenbestimmtheit wieder zu verlieren. In der Gesellschaftslehre Kants wird dies ganz deutlich an dem entsprechenden Versuch, das Besondere mit dem Allgemeinen gewissermaßen zu vermitteln durch die Repräsentanz.

»Der Mensch sollte, wenn er sich aus der größten Rohigkeit dereinst zur größten Geschicklichkeit, innerer Vollkommenheit der Denkungsart, und (so viel es auf Erden möglich ist) dadurch zur Glückseligkeit emporgearbeitet haben würde, hievon das Verdienst ganz allein haben, und es sich selbst nur verdanken dürfen.« (*Idee zu einer allgemeinen Geschichte*..., Dritter Satz, l. c., S. 36). Der Mensch, den die Religion unter Gottes Gericht und Gnade gestellt hatte, wird hier von diesen Instanzen befreit. Aber wer ist »der Mensch«? Zunächst sind es nicht die bereits in Unmündigkeit gestorbenen Individuen der bisherigen Geschichte; aber auch die zur Zeit Kants Lebenden dürften nicht in den Genuß dieser Glückseligkeit gelangt sein. Solches »Emporarbeiten« ist eine Sache von langen Generationsfolgen: »Befremdend bleibt es immer hiebei, daß die ältern Generationen nur scheinen um der späteren willen ihr mühseliges Geschäft zu treiben, um nämlich diesen eine Stufe zu bereiten, von der diese das Bauwerk, welches die Natur zur Absicht hat, höher bringen können, und daß doch nur die spätesten das Glück haben sollen, in dem Gebäude zu wohnen« (a.a.O., S. 37).

Das Gebäude wird die Freiheit von unvernünftigen Verhältnissen sein; sie wird den Menschen durch Aufklärung der Individuen gewonnen. In diesem Gedanken zeigt der Idealismus sich als Vertreter einer wahrhaft humanistischen Utopie, insofern – freilich in Übereinstimmung mit einer sparsamen zweckmäßigen Natur gedacht – der Einzelne den »Naturzweck«, das heißt »das Ziel der Gattung«, zugleich mit seiner Selbstverwirklichung erreicht: Vernünftig ist die volle Entwicklung seiner »Naturanlagen«. Wenn jedoch vergessen wird, daß eine solche Selbstverwirklichung historisch-gesellschaftlich vermittelt ist und nur durch die Veränderung der sie vermittelnden Verhältnisse gehen kann, bleiben nur zwei Wege: der einer Forderung nach Aufklärung schlechthin und der einer Spekulation auf die Macht der naturwüchsigen Entwicklungen. Beide werden von Kant zu Trägern seiner Hoffnungen gemacht. Allerdings war er ein genügend scharfer Beobachter der bestehenden Verhältnisse, um selbst die aus ihnen sich ergebenden Beschränkungen praktisch zu erkennen, sowenig auch seine Beobachtungen ihn zu grundsätzlicheren Zweifeln veranlaßten als einer sehr pessimistischen Voraussage über die für den Prozeß notwendige Zeitspanne.

Kant sah sehr genau, daß die Selbstbefreiung der Einzelnen zum Gebrauch ihrer Vernunft gegenüber den Mächten und Gewohnheiten der alten Ordnung so gut wie nie eine Aussicht haben konnte. »Daher gibt es nur wenige, denen es gelungen ist, durch eigene Bearbeitung ihres Geistes sich aus der Unmündigkeit heraus zu wickeln, und dennoch einen sicheren Gang zu tun.« (*Beantwortung der Frage: Was ist Aufklärung?*, l. c., S. 54) Jene Gewohnheiten indessen als Institutionen der Gesellschaft, als Ausdruck von Macht-, von Klassenverhältnissen zu verstehen, gelang dem bürgerlichen Philosophen nicht mehr. Seine pragmatisch-resignierte Feststellung brachte ihn vielmehr dazu, die für die Menschheit, für die Gattung gedachte Emanzipation – wenigstens oder erst einmal – da zu fordern, wo sie mit einiger Aussicht auch unter unveränderten Bedingungen erhofft werden konnte, das heißt für die, die ohnehin schon eine gewisse geistige und wirtschaftliche Emanzipation genossen. »Daß aber ein Publikum sich selbst aufkläre, ist eher möglich; ja es ist, wenn man ihm nur Freiheit läßt, beinahe unausbleiblich« (ebd.). Übrigens zeigt die Formulierung: »Satzungen und Formeln sind die Fußschellen einer immerwährenden Unmündigkeit (ebd.) sehr gut, daß die Unvernünftigkeit der bestehenden Verhältnisse so gut wie gar nicht in den ökonomisch realisierten Machtverhältnissen, sondern in den unzweckmäßig die bürgerliche Initiative einschränkenden und völlig unrationell gedachten Regeln der mittelalterlichen, inzwischen bloß äußerlich rationalisierten feudalen Welt gesehen wurde. Es wird darüber hinaus deutlich, worin der Fortschritt eines systematischen Denkens über eine Anhäufung von Regeln bestand, obwohl das Mechanische, das Kant gerade an jenen »Satzungen und Formeln« kritisierte, in der formalen Rationalität seines eigenen Systems überhaupt erst auf den Begriff kam. Dessen apriorischer Charakter dagegen wurde von der Unterstellung einer »Naturabsicht« getragen, deren Idee dazu dient, »ein sonst planloses *Aggregat* menschlicher Handlungen, wenigstens im großen, als ein *System* darzustellen« (*Idee zu einer allgemeinen Geschichte* . . ., l. c., S. 48).

Träger einer vernünftig systematischen Ordnung in der Welt wird das Bürgertum als die Klasse, die, zusammen mit den aus der alten feudalen Welt herausfallenden und ihm sich einfügenden Aristokraten, der soziale Ort des »Publikums« ist. Sowenig Kant in dieser Hoffnung sich beirren ließ, so wenig gab er sich Illusionen über das Erreichte hin. Der Gesellschaft seiner Zeit erkennt er zwar verallgemeinernd zu, was den privilegierten Vertretern der »Menschheit« allein zu eigen war: »Wir sind im hohen Grade durch Kunst und Wissenschaft kultiviert« (ebd., S. 44). Damit nahm er hin, daß die Gattung durch die Privilegierten repräsentiert wurde, und bestätigte insoweit also das Bestehende. Jedoch sagte er, der bloß äußerliche, formale Gebrauch der Idee der Moralität, »welcher nur auf das Sittenähnliche in der Ehrliebe und der äußeren Anständigkeit hinausläuft, macht bloß die Zivilisierung aus« (ebd.). Von besonderer Bedeutung dürfte diese Feststellung deshalb sein, weil sie an dieser Stelle im Zusammenhang mit dem Prinzip der Gleichheit diskutiert wird, freilich der abstrakt auf die verschiedenen »Kräfte der Menschheit« reflektierten »Gleichheit«. Kant setzt sich hier äußerst stringent zugleich mit dem Unrecht der Gesellschaft in ihrer Periode der Akkumulation des Kapitals und mit der Reaktion Rousseaus auf diese auseinander. Er sieht, daß einfaches Lob eines Naturzustandes vor der arbeitsteiligen Welt irrational und rückschrittlich-konservativ ist, da es Regression bedeutet; er hebt aber auch hervor, daß der Verzicht auf das Ideal der »Wilden« tatsächlich nicht mit den bestehenden Verhältnissen gerechtfertigt ist, sondern erst durch das Versprechen der Entwicklung, die eine »Gleichheit ihrer wechselseitigen Wirkung und Gegenwirkung, damit sie einander nicht zerstören«, bringen werde (ebd.). Doch wird auch hier nicht von den konkreten historischen Subjekten und ihren Leiden, erst recht nicht von der Klasse der Ausgebeuteten als den Hauptopfern des Fortschritts der Gattung gesprochen – nur abstrakt allgemein von »den Kräften der Menschheit«.

Auch hier wird nur Klage geführt, die Bildung der Menschen zu der bürgerlichen Fähigkeit des Selbstdenkens werde von den Staaten nicht genügend gefördert, da sie ihre Mittel in »eiteln und gewaltsamen Erweiterungsabsichten« immer für die Rüstung des nächsten Krieges bestimmten. Zu stark steht offenbar im Vordergrund der Gedanke einer Moralität, die eine ganz allgemeine und darum abstrakte bleibt, so daß die Überlegungen zur Aufklärung der Menschen sich nicht auf die konkreten Einzelnen und deren Bewußtsein zu konzentrieren vermögen. Das nimmt indessen der kritischen Darstellung der bürgerlichen Ideologie durch Kant selbst nicht ihre Bedeutung: »Ehe dieser letzte Schritt (nämlich die Staatenverbindung [in der die Gleichheit wie oben dargestellt verwirklicht sein würde] geschehen, also fast nur auf der Hälfte ihrer Ausbildung, erduldet die menschliche Natur die härtesten Übel, unter dem betrüglichen Anschein äußerer Wohlfahrt« (ebd.). Wiederum geht es, jedenfalls ausdrücklich, nicht um die unterdrückten Menschen, sondern um das Unfreie in dem Menschen; und es steht zu befürchten, daß eine freie Entwicklung einer Klasse, selbst weiterhin auf Kosten der anderen, das aufgestellte Ziel der Menschheit, wie es als Desiderat formuliert ist, schon weitgehend erfüllt haben würde. Eine Kette von Gedanken weist darauf hin und verdoppelt den Kreisschluß faktischer Beschränkung aller Desiderate auf die bereits Besitzenden, der bereits im Modell des Mechanismus der Antagonismen zutage getreten war, durch eine Rolle der Mächtigen als Repräsentanten der Gattung, wie sie an die Stelle einer notwendigen Vermittlung zwischen den Menschen und der Menschheit usurpierend gestellt wurden. Immerhin ließ Kant von dem »betrüglichen Anschein äußerer Wohlfahrt«, soweit er überhaupt beobachtet werden konnte, nicht die Erkenntnis trüben, die dem Elend der arbeitsteiligen Existenz der Menschen nachspürt, wiewohl sie es mehr in dem geistigen Elend der Gattung denn in dem unmittelbar physischen der Ausgebeuteten sah. Tatsächlich konnte an dem elenden Zustand der Menschen in der ausbeuterisch-arbeitsteiligen Gesellschaft nichts anderes etwas ändern, als daß Besitz- und Bildungsbürgertum immer mehr ein und dasselbe würden.

Wo die Hoffnung auf eine sich von selbst durchsetzende Naturabsicht im Spiele ist, wird deren Verwirklichung im staatlichen Bereich verfolgt. Der »Mechanism« der Antagonismen, in das Nebeneinander der Staaten übertragen, sollte den Ausgleich und den Zwang zum Fortschritt bewirken, nachdem die Beziehungen zwischen ihnen weitgehend von den Interessen der wirtschaftlich Mächtigen bestimmt wurden, um kalkulierbar erscheinen zu können. »Jetzt sind die Staaten schon in einem so künstlichen Verhältnisse gegen einander, daß keiner in der inneren Kultur nachlassen kann, ohne gegen die anderen an Macht und Einfluß zu verlieren; also ist, wo nicht der Fortschritt, dennoch die Erhaltung dieses Zwecks der Natur, selbst durch die ehrsüchtigen Absichten derselben ziemlich gesichert.« (*Idee zu einer allgemeinen Geschichte* ..., l. c., S. 46) Die Konkurrenz zwischen den Staaten sollte zunächst zwangsläufig zu vollkommener Bewegungsfreiheit der Bürger im Innern, das heißt aber hier: im ökonomischen Bereich, führen, die sich gewissermaßen selbsttätig auf Religionsfreiheit usw. ausdehnen würde; schließlich werde sie zu einer weltbürgerlichen Vereinigung zwingen, die eben diese Staaten auflöst. »Ferner: bürgerliche Freiheit kann jetzt auch nicht sehr wohl angetastet werden, ohne den Nachteil davon in allen Gewerben, vornehmlich dem Handel, dadurch aber auch die Abnahme der Kräfte des Staats im äußeren Verhältnisse, zu fühlen« (ebd.). Das Vertrauen darauf, daß die Instrumentalisierung von Vernunft und Aufklärung in dem Zusammenhang jener egoistischen ökonomischen Interessen der Bürger, die als die berufenen Verfechter des Fortschritts auftreten, nicht auf die Funktion von ratio in der Gesellschaft zurückschlagen werde, ist nicht so naiv, wie es scheint. Der Gegensatz zu den »Weltregierern«, zu den »Thronen«, beschäftigt die Reflexion zu stark, um nicht das Differenzierungsvermögen zu schwächen – zumal zur Zeit der Abfassung der *Idee zu einer allgemeinen Geschichte in weltbürgerlicher Absicht* die Möglichkeit einer revolutionären Befreiung von der monarchischen Bevormundung noch nicht einmal in Frankreich demonstriert worden war.

Die Institution des Monarchen galt Kant vielmehr, entsprechend den deutschen und besonders den preußischen Verhältnissen, als etwas, dem seine vernünftige Theorie der Gesellschaft eine wohl gegenüber dem Absolutismus veränderte, aber doch eine entscheidende Funktion zuzuerkennen hatte. Diese ist eng mit dem Prinzip der »Repräsentanz« der Gattung, der Menschheit, verbunden. Kant übernahm das Prinzip der Gewaltenteilung nicht nur in der sublimierten Form seiner Übertragung in die verschiedenen Erkenntnisvermögen, sondern auch als Forderung für eine »repräsentative Regierungsform« unmittelbar. Seine »bürgerliche Verfassung« kann nicht bestehen, wo »der Gesetzgeber in einer und derselben Person zugleich Vollstrecker seines Willens« ist (*Zum ewigen Frieden. ...*, l. c., S. 206). Kant erscheint in dieser Hinsicht die Demokratie die willkürlichste Staatsform zu sein, »weil alles da Herr sein will« (ebd.) und die Souveränität bei allen keine Teilung der Gewalten mehr erlaube. Es ging ihm offenbar um eine Art Läuterung von Privatmeinungen aller, die er in einem formalen Prinzip suchte; er fand es in dem der Repräsentanz: »je kleiner das Personale der Staatsgewalt (die Zahl der Herrscher), je größer dagegen die Repräsentation derselben, desto mehr stimmt die Staatsverfassung zur Möglichkeit des Republikanism« (ebd.).

Eher als die demokratische Verfassung könne die autokratische wenigstens »eine dem *Geiste* nach repräsentative Regierungsart« hervorbringen, wie es unter Friedrich II. von Preußen der Fall sei (ebd.). An die bekannte Passage vom »obersten Diener seines Staates« schließt sich eine Erklärung an, die den Begriff von Repräsentanz in einem interessanten Licht erscheinen läßt. Der Landesherr müsse nämlich – »wenn er Verstand hat (welches man doch voraussetzen muß)« (!) – aus den großen Titeln, die dem Monarchen beigelegt werden, demütig erkennen, »daß er ein Amt übernommen habe, was für einen Menschen zu groß ist«, und darin eine Quelle der Steigerung seines Verantwortungsgefühls finden. Dieses disponiert ihn dann offensichtlich, die Instanz zu sein, über die das vernünftige Räsonieren der selbstdenkenden Bürger in das politische Handeln sich umsetzt. Sind faktisch die Bürger als Publikum, und zwar als öffentliches, die Repräsentanten des ganzen Volkes, so gewinnt ihr, in der »Freiheit der Feder« sich manifestierendes, Denken über die öffentlichen Angelegenheiten formal den Charakter systematisch erreichter Repräsentanz durch die Person des Monarchen.

Dem Monarchen, den die Bürger keineswegs gänzlich entmachten können, weisen sie die Funktion zu, den aus ihren partiellen Interessen hervorgehenden Kompromissen das Aussehen unabhängiger, absolut bester Urteile zu verleihen. So können die »Gesetze« als der Ausfluß vernünftiger Erkenntnis auftreten und dem Ergebnis undurchschaubarer

Prozesse der Meinungsbildung wie der Marktlage, die im blind egoistischen Zusammenwirken der unzähligen meinenden wie ökonomisch kalkulierenden Individuen zustande kommen, transzendentale Würde geben. Zugleich sollte gesichert sein, daß der Herrscher nicht über die Grenzen dieser Funktion hinausgreift; der Monarch genießt nicht mehr als Person die Autorität der mit der Gesetzesvollmacht verbundenen Unfehlbarkeit, sondern nur als die das öffentlich auftretende Meinen der Bürger in die politisch formale Erscheinung hebende Institution. Das vernünftige Ergebnis bürgerlicher Überlegungen in der Form schriftlicher Veröffentlichung – »Freiheit der Feder« – ist aus dem System nicht wegzudenken. Davon ist abhängig auch der »oberste Befehlshaber (nach Hobbes)«, »dessen Wille bloß dadurch, daß er den allgemeinen Volkswillen repräsentiert, Untertanen als Bürgern Befehle gibt«, denn eine Zensur würde ihm »alle Kenntnis von dem entziehen, was, wenn er es wüßte, er selbst abändern würde« (*Über den Gemeinspruch*..., l. c., S. 161 f.). Die Bourgeoisie bedient sich der formalen Vorteile eines unabhängigen Monarchen, dessen sie sich freilich im voraus versichert, indem sie klärt, was er vernünftigerweise nur wollen kann: »Was ein Volk nicht über sich selbst beschließen kann, das kann der Gesetzgeber auch nicht über das Volk beschließen« (ebd., S. 162). Die deutsche Bourgeoisie im ausgehenden achtzehnten Jahrhundert fühlte sich weder der Monarchie noch dem Vierten Stand gegenüber stark genug, um, mit diesem verbündet, gegen jene eine Revolution zu wagen. Kants Repräsentationstheorie verknüpfte das unvermeidlich scheinende Bündnis der autokratischen Gewalt mit einem Vernunftprinzip zu einer Formel: »Autokratisch *herrschen,* und dabei doch republikanisch, d. h., im Geiste des Republikanism und nach einer Analogie mit demselben, *regieren,* ist das, was ein Volk mit seiner Verfassung zufrieden macht.« (*Der Streit der Fakultäten,* Zweiter Abschn., XI, S. 360) Das Entsprechende gilt auch für die dem, nach diesem Entwurf konstitutionellen, Fürsten überlassene Exekutive.

Der staatlichen Gewalt wird überdies die Aufgabe zugeteilt, in der Gesellschaft eine disziplinierende Funktion über die Einzelnen auszuüben, die notwendig wird, weil sie die Einschränkung von Freiheiten zugunsten eines möglichen

Zusammenlebens miteinander nicht durchgängig, das heißt auch für die eigene Person als geltend anzuerkennen imstande seien. Dies wird gefolgert aus der Feststellung: »der Mensch ist ein Tier, das, wenn es unter anderen seiner Gattung lebt, *einen Herrn nötig hat*«. (*Idee zu einer allgemeinen Geschichte*..., l. c., S. 40) Und weiter: »Er bedarf also einen *Herrn*, der ihm den eigenen Willen breche, und ihn nötige, einem allgemein-gültigen Willen, dabei jeder frei sein kann, zu gehorchen. Wo nimmt er aber diesen Herrn her?« Es muß ein Mensch sein, auf den seinerseits der obige Satz Anwendung findet. »Denn jeder derselben wird immer seine Freiheit mißbrauchen, wenn er keinen über sich hat, der nach den Gesetzen über ihn Gewalt ausübt« (a.a.O., S. 41). Das Gottesgnadentum hatte dafür eine Lösung geschaffen, die freilich nicht mehr annehmbar erschien; dennoch hielt Kant an einem »höchsten Oberhaupt« fest, weil seine von dem Pessimismus der bürgerlichen Konkurrenzgesellschaft bestimmte Grundannahme zu einer hierarchischen Konstruktion zwang, obwohl sie, wie er selbst sagt, im Widerspruch zu der für ihn mindestens ebenso zwingenden Annahme einer prinzipiellen Gleichartigkeit aller Glieder der menschlichen Gattung geriet. Dies ist die Stelle, an der Hegel das noch mechanische Prinzip der Repräsentanz qualitativ zur dialektischen Aufhebung steigerte und zur transzendentalen Konstruktion des preußischen Staates als Gattungssubjekt gelangte. Kant machte nicht ausdrücklich eine derartige Fortführung seines Denkens unmöglich; aber er hielt einen Schritt zuvor entschieden inne. Das hierarchische Prinzip eines notwendigen »höchsten Oberhauptes«, das allen anderen den ihnen selbst unmöglichen Willen zur Beschränkung auferlegt, steht neben der Feststellung, daß nicht »jedes Individuum seine Bestimmung in seinem Leben völlig erreichen« kann; »nur die Gattung kann dies hoffen« (ebd.).

Es ist deutlich, daß der Schritt einer Vereinigung beider in der transzendentalen Konstruktion eines Gattungssubjekts aus einer Dialektik von Gegensätzen, die nicht mehr sich mechanisch zu einem vernünftigen Ergebnis ausgleichen, sondern die in einem Dritten sich aufheben, sehr wohl noch ein entscheidender, nicht aber mehr sehr fern ist. Allerdings weist Kant stets auf die ungeheuren Hindernisse hin, die aus der

Natur der Sache, den Menschen, einer »vollkommenen Lösung« entgegenstünden, und warnt damit vor jeder vorschnellen Konstruktion. Vor allem erwähnt er ausdrücklich die Denkbarkeit anderer Verhältnisse; wenn diese ihm auch nur bei den »Einwohnern anderer Planeten«, nicht den Menschen einer ganz anders gebauten Gesellschaft auf der Erde möglich erschienen.

Schlußbemerkung

In der Abwehr von Einwänden gegen das Vertrauen in eine »moralische Politik«, die auf einen Widerspruch des »Naturmechanism« zu einer Ordnung nach »reinen Rechtsbegriffen« gegründet waren, hat Kant gegen seine erklärte Vorstellung von der zukünftigen Gesellschaft selbst noch die Wahrheit formuliert über die Situation der Nichteigentümer unter der bürgerlichen Tauschgesellschaft. Was in seinem System keinen Platz erhalten konnte, artikulierte er um so treffender, als er die »Realpolitiker« seiner Zeit abwies, weil sie mit ihrem pessimistischen Menschenbild die Menschen so schlechtmachen würden, wie sie es zunächst nur prophezeiten. (Man vergleiche den *Streit der Fakultäten*, zweiter Abschnitt, l. c., S. 351 ff.) »[...], sie verdienen kein Gehör; vornehmlich, da eine solche verderbliche Theorie das Übel wohl gar selbst bewirkt, das sie vorhersagt, *nach welcher der Mensch mit den übrigen lebenden Maschinen in eine Klasse geworfen wird, denen nur das Bewußtsein, daß sie nicht freie Wesen sind, beiwohnen dürfte, um sie in ihrem eigenen Urteil zu den elendesten unter allen Weltwesen zu machen.*« (*Zum ewigen Frieden...*, l. c., S. 241, Hervorhebung R. L.) In dem idealistisch-mechanischen Vokabular seiner Philosophie hat Kant damit genau die Situation der Menschen, die sich als Ware verkaufen müssen und in solcher Verdinglichung (Lukács) das Elend der Menschen unterm Tauschwert exemplarisch zur Erscheinung bringen, bezeichnet – wie z. B. die Freilassung der Bauern auf den Arbeitsmarkt diese darüber aufklärte, daß sie an ihrem Elend nunmehr selbst die Schuld trügen.

Zu einigen geschichtsphilosophischen Aspekten in der ›Kritik der teleologischen Urteilskraft‹

Nach Kant können die Menschen, prinzipiell wenigstens, ihre Geschichte selber machen. Das impliziert drei Probleme: das Verhältnis von Natur und Kultur in der Aneignung der äußeren Natur durch die Menschen; das Verhältnis von Kultur und Glückseligkeit, das ist die Aneignung der Natur im Menschen selbst unter dem moralischen Prinzip der Freiheit; und schließlich stellt sich für Kant offensichtlich die Legitimierung seines Freiheitspostulats im Zusammenhang mit »dem letzten Zwecke der Natur als eines teleologischen Systems« als problematisch dar. (*Kritik der Urteilskraft,* hrsg. v. Karl Vorländer, Hamburg 1968)

»Als das einzige Wesen auf Erden, welches Verstand, mithin ein Vermögen hat, sich selbst willkürlich Zwecke zu setzen, ist er zwar betitelter Herr der Natur und, wenn man diese als ein teleologisches System ansieht, seiner Bestimmung nach der letzte Zweck der Natur; aber immer nur bedingt, nämlich daß er es verstehe und den Willen habe, dieser und ihm selbst eine solche Zweckbeziehung zu geben, mithin Endzweck sein könne, der aber in der Natur gar nicht gesucht werden muß« (a.a.O., S. 390). Für Kant gibt es den Menschen nicht von jeher. Er hat wohl, und zwar als einziges Wesen in der realen Welt, die Möglichkeit in sich, jene Krone der Schöpfung zu werden, die alle in dem Begriff Mensch angelegten Vorstellungen realisiert. Die Geschichte zeigt dazu ausreichende Ansätze einer Ausbildung dessen, was ein vernünftiges Wesen genannt werden kann. Indessen ist der Prozeß keineswegs abgeschlossen, durch den das Gattungswesen Mensch seine Entfaltungsmöglichkeiten einlösen muß. Der Prozeß ist vielmehr historisch und gegenwärtig zu vollziehen. Die manifesten Ansätze sind Resultate der bisherigen Geschichte. Sie sind gegenwärtig und wirksam als Freiheit von bewußtseinsloser Naturhaftigkeit, deren Erringung nicht zu trennen ist von der Macht über die Natur, von welcher die Menschen sich abheben. Kant stellt sich die Freiheit der Menschen als ihre Herrschaft über die organische und anorganische Objektwelt dar. Er reflektiert nicht den Prozeß der Verdopplung als solchen, in dem mit der Naturbeherrschung als Realitätsprinzip zugleich die spezifische Konstitution des Subjekts vor sich geht; das heißt, die Freiheit der Vernunftwesen erscheint realiter hier nur auf das Reich der Unfreiheit bezogen, in der Form der Herrschaft oder des Zweckesetzens, nicht aber als eigene Qualität. Dieser Umstand ist von ambivalenter Bedeutung.

Einerseits kann eine solche eigene Qualität tatsächlich nur aus der konkreten Situation und an einem konkreten Stoff realisiert werden. Kant verweist, mehr unbewußt als absichtlich, insofern sehr zu Recht darauf, daß die Freiheit der Menschen nur so weit gehen kann, wie ihre Beziehung zur unfreien Natur in einem bestimmten historischen Stadium es ihnen erlaubt. Andererseits wird diese Beziehung zur Natur allzu wenig problematisiert. In den Paragraphen 71 ff. wird sie bestimmt dadurch, daß mechanistische und Kausalitäts-Prinzipien in den Objekten aufgesucht werden. Zwar besteht Kant darauf, daß die Objektwelt nicht in diesen aufgeht, insbesondere weist er auf eine naturwissenschaftlich nicht erklärbare Zweckförmigkeit organischer Wesen hin. Doch ist der Modus der Untersuchung derjenige der Naturwissenschaften, vor allem der Physik, ebenso wie das Kriterium für den Begriff einer »objektiven Zweckmäßigkeit«. Die Physik vermag die anorganische Welt *so* analytisch auseinanderzunehmen, daß die Menschen in den Stand versetzt werden, selbst die Teile nach eigenen Absichten wieder zusammenzusetzen. In dem Paragraphen *Von dem Prinzip der Teleologie als innerem Prinzip der Naturwissenschaften* sagt Kant: »[...] es soll dadurch eine Art der Kausalität der Natur, nach einer Analogie mit der unsrigen im technischen Gebrauche der Vernunft, bezeichnet werden, um die Regel, wonach gewissen Produkten der Natur nachgeforscht werden muß, vor Augen zu haben«. (A.a.O., S. 309) »Dieses geschieht, um das Studium der Natur nach ihrem Mechanism an demjenigen festzuhalten, was wir unserer Beobachtung oder den Experimenten so unterwerfen können, daß wir es gleich der Natur, wenigstens der Ähnlichkeit der Gesetze nach, selbst hervorbringen könnten« (ebd.).

Das Erkenntnisinteresse ist aus dem Kriterium abzulesen, es ist eine praktische Maxime der Naturbeherrschung. Daneben ist evident, »daß wir die organisierten Wesen und deren innere Möglichkeit nach bloß mechanischen Prinzipien der Natur nicht einmal zureichend kennen lernen, viel weniger uns erklären können; und zwar so gewiß, daß man dreist sagen kann, es ist für Menschen ungereimt, auch nur einen solchen Anschlag zu fassen, oder zu hoffen, daß noch etwa dereinst ein Newton aufstehen könne, der auch nur die Erzeugung eines Grashalms nach Naturgesetzen, die keine Absicht geordnet hat, begreiflich machen werde« (a.a.O., S. 337 f.). Im historischen Zusammenhang kam es aber gerade auf die willkürliche Erzeugung durch die Menschen an. Deshalb bleibt das eigentliche Feld der Erkenntnis der Geltungsbereich mechanischer Gesetze. Hier können theoretisches und praktisches Interesse in der willkürlichen Rekonstruktion von Natur, die auch als Produktion realisierbar ist, zur Deckung gebracht werden. Hier kann die Urteilskraft bestimmend auftreten, unter Gesetze subsumieren, die vom Menschen gedacht sind und den Begriffen seines Verstandes gehorchen. »Hierauf begründet sich nun die Befugnis und wegen der Wichtigkeit, welche das Naturstudium nach dem Prinzip des Mechanisms für unseren theoretischen Vernunftgebrauch hat, auch der Beruf: alle Produkte und Ereignisse der Natur, selbst die zweckmäßigsten, so weit mechanisch zu erklären, als es in unserem Vermögen [...] steht« a.a.O., S. 363). Die übrige Natur, indem sie in sich organisiert, das heißt: selber mit einem partiellen Zweck ausgestattet ist, kann in das System von Zweckmäßigkeiten, dessen Walter und Maßstab in der Geschichte der Mensch ist, nur durch dessen reflektierendes Urteilen aufgenommen werden. Ihre Nützlichkeit, für ihn, muß aus der Empirie rekonstruiert, sie kann nicht als Konstrukt dargestellt werden. »Denn seine Vernunft weiß den Dingen eine Übereinstimmung mit seinen willkürlichen Einfällen, wozu er selbst nicht einmal von der Natur prädestiniert war, zu geben« (a.a.O., S. 282).

Problematisch an diesem Vorgehen ist einmal der Umstand, daß es nicht unumwunden als praktisches ausgewiesen wird, vielmehr immer versucht wird, es über die Kongruenz mit der erkenntnistheoretischen Vernunft bzw. über das metaphysische Prinzip der Teleologie ans Apriorische anzuschließen. Dadurch entsteht der Anschein, als sei der Ansatz zu diesen Überlegungen nicht abhängig von einem bestimmten historischen Stand der Kenntnis und der Ausbeutung der Natur durch die Menschen. Zugleich muß man sehen, daß gerade in diesem Versuch, sich dem Zufall der bloßen Empirie zu entwinden und damit eine wirkliche Vernünftigkeit der Menschen zu behaupten, auch die progressive Seite begründet liegt. Allerdings wird dafür auch hingenommen, daß bestimmte historische Grenzen der menschlichen Erkenntnis »eine Eigentümlichkeit unseres (menschlichen) Verstandes«, ein anthropologisches Faktum darstellen (a.a.O., S. 345). Problematisch ist zum andern das Vorgehen gegenüber der äußeren Natur auch dadurch, daß es notwendig auf die eigene, die innere Natur der Menschen angewandt wird.

Die Natur wird von dem aufklärerischen Philosophen auf neue Weise dem Menschen untertan erklärt. Die Frage nach einem Zweck, die der Mensch an sie heranträgt, kann auch nur mit dem Hinweis auf den so fragenden Menschen beantwortet werden. »Endlich ist die Frage: wozu sind diese samt den vorigen Naturreichen gut? Für den Menschen, zu dem mannigfaltigen Gebrauche, den ihn sein Verstand von allen jenen Geschöpfen machen lehrt; und er ist der letzte Zweck der Schöpfung hier auf Erden, weil er das einzige Wesen auf derselben ist, welches sich einen Begriff von Zwecken machen und aus einem Aggregat von zweckmäßig gebildeten Dingen durch seine Vernunft ein System der Zwecke machen kann« (a.a.O., S. 383). Der Mensch ist »der letzte Zweck der Natur«. An diesem Punkt wird kein Unterschied gemacht zwischen dem in dem Menschen angelegten wirklich vernünftigen Wesen und dem Stand seiner Vernünftigkeit zu einem bestimmten Zeitpunkt der Realgeschichte.

In seinen geschichtsphilosophischen Überlegungen zum Stand der praktischen Vernunft hat Kant gegenüber den schlechten bestehenden Verhältnissen seiner Zeit emanzipatorisch festgehalten, daß die erzwungen befolgten Sitten und Rechte als eine konkrete Vorstufe interpretiert werden müßten. Dies sei bereits ein entscheidender Schritt auf dem Wege zum Reich der Sittlichkeit, der Moral, der Freiheit. In der teleologischen

Betrachtung der Natur wird indes davon abgesehen, daß die Theorie von der fortschreitenden Versittlichung der menschlichen Gattung in ihrer realen gesellschaftlichen Existenz noch keineswegs eingelöst ist. Der Natur gegenüber muß schon die formale Bedingung, einen Begriff von Zwecken haben und vernünftig mit den Dingen verfahren zu *können*, als Legitimation für die Herrschaft des Menschen über sie ausreichen. Anders wäre eine apriorische Behauptung auch nicht möglich; und ohne dieses Apriori müßte die ganze Theorie Kants auf die kühne Vorwegnahme des heute bloß Möglichen als die Wahrheit verzichten, die erst die Impulse zu ihrer eigenen Einlösung frei machen muß. Doch das Verfahren, das praktisch eine gattungsgeschichtliche Strategie ermöglicht, ist an dem apriorischen Ende nur Hypostase. Die Natur, soweit sie bereits unterworfen ist, soweit sie bereits dem Produktionsprozeß dienstbar gemacht ist, wird nun von den Menschen beherrscht, als täten sie das im vollen Vermögen absoluter Vernunft. Die partiell historisch erreichte Vernunft darf als absolute regieren, darf so tun, als werde weder der Begriff von Produktion noch deren Praxis in der Zukunft sich verändern können. Das Verhältnis des Menschen zur Natur wird endgültig festgelegt in einem Zeitpunkt, in dem die Menschen erst auf dem Wege dazu sind, ihren Titel darauf einzulösen. Kant hat theoretisch gleichzeitig genau darauf insistiert, daß den Menschen das Eigentliche der Natur hinter ihren Erscheinungen sich entziehe. In den praktischen Maximen hat das nur keine Wirksamkeit entfalten können. Die Folgen für das Verhältnis zu der Natur in den Menschen selber und für die konkrete gesellschaftstheoretische Konzeption Kants waren außerordentlich schwerwiegend.

Ein System von Zwecken ist auf einen obersten, letzten Zweck hin angelegt. Zweck muß außerdem etwas inhaltlich Bestimmbares sein, so daß das Oberste, was *in der Welt* sich findet, nämlich die formale Auszeichnung des Menschen durch sein Vernunftvermögen, nicht gemeint werden kann. Dieses kann nur vornehmstes Vollzugsorgan sein. Die Natur im Menschen andererseits, also seine Konkretisierung von Inhalten, ist doch nur Natur, also zum Gegenstand der Beherrschung, zum Stoff der regierenden Vernunft bestimmt.

Ebensowenig wie die äußere kann die innere Natur Zweck für das System von Zwecken sein. Damit wird völlig zutreffend ein Vulgärmaterialismus verworfen, wie er insbesondere im Zuge des Sozialdarwinismus und der positivistischen Fortschrittsvorstellungen im ausgehenden neunzehnten Jahrhundert Anhänger fand. Die Konsequenz würde eine Unterordnung des Verstandes unter nicht weiter befragbare Triebe der Menschen sein. Sie würde zu einem Unmittelbarkeitskult führen, dessen aristokratisch raffinierte Version beim Marquis de Sade gewiß nicht einmal das schlimmste Gegenbild zu Kants Vernunftwesen aufgestellt hat. Die emanzipatorische Vorstellung im Gefolge der Studentenbewegung, an irgendwelche gerade feststellbaren »Bedürfnisse« unmittelbar anknüpfen zu können, leistet noch nicht die notwendige historische Verarbeitung, in der vielleicht Sades Intentionen mit einer wirklichen Vernunftperspektive verbunden werden könnten, sondern hat das positivistische Verhältnis zu den gerade möglichen Formen von Selbstverwirklichung in bestimmten historisch bedingten Deformationen noch nicht überwunden.

Kant vermochte eben erst die als Selbstverwirklichung der Gattung begriffene Vernunft ihrer Geltungsgeschichte nach mit der Realgeschichte zu verbinden, noch nicht ihre Genesis aus historisch realer Selbstkonstitution zu entwickeln. Dadurch war er gezwungen, diese Genesis transzendental zu begründen; ihr Verhältnis zur Natur wurde ebenso antagonistisch präjudiziert, wie es das Verhältnis der Menschen zu der Objektwelt war, die für sie tatsächlich vor allem die bloßen Gegenstände ihrer Produktion waren. Wenn die Aufklärer nicht länger auf eine religiöse Schöpfungsgeschichte ihr Menschenbild stützen wollten, so konnten sie keinen qualitativen Unterschied zwischen der menschlichen Natur und der äußeren behaupten, so daß die Herrschaft über die Gegenstände sich nicht grundsätzlich von der Herrschaft der Vernunft über ihre materiale Konstellation in den Menschen selbst trennen ließ.

Das Gebot, die Menschen sollten als ihre Herren sich die übrige Schöpfung untertan machen, war einst mythologische Absicherung der notwendigen Aneignung von Natur zur Reproduktion der Menschen gewesen, als diese noch die Rache der Tier- und Dingwelt für ihren Sieg fürchteten. Seit

Hobbes hatte die Antithetik von Gesellschaft oder Kultur gegen Natur insgesamt – gefaßt in der Einführung eines Gesellschaftszustandes der Menschen gegen den Naturzustand – das progressive Moment neu formuliert. Die historisch realisierbare Ordnung – die Produktion der Reproduktionsverhältnisse durch die Menschen selber – sollte alle chaotische Natur sich unterwerfen; dabei konnte nun aber die menschliche selbst nicht ausgenommen werden. Bei Hobbes war dies sogar fast der Hauptsinn seiner Konzeption, da es um die Bannung »mörderischer Instinkte« in den Menschen ging.

Zweifellos durfte und darf es insofern überhaupt nicht zu einer solchen Ausnahme kommen, als das Vernunftwesen Mensch erst dann wirklich wird, wenn seine Vernunft auch seine eigene Natur durchdrungen hat. Problematisch ist der Ansatz nur auf Grund der prinzipiellen Absolutheit dieser Dichotomie. Die Vernunft führt nicht die Freiheit herbei, indem sie etwas befreit, sondern indem sie sich, das formale Prinzip, als die Freiheit gegen Natur, alles Stoffliche und Inhaltliche, setzt und durchsetzt. Das Vernunftwesen muß demnach nicht als dasjenige konzipiert werden, in dem die Vernunft die Natur durchdrungen hat und zu einer vernünftigen Entfaltung bringt, sondern als dasjenige, das Natur, auch die eigene, zu unterwerfen und zu gebrauchen weiß.

»Wenn nun dasjenige im Menschen selbst angetroffen werden muß, was als Zweck durch seine Verknüpfung mit der Natur befördert werden soll, so muß entweder der Zweck von der Art sein, daß er selbst durch die Natur in ihrer Wohltätigkeit befriedigt werden kann; oder es ist die Tauglichkeit und Geschicklichkeit zu allerlei Zwecken, wozu die Natur (äußerlich und innerlich) von ihm gebraucht werden könne. Der erste Zweck der Natur würde die *Glückseligkeit,* der zweite die *Kultur* des Menschen sein« (a.a.O., S. 388).

Der Begriff dieser Glückseligkeit ist ebenso kompliziert wie die Aufgabe, die er zu erfüllen hat. Er soll nämlich einen angenommenen Widerspruch zwischen einer bloß triebhaften Menschennatur und des Menschen Fähigkeit, seine Natur zu höchst differenzierten Vermögen zu entfalten, überbrücken. Einerseits soll Glückseligkeit nicht bloß die notwendige Befriedigung eines »wahrhaften Naturbedürfnisses« darstellen; sie soll schon mehr sein, als was die »Tierheit in ihm selbst« verlangt, das heißt, sie soll etwas über die physische Reproduktion des Organismus hinaus bedeuten. Wenn sie aber sich nicht nach diesem objektiv kausalen Prinzip bestimmen läßt – das wäre auch noch das, »worin unsere Gattung durchgängig mit sich übereinstimmt« (a.a.O., S. 389) –, woher könnte sie dann bestimmt werden? Eine höhere Entwicklung von »Naturbedürfnissen« selbst zu Inhalten der »Kultur« ist nach Kant nicht denkbar. Er müßte einen apriorischen Begriff von sinnlich bestimmter Glückseligkeit behaupten können, was ihm auf Grund des angenommenen Widerspruchs unmöglich ist. Er versucht das ansatzweise, indem er sagt, der Mensch habe den Begriff »nicht etwa von seinen Sinnen abstrahiert«, er sei vielmehr »eine bloße *Idee* eines Zustandes« (a.a.O., S. 388). »Er entwirft sie sich selbst und zwar auf so verschiedene Art durch seinen mit der Einbildungskraft und den Sinnen verwickelten Verstand, er ändert sogar diesen so oft, daß die Natur, wenn sie auch seiner Willkür gänzlich unterworfen wäre, doch schlechterdings kein bestimmtes allgemeines und festes Gesetz annehmen könnte, um mit diesem schwankenden Begriff und so mit dem Zweck, den jeder sich willkürlich vorsetzt, übereinzustimmen« (a.a.O., S. 389). Die Philosophie der sogenannten Neuzeit hat damit zu einem bestimmten historischen Zeitpunkt, unter bestimmten gesellschaftlichen Voraussetzungen einen Hiatus eingeführt zwischen Vernunft, Kultur usf. und Natur. Die Möglichkeit einer Vermittlung ist damit ausgeschlossen. Die Versuche zur Überbrückung scheitern zwangsläufig. Kant erhebt zwar gegen den »Abderitism« (*Streit der Fakultäten*, II. Abschnitt, l. c., Bd. XI, S. 354) einmal den Vorwurf, dieser sehe nicht das »Amalgamieren (Verschmelzen)« der guten und der bösen Anteile in den »menschlichen Naturanlagen« als das Ziel, sondern lasse eines durch das andere neutralisieren. Eine eigene Vermittlungsvorstellung entwirft er aber auch dort nicht.

Kant hat sich bemüht, nicht vorab und systemtreu seinem Zwang, den Menschen als naturhaftes Wesen nicht zu einem obersten Zweck machen zu können, verfallen zu müssen. Die Überbrückung aber scheitert, und er stellt fest, daß ja ohnehin das System diesen Weg abgeschnitten hätte. Nicht allein, daß sich positiv aus dem sinnlichen, naturhaften Bereich der Menschen nicht eine Glückseligkeit hätte denken lassen, die mit der Funktion der menschlichen Vernunft vereinbar wäre; diese Natur in den Menschen ist doch auch so unvernünftig zerstörerisch anzunehmen, daß das »Widersinnische der Naturanlagen in ihm« jede Möglichkeit einer sinnvollen immanenten Entwicklung blockieren und verkehren würde (ebd.). Darum heißt es dann apodiktisch vom Endzweck, daß er »in der Natur gar nicht gesucht werden muß« (*Kr. d. Urteilskraft,* S. 390). Kant sagt, es könne, »was der Mensch unter Glückseligkeit versteht, und was in der Tat sein eigener letzter Naturzweck (nicht Zweck der Freiheit) ist, von ihm nie erreicht werden; denn seine Natur ist nicht von der Art, irgendwo im Besitze und Genusse aufzuhören und befriedigt zu werden« (a.a.O., S. 389). Nach den Voraussetzungen ist das klar; denn der Naturzweck und der Zweck der Freiheit können im Menschen nicht real vermittelt werden. Um so eigentümlicher ist der Gebrauch des Ausdrucks »seine Natur« an dieser Stelle, wo gerade darauf hingewiesen wird, daß die Vernunftanlage sich nie mit der Befriedigung des bloßen Naturzwecks begnügen werde. Immerhin eine Andeutung, daß zur Natur des Menschen eben das gehört, was über die bloße Natur in ihm hinausweist und -wirkt. Die Ambivalenz des Naturbegriffs kommt gegen den beabsichtigten Kontext zu Wort.

Gleichzeitig muß freilich auf eine zweite Ambivalenz in dem Begriff von der menschlichen Natur in diesem Zusammenhang eingegangen werden. Die Schwächen und Leiden, die böse wirkenden Leidenschaften, die die Menschen mit den Tieren gemein haben, werden von dem historisch produzierten Übel in der Gesellschaft nicht getrennt. Es ist dann eben so, »daß sie [die Natur, R. L.] ihn vielmehr in ihren verderblichen Wirkungen, in Pest, Hunger, Wassergefahr, Frost, Anfall von anderen großen und kleinen Tieren und dergl. ebensowenig verschont, wie jedes andere Tier; noch mehr aber, daß das Widersinnische der *Naturanlagen* in ihm noch in selbst ersonnene Plagen, und noch andere von seiner eigenen Gattung durch den Druck der Herrschaft, die Barbarei der Kriege usw. in solche Not versetzt, und er selbst, so viel an ihm ist, an der Zerstörung seiner eigenen Gattung arbeitet, daß selbst bei der wohltätigsten Natur außer uns der Zweck derselben, wenn er auf die Glückseligkeit unserer Spezies gestellt wäre, in einem System derselben auf Erden nicht erreicht werden würde« (ebd.). Das ist die verhängnisvolle Konsequenz des Hiatus zwischen Kultur und Natur und der Gleichsetzung von zweiter Natur in der herrschaftlichen Gesellschaft mit erster, die bei Hobbes noch teilweise emanzipatorisch erscheinen konnte. Nunmehr trifft nicht der Kampf gegen die erste Natur auch die zweite, wie das noch der Fall gewesen war, als die historisch produzierten mörderischen »Instinkte« der Menschen durch äußerliche Ordnung gebannt wurden; nunmehr zeigt sich, daß umgekehrt mit dieser Strategie auch die Übel der zweiten Natur als so unabänderlich wie die der ersten behandelt werden. Das heißt, sie können nicht im Zuge einer Durchdringung mit der Vernunft historisch überwunden werden, sondern müssen wie ein widerspenstiges Arbeitsmaterial unter die Gesetze einer vernünftigen Form gezwungen werden. Das aber widerspricht dem Entwurf einer Geschichte, in der sich die Vernunft historisch durchsetzen soll. Die Vernunft selbst ist nicht historisch, sondern apriorisch gedacht.

»Es bleibt also von allen seinen Zwecken in der Natur nur die formale subjektive Bedingung, nämlich der Tauglichkeit: sich selbst überhaupt Zwecke zu setzen und (unabhängig von der Natur in seiner Zweckbestimmung) die Natur, den Maximen seiner freien Zwecke überhaupt angemessen als Mittel zu gebrauchen, übrig, was die Natur in Absicht auf den Endzweck, der außer ihr liegt, ausrichten und welches also als ihr letzter Zweck angesehen werden kann. Die Hervorbringung der Tauglichkeit eines vernünftigen Wesens zu beliebigen Zwecken überhaupt (folglich in seiner Freiheit) ist die *Kultur*« (a.a.O., S. 391). »Beliebigkeit« ist nicht nur aufklärerisches Ziel gegenüber der unabänderlichen Verfügung über die Menschen durch eine jenseitige Heilslehre mit konkreten Gebotsinhalten wie gegenüber einer bestenfalls vernunftförmigen absolutistischen Geschichtsverwaltung; sie ist auch ebenso zweischneidig wie der Begriff der Willkür, weil die Unabhängigkeit als Voraussetzung für vernunftbestimmte Entscheidungen nur formal, nicht inhaltlich zu entscheiden erlaubt.

Die Inhaltslosigkeit hat eine Leerstelle im System zur Folge; anders gesagt, die Beliebigkeit der Entscheidungen stellt sich als ein vernünftig *und* historisch konkret nicht einlösbarer Zwang zur Entscheidung dar. Es ist ein Abschluß des Systems notwendig, der nur auf einer neuen, höheren Stufe gesucht und gefunden werden kann. – Dieser Zwang zum Übergang auf jeweils höhere Stufen entspricht exakt den bekannten Stufen von Erkenntnis jeweils höheren, die niedrigere begründenden Ranges, die auf vier festgelegt sind. Der Abschluß kann nur noch transzendental gefunden werden. Der Mensch, selbst letzter Naturzweck, muß den Sinn seiner Geschichte in der Transzendenz suchen: »so muß er, welches er auch gar wohl tun kann, indem es an sich wenigstens nicht widersprechend ist, in praktischer Absicht, d. i. um sich wenigstens von der Möglichkeit des ihm moralisch vorgeschriebenen Endzwecks einen Begriff zu machen, das Dasein eines *moralischen* Welturhebers, d. i. Gottes annehmen« (a.a.O., S. 428 f.).

Der Versuch oder die systematische Notwendigkeit, aus der Vernunftkonstruktion praktisch-historische Begründungen herauszuhalten, isoliert nicht nur an entscheidender Stelle die Vernunft gegenüber der Geschichte; er führt auch dazu, daß die Geschichte, um die es Kant zu tun ist, sich immer wieder in einer Weise durchsetzt, die Vernunftsystem und geschichtliche Vernunft gefährdet. Immer wieder wird die apriorische Konstruktion durch eine praktische Maxime durchbrochen, der zwar ein eigener apriorischer Charakter beigegeben wird, aber nur dünn über der apodiktischen Notwendigkeit konstruiert ist, die aus den empirischen Bedingungen hervorgeht. An einer früheren Stelle heißt es: »so wird der Begriff der Zweckmäßigkeit der Natur in ihren Produkten ein für die menschliche Urteilskraft in Ansehung der Natur notwendiger, aber nicht die Bestimmung der Objekte selbst angehender Begriff sein, also ein subjektives Prinzip der Vernunft für die Urteilskraft, welches als regulativ (nicht konstitutiv) für unsere *menschliche Urteilskraft* ebenso notwendig gilt, als ob es ein objektives Prinzip wäre« (a.a.O., S. 344).

Diese praktische Vernunft ist der Empirie nicht so fern, wie das Kantsche System glauben machen möchte. Sie ist aufs engste mit den pragmatischen Interessen der Bourgeoisie verbunden. Wenngleich sie etwas von objektiver gattungsgeschichtlicher Notwendigkeit wissen will, so bringt sie doch allzu rasch und ohne Umstände zu machen die real geltenden

Organisationsformen der Gesellschaft unter das schützende Dach einer transzendental aufgehängten Teleologie. Kant kann dabei ein tiefes Bedauern über die schlechten Verhältnisse gar nicht abgesprochen werden; aber dieses Bedauern ist von der Resignation gekennzeichnet, die nach kurzem Zögern das Bestehende nur um so entschiedener anerkennt. »Die Geschicklichkeit kann in der Menschengattung nicht wohl entwickelt werden, als vermittelst der Ungleichheit unter Menschen; da die größte Zahl die Notwendigkeiten des Lebens gleichsam mechanisch, ohne dazu besonders Kunst zu bedürfen, zur Gemächlichkeit und Muße anderer besorgt, welche die minder notwendigen Stücke der Kultur, Wissenschaft und Kunst, bearbeiten, und von diesen in einem Stande des Drucks, saurer Arbeit und wenig Genusses gehalten wird« (a.a.O., S. 393 f.). Die Dichotomie von Natur und Kultur wird zum Grunde der gesellschaftlichen Arbeitsteilung. Deren ausbeuterischen Charakter verhehlt Kant nicht im mindesten. Allein, das System der Beherrschung der äußeren Natur hilft auch hier – vielleicht hier erst recht. Denn würden die Arbeiter zu weniger Triebverzicht gezwungen, so wäre es bei ihnen, den Unmündigen, doch nur zugunsten des Genusses. Er aber würde zur bloßen Glückseligkeit gehören, auf die, wie inzwischen klargestellt, es ohnehin nicht ankommt. So weit ist die Argumentation von der späteren konservativen, nur brutaler formulierten nicht entfernt, nach der eine Lohnzulage ja doch nur versoffen würde und man den Leuten damit also nicht einmal einen Gefallen täte.

Zur Ausbildung der Gattungsfunktion Kultur sind nur die fähig, die bereits oben sind. Der Hiatus wiederholt sich. Es kann durch nichts plausibel gemacht werden, schon gar nicht nach apriorischen Prinzipien, warum eine erweiterte Reproduktion die Privilegierten zu Künstlern und Gelehrten zum Wohle der Menschheit macht, während sie die Ausgebeuteten nur im dumpfen Verfolg ihres Naturzwecks unterstützen würde. Die Natur in den Menschen ist insofern keine verschiedene. Das einzig Unterschiedliche ist eine Bedingung, daß nämlich die Privilegierten zugleich von der körperlichen Arbeit zur Reproduktion freigesetzt sind. Es ist eine *petitio principii;* aber hierin, im bloß Empirischen findet sich das Kriterium, das in einer unausgewiesenen Mischung historischpragmatischer und geschichtsphilosophisch teleologischer Argumente einen Grund liefern muß.

Kant nennt diesen Zustand ein »glänzendes Elend«, und zwar aus zwei Gründen. Der Glanz der Gattungsentfaltung wird erkauft mit dem Druck, der auf den Arbeitenden liegt, und mit der Entfremdung der Nicht-Arbeitenden im »Luxus«. Der Begriff ›Entfremdung‹ wird noch nicht gebraucht. Ohne ihn läßt sich aber kaum ausdrücken, was hinter den beiden kritischen Beobachtungen gestanden haben und ihnen gemeinsam gewesen sein kann; es war »auf beiden Seiten gleich mächtig, auf der einen durch fremde Gewalttätigkeit, auf der anderen durch innere Ungenügsamkeit« (a.a.O., S. 393). Kant hat überdies gesehen, daß die Entwicklung in dieser Negation eine Beschleunigung bewirkte, statt den empirischen Individuen zugute zu kommen; »die Plagen aber wachsen im Fortschritte derselben« (ebd.). Es findet sich aber zentral keine Überlegung, wann diese »fortschreitende Verelendung«, wie Marx später sagte, einmal aufhören und rückgängig gemacht werden könnte – oder ob dergleichen überhaupt zu hoffen sei. In protestantisch-asketischem Pathos muß die Pflicht der Kultur erfüllt werden, selbst auf die Gefahr hin, daß sie erst im Jenseits verwirklicht werden kann.

»Aber das glänzende Elend ist doch mit der Entwicklung der Naturanlagen in der Menschengattung verbunden, und der Zweck der Natur selbst, wenn es gleich nicht unser Zweck ist, wird doch hierbei erreicht« (ebd.). Während an dieser Stelle Natur einmal das Subjekt der Teleologie bezeichnet und mit dem »moralischen Welturheber« oder der »Vorsehung« in eine Kategorie gehört, wird von einer Entwicklung der Menschennatur geredet, deren Untergang im Prozeß der Pflichterfüllung eben vorher tendenziell annonciert worden ist. Ebensowenig wie das Mitleid für die Unterdrückten nützt die schöne Vorstellung, jener höchste Naturzweck werde nicht nur die Plagen der arbeitsteiligen Ökonomie, sondern auch die Notwendigkeit der bürgerlichen Gesellschaft und eines weltbürgerlichen Ganzen mit sich bringen, wo dann die Anlagen in der gegenseitigen Freiheit leben können. Man muß sehen, daß für die Zeit des ausgehenden achtzehnten Jahrhunderts in Deutschland die Anschauung des »produzierten Unglücks« – so Marx in der *Kritik der Hegelschen Rechtsphi-*

losophie – in keinem vergleichbar erdrückenden Umfange wie etwa in England gegeben war. Elend hatte empirisch weitgehend noch den scheinbar zufälligen Charakter der »persönlichen Verhältnisse« und mag insofern geeignet gewesen sein, die Kantsche Vorstellung zu motivieren, Armut sei entweder auf Faulheit oder auf Unglück zurückzuführen. Die Aufstiegschance für alle war weniger ideologisch als heute insofern, als es eine außerordentlich große Zahl von kleinen Handwerkern gab, aus denen sich mittlere und größere Kapitalunternehmen noch verhältnismäßig zufällig abgehoben haben mögen, ohne daß feste Abgrenzungen die Struktur der Wirtschaft bestimmt hätten. Immerhin blieb, wohl auf diesem historischen Hintergrund, die Überlegung aus, was von den Naturanlagen denn die Phase des Aufbaus einer bürgerlichen Gesellschaft überleben werde und in welchem Zustand.

In diesem Sinne werden die Opfer der Unterdrückten ebenso wie die ungerechte Herrschaft der Privilegierten hingenommen, als seien nicht immer die Fragen nach dem historischen Stande eingelöster Vernunft und nach dem Sinn des gegenwärtigen Elends für das künftige Reich der Freiheit ganz explizit zu stellen. »In dessen Ermangelung, und bei dem Hindernis, welches Ehrsucht, Herrschaft und Habsucht, vornehmlich bei denen, die Gewalt in Händen haben, selbst der Möglichkeit eines solchen Entwurfes entgegensetzen, ist der *Krieg* [...] unvermeidlich; der so wie er ein unabsichtlicher (durch zügellose Leidenschaften angeregter) Versuch der Menschen, doch tief verborgener, vielleicht absichtlicher der obersten Weisheit ist« (a.a.O., S. 394). Die Natur der Menschen setzt sich aus Anlagen und Leidenschaften, Trieben, zusammen. Die unmittelbaren Produzenten müssen Triebverzicht leisten, so daß die Leidenschaften als Motor der Produktion gesellschaftlich nützlich werden; an ihnen wäre Genuß Vergeudung, bestenfalls eine aus humanitären Erwägungen wünschenswerte. Ihre Anlagen gelten grundsätzlich als irrelevant – weil unnütz. Bei den Herrschenden sind die Leidenschaften nicht viel besser, es sei denn sie würden sublimiert in freien geistigen Tätigkeiten. Aber auch dort, wo das nicht geschieht, wo sie Krieg und planloses Unheil über die Menschen bringen, wird ihnen noch eine positive Funktion konstruiert. Diese besteht darin, daß sie die Geschichte vorantreiben. An der Ableitung ist so viel richtig, daß nach der Kantschen Konzeption die Beherrschten keine Zeit – und keine Vernunft – haben, sich selbst zum Promotor der Geschichte durch Handeln zu machen; denn sie müssen ja die ahistorisch interpretierte Tätigkeit der Produktion bestreiten. Dann allerdings müssen eben die Herrschenden handeln, damit überhaupt das Ganze von der Stelle kommt. Ihr Handeln mag zwar faktisch unabsichtlich und zügellos, auch egoistisch sein, aber es ist einer bestimmten Definition nach politisch, einfach weil es politisches Handeln anderer nicht geben darf. Kant wendet sich im *Streit der Fakultäten* von 1798 gegen die »Hypothese des Abderitisms« (a.a.O., S. 354) mit dem Argument, wenn »das Prinzip des Bösen in der Naturanlage des menschlichen Geschlechts« »mit dem des Guten [...] neutralisiert« sei, werde dies allgemeine »Tatenlosigkeit zur Folge haben«, »die hier der Stillstand heißt: leere Geschäftigkeit«. Wenn aber jede Geschäftigkeit recht sein muß, um den Stillstand zu beheben, ist sie im geschichtsphilosophischen Sinne erst recht leer; realhistorisch führt sie allerdings konkretes Leid herauf. An dieser Stelle müssen indes die Herrschenden nach dem Ideal der gebildeten, der gelehrten Bürger und der bestehenden Exekutive aus monarchischer Tradition mit ihrem aristokratischen Apparat getrennt gesehen werden. Denn das politische Handeln steht Kant zufolge nur den letzteren zu. Das Bürgertum ist von ihm – darin den »Unmündigen« in heutiger Sicht gleich – ausgeschlossen, wenn es auch mittelbar über die gelehrte Kritik Einfluß darauf nehmen darf, ja muß. Im Zusammenhang mit der Beurteilung der Französischen Revolution im *Streit der Fakultäten* wird darauf noch zurückzukommen sein. Für die Rechtfertigung der Kriege, auch der bewußtlos egoistischen, ist nur erheblich, daß sie durch die Ärmlichkeit der hier philosophisch zugelassenen historischen Aktivität überhaupt getragen ist.

Sie wird mit der geheimen Naturabsicht, der Vorsehung in der Geschichte konstruiert. Was die deutschen Bürger nicht ändern konnten, die Kabinettspolitik und die Erbfolgekriege, das mußte teleologisch interpretiert werden. Der Krieg, »so wie er ein unabsichtlicher (durch zügellose Leidenschaften angeregter) Versuch der Menschen, doch tief verborgener, vielleicht absichtlicher der oberster Weisheit ist, Gesetzmäßigkeit mit der Freiheit der Staaten und dadurch Einheit eines moralisch begründeten Systems derselben, wo nicht zu stiften, dennoch vorzubereiten, und ungeachtet der schrecklichsten Drangsale, womit er das menschliche Geschlecht belegt, und der vielleicht noch größeren, womit die beständige Bereitschaft dazu im Frieden drückt dennoch eine Triebfeder mehr ist (indessen die Hoffnung zu dem Ruhestande einer Volksglückseligkeit sich immer weiter entfernt), alle Talente, die zur Kultur dienen, bis zum höchsten Grade zu entwickeln.« (*Kr. d. U.*, l. c., S. 394) Darin sind zwei real richtige Aspekte. Tatsächlich haben die Kriege zwischen den Kabinetten dann um 1800 begonnen, zu größeren Territorien und Einheiten zu führen, bis hin zu den Einigungskriegen Italiens und Deutschlands nach der Mitte des neunzehnten Jahrhunderts. Diese Wirkung ist indessen nicht dem Wohlwollen der Vorsehung zu danken gewesen; vielmehr war sie so realpolitisch begründet wie alle teleologischen Prinzipien, die sich Kant in der transzendentalen Form darstellten und auch glorifizierten. Es war die Durchsetzung der kapitalistischen Prinzipien in den außenpolitischen Kalkülen der Staaten, in der Technik der Kriegführung und in der praktischen Nutzung von einmal erfochtenen Siegen im besonderen. Andererseits ist auch an der befremdlichen These etwas Wahres, die der Kultur dienenden Anlagen in den Menschen würden durch die Kriege befördert. Denn zum einen wurden in diesen die Potentiale sonst unbeschäftigter Aristokraten in Tätigkeit gesetzt, zum anderen wurden, wenn auch als Befreiung für Verstümmelung und Tod, die Beherrschten aus dem Mechanischen ihrer Produktionsleistungen herausgelöst, und es wurde ihnen ein anderes Feld der Tätigkeit eröffnet. Freilich konnte das in einer Epoche, in der kriegerische Leistungen nicht mehr wie auf der gentilen Stufe z. B. des frühen Rom zu den Reproduktionsleistungen gehörten, nur noch ideologischen Charakter haben. Zudem kam es nicht von ungefähr, daß die Werber ihre Soldaten mit List und Gewalt unter die Fahnen bringen mußten. Die kriegerische Arbeitsteilung war zwar für alle mit vergleichbarer Gefahr für Leib und Leben verbunden, aber doch der anderen nachgebildet. Das Heerwesen, die Lenkung von Schlachten gehörten zu den beliebtesten Beschäftigungen barocker Herrscher, weil sie frei von der Enge unentwickelter Produktionsmethoden ihre Leitungstalente entfalten konnten. Was wurde den armen Schluckern, die nicht einmal mehr plündern durften, dagegen geboten?

Ihre spezifischen Opfer müssen bei Kant untergehen in dem Hinweis auf die allgemein vorerst sehr unbefriedigende Lage der rechtschaffenen Menschen. »Betrug, Gewalttätigkeit und Neid werden immer um ihn im Schwange gehen, ob er gleich selbst redlich, friedfertig und wohlwollend ist; und die Rechtschaffenen, die er außer sich noch antrifft, werden unangesehen aller ihrer Würdigkeit, glücklich zu sein, dennoch durch die Natur, die darauf nicht achtet, allen Übeln des Mangels, der Krankheiten und des unzeitigen Todes gleich den übrigen Tieren der Erde unterworfen sein und es auch immer bleiben, bis ein weites Grab sie insgesamt (redlich oder unredlich, das gilt hier gleichviel) verschlingt und sie, die da glauben konnten, Endzweck der Schöpfung zu sein, in den Schlund des zwecklosen Chaos der Materie zurückwirft, aus dem sie gezogen waren« (a.a.O., S. 428). Gesellschaftlich bedingte und von der äußeren Natur auferlegte Leiden werden einmal mehr undifferenziert nebeneinandergesetzt. Auf den Sinn gesellschaftlicher Produktion, den Freiraum gegenüber Mangel, Krankheit und Tod für die Individuen zu erweitern, wird nicht eingegangen, obwohl doch gerade in dem Jahrhundert zuvor ein großer Schritt vorwärts gemacht worden war in der Entwicklung von Medizin, Hygiene, Intensivierung der Landwirtschaft und so fort.

Auf den Unterschied von Leid durch die Härte der Konkurrenz unter den Warenbesitzern und durch willkürliche Regierung wird nicht hingewiesen. Vielmehr endet die Passage in dem oben zitierten Beweis des Daseins eines moralischen Welturhebers. So kommt es darauf hinaus, daß die Feststellung, alle seien schließlich gleichermaßen Gott unterworfen, die reale Unterwerfung der einen unter die Interessen der anderen versöhnlich in ein »höheres vernünftig-ethisches Prinzip« aufhebt. »Es ist, als ob sie in sich eine Stimme wahrnähmen« (a.a.O., S. 438). Im Gegensatz zu Descartes ist diese Morallehre nicht mehr bloß provisorisch. Sie wird in den Dienst einer diesseitigen, irdischen Geschichte auf die vernünftige Freiheit hin gestellt. Alle Handlungen sollen dazu Vorstufen bilden können. Dem widerspricht jedoch, daß, ganz wie bei Descartes, die unauflösbare Dichotomie von Subjekt und realer Welt nur im Jenseits aufgehoben wird. Ein historisches Wirken für das Reich der Sittlichkeit und ein allzu oft ahistorisch behandelter Widerstand der realen Bedingungen dagegen sollen sich wie die Parallelen im Unendlichen schneiden. Zum Beweis dafür, daß sie es tun werden, dient der Umstand, daß eine solche Konstruktion alle offenen Fragen mit einem Schlage zu lösen vermöchte. Die Form der Einheit, unter die historisch unbeantwortete Fragen so gebracht werden können, wird für einen apriorischen Charakter der Antwort gesetzt.

Wenn sich der Mensch »in einem ruhigen heiteren Genusse eines Daseins befindet, so fühlt er in sich ein Bedürfnis, irgend jemand dafür dankbar zu sein«. Wenn er seinen »Pflichten« »nur durch freiwillige Aufopferung Genüge leisten kann und will, so fühlt er in sich ein Bedürfnis, hiermit zugleich etwas Befohlenes ausgerichtet und einem Oberherrn gehorcht zu haben«. »Oder er habe sich etwa unbedachtsamerweise wider seine Pflichten vergangen, wodurch er eben doch nicht Menschen verantwortlich geworden ist; so werden die strengen Selbstverweise dennoch eine Sprache in ihm führen, als ob sie die Stimme eines Richters wären, dem er darüber Rechenschaft abzulegen hätte« (a.a.O., S. 416). Alle diese Bedürfnisse könnten als Produkte der herrschaftlich arbeitsteiligen Geschichte analysiert werden, wie ihre Voraussetzungen. Kant vermochte dies nicht, so daß ein unaufgelöster Rest blieb. Im folgenden heißt es dann, »unsere Sittlichkeit« könne größere Aufgaben, als den eigenen Naturzwecken zu dienen, nur von »außer der Welt« empfangen.

Kant hat deutlich genug das Unrecht und die Opfer in der geschichtlichen Welt aufgezeigt, als daß daraus die höheren Aufgaben, sie in eine gesellschaftlich gerechte und der ersten Natur gegenüber freiere zu verwandeln, hätten abgeleitet werden können. Dann wäre allerdings die ganze Fragwürdigkeit der teleologischen Abwehr von Anklagen hervorgetreten, die sich gegen die Opfer der einen um der Entfaltung von Gattungsvermögen in den anderen willen erhoben. Außerdem hätte dann das Privileg zum politischen Handeln, das Kant nach seinem Repräsentanzprinzip nur den vernunftförmig gemachten einstigen Feudalgewalten zugestand, aufgehoben werden müssen. Das Vorgehen von Kant verschiebt damit eine Metaphysik, die seinem grundsätzlichen und progressiven Anspruch nach doch die Projektionsebene für eine historisch zu verwirklichende Freiheit sein sollte. Hier muß Metaphysik nun als die Verlängerung von Herrschaft in die Form einer Abhängigkeit von Jenseitigem erkannt werden. Im Ewigen wird der Mensch angeblich mit der Natur in ihm und um ihn – zugleich auch mit der zweiten Natur wider ihn – versöhnt: über ihm, wo es keinem mehr schadet oder nutzt. Wie resignativ dies ist, erweist die schöne, aber einen schlimmen Verzicht ratifizierende Ehrlichkeit, mit der auf die Erkenntnis eines wahren Endzwecks der Dinge verzichtet wird. »Wenn es aber auf das Praktische ankommt, so ist ein solches *regulatives* Prinzip (für die Klugheit oder Weisheit): dem, was nach Beschaffenheit unserer Erkenntnisvermögen von uns auf gewisse Weise allein als möglich gedacht werden kann, als Zwecke gemäß zu handeln, zugleich *konstitutiv*, d. i. praktisch bestimmend; indes ebendasselbe, als Prinzip die objektive Möglichkeit der Dinge zu beurteilen, keineswegs theoretisch bestimmend (daß nämlich auch dem Objekte die einzige Möglichkeit zukomme, die unserem Vermögen zu denken zukommt), sondern ein bloß *regulatives* Prinzip für die reflektierende Urteilskraft« (a.a.O., S. 437 f.). Der praktischen Vernunft ist der Endzweck, was der theoretischen das Ding an sich selbst; es ist uneinsehbar und notwendig.

Nicht mehr wie bei Descartes garantierte das Jenseitige den Menschen die Wahrheit ihrer Erkenntnis, die Übereinstimmung von Subjekt und Objekt; und doch wurde die wesenhafte Trennung beider festgehalten. Damit führte der subjektive Idealismus, in einem Bereich bewußt Kritiker der Metaphysik, die weitere Geschichte der Metaphysik in einen Antagonismus, über den sie stringent kritisiert zu werden vermochte. Es war der Augenblick, in dem zugleich Ideologie in dem strengen Marxschen Sinne des notwendigen falschen Bewußtseins durch den entfalteten Kapitalismus im Bürgertum hervorgebracht wurde. Es ist im übrigen damit auch mehr einer ganz bestimmten, historisch tradierten Funktion von Metaphysik als dieser selbst der Prozeß gemacht. Die Grundforderung Kants bleibt, obwohl gewiß nicht weniger metaphysisch, von diesem Prozeß ausgenommen. »Wir sind a priori durch die Vernunft bestimmt, das Weltbeste, welches in der Verbindung des größten Wohls der vernünftigen Weltwesen mit der höchsten Bedingung des Guten an denselben, d. i. der allgemeinen Glückseligkeit mit der gesetzmäßigsten Sittlichkeit besteht, nach allen Kräften zu befördern« (a.a.O., S. 429). Aber der Begriff der Gesetzmäßigkeit verlängert widersinnig eine ganze Zahl bornierter Notwendigkeiten aus den bestehenden Verhältnissen in die zu erreichenden. Dennoch soll dort den Naturanlagen der Menschen und den Objekten der Natur gleich den Vernunftsubjekten eine Freiheit der Entfaltung zuteil werden, die ihnen das System der Naturbeherrschung in der Gattungsgeschichte positiv versagt. Das intelligible Subjekt soll nicht seinen Sieg über alles Mannigfaltige mit einer Existenz in trostloser Absolutheit büßen, die materialiter sich als leere Form an ihm und als öde Leere um es darstellt. »In diesem Endzweck ist die Möglichkeit des einen Teils, nämlich der Glückseligkeit, empirisch bedingt, d. i. von der Beschaffenheit der Natur (ob sie zu diesem Zwecke übereinstimme oder nicht) abhängig und in theoretischer Rücksicht problematisch, indes der andere Teil, nämlich die Sittlichkeit, in Ansehung deren wir von der Naturmitwirkung frei sind, seiner Möglichkeit a priori feststeht und dogmatisch gewiß ist« (ebd.). Dem Desiderat nach soll die Entschiedenheit, mit der die Selbstbefreiung der Vernunftwesen als Prinzip der Geschichte behauptet wird, nicht in dem rigiden Fortsetzen des Verhältnisses zur Natur resultieren, das doch von den erst auf dem Wege zur Vernunft befindlichen Menschen der konkreten Situation diktiert ist.

Soweit ist Kants affirmatives Verhältnis zu den Prozessen, die er in der Realgeschichte konstatiert, durchaus emanzipatorisch. »Schöne Kunst und Wissenschaften, die durch eine Lust, die sich allgemein mitteilen läßt, und durch Geschliffenheit und Verfeinerung für die Gesellschaft, wenngleich den Menschen nicht sittlich besser, doch gesittet machen, gewinnen der Tyrannei des Sinnenhanges sehr viel ab und bereiten dadurch den Menschen zu einer Herrschaft vor, in welcher die Vernunft allein Gewalt haben soll« (a.a.O., S. 395). Das Prinzip schlägt nur an dem Punkt in eine unbeabsichtigte Verteidigung – und Verewigung – der schlechten bürgerlichen Arbeitsteilung um, wo die Besserung aller Verhältnisse dem

Vertrauen in die Teleologie überwiesen wird, wo auf die Möglichkeiten einer Reflexion verzichtet wird, die den Beherrschten und Ausgebeuteten mehr zusprechen müßte als eine verhängnisvoll abstrakte Gleichheit mit den Besitzenden und Mächtigen: »[...] auf welche Klasse sich denn doch manches von der Kultur der höheren nach und nach auch verbreitet« (a.a.O., S. 393).

Kant hat ganz rigide und in Übereinstimmung mit der gegebenen Machtverteilung, unter der er lebte, die gesellschaftlichen Funktionen verteilt. Die körperliche Arbeit als das instrumentelle Handeln zur Reproduktion der Gattung fiel den Unterprivilegierten zu. Politisches Handeln als einlösende Verwirklichung von Gattungsfortschritt war Sache der, noch monarchischen, Staatsgewalt. Es löste aber nur in den Kategorien einer institutionalisierten Geschichte ein, was realiter die Handel und Produktion treibenden Bürger bewirkt hatten. Ihr Denken war das eigentliche politische, wie aus ihrem Handel die Maximen dazu sich herausbildeten. Allein, Kant hielt zu emphatisch an einer Realgeschichte wahrhafter Vernunft fest, um die bloße Vernunftförmigkeit der bürgerlichen Egoismen und deren Mechanismus als das Subjekt der Gattungsentfaltung würdig genug zu finden. Gleichzeitig, dem also widersprechend, ist es, als sei ihm die aktuelle Phase der Gattungsgeschichte noch zu kontingent erschienen, als daß die Bourgeoisie nicht besser vorerst noch heimliches Subjekt der Geschichte blieb und die Dreckarbeit in der Welt der bloßen Phänomene der überkommenen Administration überließ. Wie der »Mechanism« die provisorische Erscheinung einer »noch nicht faßbaren Vernunftordnung war«, so sollte das Prinzip einer republikanischen Verfassung die wirkliche Herrschaft der Mündigen und Sittlichen einstweilen vertreten. Unter diesen Umständen mochte es dann auch hingehen, daß die Exekutive weiter in den Händen des traditionellen Herrschers verblieb.

Ohnehin mußten die Vernunfttendenzen erst nach und nach sich in der phänomenalen Ebene der Geschichte durchsetzen. So mochten sie es auch tun, indem die nun einmal Mächtigen zu deren Instrument wurden; schließlich gehörten sie an erster Stelle zu denen, die durch eine lange Realgeschichte von tradierter Entfaltung der geistigen, besseren Naturanlagen im Menschen dafür am geeignetsten scheinen mußten. Die Rigidität der faktischen Aufgabenverteilung könnte einen Augenblick an die Platonsche Konzeption des Staates denken lassen. Dem stehen aber zwei Elemente entgegen. Wenigstens dem Desiderat, dem Kern der Prinzipien zufolge werden bei Kant die Eignungen und Ansprüche aller Menschen als möglicherweise gleich verstanden, und sein, wenngleich apodiktisches, Festhalten an der gegebenen Arbeitsteilung trägt den apriorischen und resignativen, aber unverkennbaren Charakter der bloßen Realpolitik, die oft auch eingestanden wird. Nach Kant gibt es nicht ein Handeln und ein Machen in der Geschichte und keine Klassen, denen naturnotwendig, unabänderlich und von einer Vorsehung geheiligt die eine bzw. die andere Aufgabe zugeteilt wäre. Viel eher kann man *die Aufhebung dessen* als das metaphysische Motiv bei ihm bezeichnen. Der Mangel an konkreten Strategien, wie dies denn bewerkstelligt werden müsse, führt allerdings dazu, daß Metaphysik und Systematik in den Dienst einer reaktionären Realpolitik geraten. Die Vernunft trug die Spuren des schlechten Bestehenden, gegen das sie stark gemacht werden sollte, in sich. Eine Formel wie die, es solle dereinst nur die Vernunft Gewalt haben, bringt es an der Sprache zum Ausdruck. Das Wort Gewalt mag in diesem Zusammenhang bei einem Aufklärer mit der Absicht gesetzt worden sein, die unvernünftige der feudalen Vergangenheit und Gegenwart zu diskriminieren; aber wie dem Stil, so hat auch dem projektiven Vorstellungsvermögen diese Gegenwart sich bornierend eingeprägt.

Der Gegensatz von Vernunft und Gewalt konnte noch gar nicht als aufgehoben gedacht werden. Hinzu kommen die Ungleichzeitigkeiten dessen, was man in Deutschland aus anderen Staaten theoretisch rezipierte, gegenüber den zurückgebliebenen realen Verhältnissen. Für einen Philosophen in Königsberg war noch weit weniger als für englische und französische Autoren die innere historische Einheit zu erkennen, die für die theoretische Naturbeherrschung durch einen Newton und die praktische in der rationalisierten Produktion der späten Manufakturzeit offenliegt. Die politische Macht des deutschen Bürgertums war von seiner ökonomischen Realität her ebenso notwendig hinter den westeuropäischen Entwicklungen zurück. Die Ungleichzeitigkeit soll hier noch an der einigermaßen hilflosen Aufnahme der Französischen Revolution durch Kant mit ihren spezifischen Konsequenzen für seine faktisch elitäre Gesellschaftskonzeption behandelt werden.

Die unterschiedlichen Stellungnahmen zu dem Unrecht der Revolutionäre und der bedingten Richtigkeit oder Notwendigkeit von Revolutionen werden im *Streit der Fakultäten* zusammengefaßt zu einem Prinzip der Geschichte. Der Französischen Revolution von 1789 maß Kant, »vom Schauplatz der Revolution mehr als hundert Meilen entfernt« (l. c., S. 359), welthistorische Bedeutung bei. »Denn ein solches Phänomen in der Menschengeschichte vergißt sich nicht mehr« (a.a.O., S. 361). Es ist sicherlich von größter Bedeutung, daß hier die Unumkehrbarkeit einer bestimmten Entwicklung behauptet und als Weg zur Freiheit verstanden wird. Trotzdem liegt in gewisser Weise der Hauptton auf dem Begriff ›Phänomen‹. Die grundsätzliche erkenntnistheoretische Trennung von phainomena und noumena wird in der Geschichtsphilosophie wiederholt und erweist hier ihren Charakter als ein Realitätsprinzip. Wenn schon das Handeln der Herrschenden trotz seinem institutionellen Charakter kaum über die Zufälligkeit hinausgelangt, in der die Absichten der historischen Subjekte unabsichtlich und eher gegen als durch deren Bewußtsein mit dem vernünftigen Endzweck gehen, so kann doch das nichtinstitutionalisierte Handeln der Klassen, die bloß zum Machen auf der gegenwärtigen Welt sind, nicht selbst jene teleologische Würde erlangen.

Es liegt in irgend einem Bezug auf die Vorsehung, aber niemand kann sagen, wie es dazu kommt. »Diese Begebenheit unserer Zeit, welche diese moralische Tendenz des Menschengeschlechts beweiset«, » [...] besteht nicht etwa in wichtigen, von Menschen verrichteten Taten oder Untaten« (a.a.O., S. 357). »Es ist bloß die Denkungsart der Zuschauer, welche sich bei diesem Spiele großer Umwandlungen öffentlich verrät, und eine so allgemeine und doch uneigennützige Teilnehmung der Spielenden auf einer Seite, gegen die auf der andern, selbst mit Gefahr, diese Parteilichkeit könne ihnen sehr nachteilig werden, dennoch laut werden läßt, so aber (der Allgemeinheit wegen) einen Charakter des Menschengeschlechtes im ganzen, und zugleich (der Uneigennützigkeit wegen) einen moralischen Charakter desselben, wenigstens in der Anlage, beweiset, der das Fortschreiten zum Besseren nicht allein hoffen läßt, sondern selbst schon ein solcher ist, so weit das Vermögen desselben für jetzt zureicht« (a.a.O., S. 357 f.).

Man wird an Lessings Ausspruch erinnert, die Menschen sprächen immer von den Tugenden, die sie nicht haben (*Minna von Barnhelm*), wenn man in dieser bürgerlichen Philosophie unausgesetzt die Interesselosigkeit, die Uneigennützigkeit hervorgekehrt sieht. Hätte das Bürgertum mit seinen Bestrebungen nach Freiheit wirklich Gleichheit, also auch die Freiheit der von ihm Ausgebeuteten gewünscht, so hätte es sich nicht so eifrig auf den reinen welthistorischen Edelmut seiner Kalküle zu berufen brauchen; dann wäre der Kampf für Interessen keine unehrenhafte Parole gewesen. So aber scheint in der Einschränkung von politischer Parteilichkeit auf bloße Denkungsart die Angst vor dem Pöbel allzu sehr durch. Die so erreichte Moralität der geforderten Haltung soll nicht zugleich als die Klassenmoral gegen das Aufmucken der Beherrschten zu erkennen sein. Die Feststellung, »daß wahrer Enthusiasm nur immer aufs Idealische und zwar rein Moralische geht« (a.a.O., S. 359), leitet über zu der Lehre, die noch heute die Konservativen mit dem guten Willen zum Fortschritt verwenden. »Diese Begebenheit ist das Phänomen nicht einer *Revolution*, sondern [...] der *Evolution* einer naturrechtlichen Verfassung« (a.a.O., S. 360): Revolutionen sind Teil der Naturgeschichte der Menschheit; die im Denken der politisch Denkenden – das sind die Bürger – sich niederschlagenden Evolutionen gehören zu ihrer Kulturgeschichte.

Noch einmal muß auf eine Ambivalenz hingewiesen werden. Kant hat die Forderung, es dürften keine materiellen Interessen die Motive zur Herbeiführung der vernünftigen Gesellschaft sein, noch als Kampf gegen reaktionäre Utopien vertreten. Unmündigkeit sollte auch dann, wenn die Menschen »wie folgsame Schafe [...] wohlgefüttert und kräftig beschützt« wären, unannehmbar bleiben (a.a.O., S. 359, Anm. v. Kant). Die Herrschenden sollten nicht das »glänzende Elend« verlängern dürfen, indem sie ihre Macht über die anderen mit einigen Zugeständnissen freikauften: »das Recht der Menschen, welche gehorchen sollen, muß notwendig vor aller Rücksicht auf Wohlbefinden vorhergehen, und dieses ist das Heiligtum, das über allen Preis (der Nützlichkeit) erhaben ist, und welches keine Regierung, so wohltätig sie auch immer sein mag, antasten darf« (a.a.O., S. 360). Auch Allgemeinheit und Öffentlichkeit sollten unabdingbar gemacht werden, indem nicht nur der Naturzweck der Menschen, ihre Glückseligkeit, als historisches Ziel anerkannt, vielmehr die Verwirklichung der »mit Freiheit begabten Wesen« zum Prinzip gemacht wurde. Freilich, gehorchen mußten sie trotzdem. Der Kantsche Text enthält selbst genügend Hinweise auf die preußische Zensur, um anzuzeigen, welche historischen Bedingungen hier als ängstliche Rechtfertigung des herrschenden monarchischen Systems verinnerlicht worden sind. Die Reflexion auf diejenigen, denen mit der schnöden Nützlichkeit wenigstens so viel gedient gewesen wäre, daß sie sich und ihren Familien ein leidliches Überleben hätten sichern können, und dann vielleicht, daß sie die materielle Freiheit zum Verzicht auf noch mehr Befriedigung sinnlicher Bedürfnisse zugunsten moralischer hätten leisten können, ist auch hier ausgeblieben.

So blieb es bei einer Regierung, die ihre Untertanen »am Republikanisieren hinderte« (a.a.O., S. 358, Anm.); die Philosophen, die sich zur »Volksaufklärung« berufen fühlten, sind mehr in den Dienst der Herren geraten, die sie in einem allgemeinen Interesse aufklären sollten. Aus der »Volksaufklärung« »des Volks von seinen Pflichten und Rechten in Ansehung des Staats« (a.a.O., S. 362) ist eine Erziehung zu den Pflichten für den Staat derer geworden, »denen die Gewalt in Händen liegt«. »In welcher Ordnung allein kann der Fortschritt zum Besseren erwartet werden? Die Antwort ist: nicht durch den Gang der Dinge *von unten hinauf,* sondern den *von oben herab*« (a.a.O., S. 366). Kant erhoffte von einer Entwicklung zur Mündigkeit sehr wenig Ergebnisse, weil die Mittel dazu in ungeeigneten Händen waren. Wie die pessimistische Anthropologie konservativer Parteien bis heute wird unversehens wieder das fatale Syndrom von Macht und unwissender Ohnmacht zur fatalistischen Ontologie.

»Da es aber doch auch Menschen sind, welche diese Erziehung bewirken sollen, mithin solche, die dazu selbst haben gezogen werden müssen: so ist, bei dieser Gebrechlichkeit der menschlichen Natur, unter der Zufälligkeit der Umstände, die einen solchen Effekt begünstigen, die Hoffnung ihres Fortschreitens nur in einer Weisheit von oben herab (welche, wenn sie uns unsichtbar ist, Vorsehung heißt) als positiver Bedingung, für das aber, was hierin von Menschen erwartet und gefordert werden kann, bloß negative Weisheit zur Beförderung dieses Zwecks zu erwarten, nämlich den Krieg [...] nach und nach menschlicher, darauf seltener, endlich, als Angriffskrieg, ganz schwinden zu lassen« (a.a.O., S. 367). Der Pazifismus ist schon immer der tapfere Rest resignierter Veränderungsträume gewesen, ein bloßes Vernünfteln. Fast wird das Reich der Freiheit zum Haussegen der Unterdrückten: »Ein Staatsprodukt, wie man es hier denkt, dereinst, so spät es auch sei, als vollendet zu hoffen, ist ein süßer Traum« (a.a.O., S. 366, Anm.).

Immerhin hat Kant auch in solch hoffnungslosen Augenblikken noch auf etwas bestanden, das heute ein Minimalprogramm hieße. »Denn für die Allgewalt der Natur, oder vielmehr ihrer uns unerreichbaren obersten Ursache, ist der Mensch wiederum nur eine Kleinigkeit. Daß ihn aber auch die Herrscher von seiner eigenen Gattung dafür nehmen, als eine solche behandeln, indem sie ihn teils tierisch, als bloßes Werkzeug ihrer Absichten, belasten, teils in ihren Streitigkeiten gegeneinander aufstellen, um sie schlachten zu lassen – das ist keine Kleinigkeit, sondern Umkehrung des Endzwecks der Schöpfung selbst« (a.a.O., S. 362). An diesem Punkte hat Kant mit aller Schärfe zwischen erster und zweiter Natur zu unterscheiden versucht. Die Mittel seiner Parteilichkeit waren kaum taugliche. Und er hat sie hier nicht dadurch erfolgreicher zu machen gesucht, daß er eine neuerliche Umkehrung des Zweckes mitgemacht hätte. Er hat nicht die Geschichte wieder »vom Kopf auf die Füße« zu stellen sich bemüht.

Kant verzichtete nicht auf die Kritik mit der Feder, die bei Schiller außerordentlich nachhaltig sich in eine ästhetische Erziehung zur politischen Anpassung verwandelt hat. » [...] die Philosophen, welche eben um dieser Freiheit willen, die sie sich erlauben, dem Staate, der immer nur herrschen will, anstößig sind, [...] werden unter dem Namen *Aufklärer*, als für den Staat gefährliche Leute verschrien; obzwar ihre

Stimme nicht *vertraulich* ans *Volk* (als welches davon und von ihren Schriften wenig oder gar keine Notiz nimmt), sondern *ehrerbietig* an den Staat gerichtet, und dieser jenes sein rechtliches Bedürfnis zu beherzigen angeflehet wird; welches durch keinen anderen Weg geschehen kann, wenn ein ganzes Volk seine Beschwerde (gravamen) vortragen will« (a.a.O., S. 362 f.). Unter solchen Verhältnissen bedurfte Kant des Apriori der teleologischen Sätze so nötig wie Descartes des Erkenntnis verbürgenden Gottes. Der Weltgeist war, zumal in Deutschland, noch allzu schlecht aufgehoben in der Welt. Die deutschen Aufklärer konnten mit ihm vorerst lediglich konspirieren; von ihm sprechen mußten sie durch die Blume der literarischen Kritik.

Naturbegriff, gesellschaftliche Wirklichkeit, Ästhetik bei Schiller

Ausgehend von dem weitgehend affirmativen Hinweis auf die Tendenz des Schillerschen Naturbegriffs zur Überwindung der Verdinglichung und zur Totalität »echten Menschseins« bei Georg Lukács, dem freilich die »Notwendigkeit ihres Scheiterns« in der kapitalistischen Gesellschaft bewußt war (*Geschichte und Klassenbewußtsein*), sollen die philosophischen Schriften Schillers untersucht werden. Es kommt uns dabei im wesentlichen auf eine Nachkonstruktion des Zusammenhangs an, in dem Entwürfe emanzipatorischen Charakters einerseits Analysen der bestehenden arbeitsteiligen Gesellschaft entgegengesetzt, andererseits die Verwirklichung von Freiheit über eine »ästhetische Kultur« der Menschen gesucht werden.

Zum Naturbegriff

Das Versprechen gewissermaßen der Natur sei es, die Menschen von dem Instrumentellen zu befreien, durch das Gesellschaft sie in »Kreisen und Zonen und Ständen« gegeneinander und jeden sich selbst entfremdet hat mit »Künstelei und Mode«. Die von den äußerlichen und den verinnerlichten Herrschaftsformen sowie von anderen Erscheinungsformen gesellschaftlichen Rollenverhaltens auferlegte Verzerrung soll sie lösen können, die durch Konkurrenz und Unterdrückung gegeneinander isolierten Individuen zu einer Kommunikation führen, in der einer im anderen sich wiedererkennte. Natur verspricht dem homo faber, »ein Mensch zu sein«. (*Schaubühne als eine moralische Anstalt*, S. 24)* Dieser Begriff von Natur ist in seinem Kern idealistisch; denn was hier Natur genannt wird und als eine transzendentale Bestimmung des Menschen auftritt, ist naturhaft nur insofern, als gilt: »Vernünftig handelt die ganze Natur« (*Über das Erhabene*, S. 467). Die Vernunft des Menschen läßt ihn eine andere als jene gesellschaftlich zerrissene Bestimmung für sich konzipieren.

* Die Texte sind zitiert nach Friedrich Schiller, *Ausgewählte Werke*, hrsg. von Ernst Müller, Stuttgart o. J.

Diese soll der universellen Verwertung in der Tauschgesellschaft entzogen werden. Es soll eine Bestimmung des Menschen geben, die das ganz Andere gegenüber der Gewalt ist, die dem Besonderen durch die falsche Allgemeinheit geschieht, wo das Subjekt zwangsweise identifiziert wird mit einem geringen, oft dem ärmlichsten Teil seiner Möglichkeiten und mit seiner Unterdrückung durch die Gesellschaft als ganze wie durch Herrschende im einzelnen. Deshalb wird von Schiller dieser emanzipatorische Entwurf Natur genannt. Darin stimmt er mit der Aufklärung überein, wo diese von der Naturbestimmung der Menschheit spricht. Es ist eine neue, fast die Hobbessche Strategie schon umkehrende Ausnutzung der Naturausgrenzung: Natur ist der von Gesellschaft und von historischer Entfremdung per definitionem freie Bereich, in den die Vorstellungen projiziert werden können, die zwar nur im Kontext der historischen Organisation durch das Bürgertum gedacht werden konnten, aber von dieser Organisation empirisch auch unmöglich gemacht wurden.

Zur Aufklärung
Der Prozeß, in dessen Folge »Menschlichkeit und Duldung« in die Institutionen eines noch feudalen Staates einzogen, war historisch objektiv verbunden mit der »Aufklärung des Verstandes« in einer Zeit, da »sklavisch die größere Masse des Volkes an Ketten des Vorurteils und der Meinung gefangen liegt« (*Schaubühne*, S. 21). Gleichermaßen der feudalen Willkür entgegenwirkend, wurden das Prinzip der Rationalität und das der Freiheit, Erklärung harmonischen Menschseins aus Vernunft und Subsumierung des Erscheinenden unter systemhafte Einheit einander gleichgesetzt. »Erwartungsvoll sind die Blicke des Philosophen wie des Weltmannes auf den politischen Schauplatz geheftet, wo jetzt, wie man glaubt, das Schicksal der Menschheit verhandelt wird. [...] Eine Frage, welche sonst nur durch das blinde Recht des Stärkern beantwortet wurde, ist nun, wie es scheint, vor dem Richterstuhl reiner Vernunft anhängig gemacht.« *(Über die ästhetische Erziehung des Menschen)* Als frühen historischen Meilenstein von Rationalität pries Schiller Einheit und Allmacht des Mosaischen Gottes, weil dieser so den Manipulationen der Priester entzogen war, die mit Hilfe einer chaotischen,

unübersehbaren Fülle von Gottheiten besser bewerkstelligt werden könnten. (*Die Sendung des Moses*, S. 87 f.) Entsprechend galt nationale Einheit als ein Erfordernis der Vernunft, insofern sie die gleichen Individuen den ganz ungleichen Verhältnissen regionaler Gesetzgebung entriß, und als Verheißung von Freiheit, insofern sie einheitlich nur durch die Vernünftigkeit der gesellschaftlichen Ordnung sein konnte. In die notwendige Befreiung der bürgerlichen Ökonomie von den unvernünftigen Restriktionen des Ancien régime, verstanden als politische Befreiung aller, wurde die Vorstellung einer Befreiung von aller zweiten Natur überhaupt projiziert. Von daher ist die Emphase zu verstehen, mit der die französische Nationalversammlung, *vor* allen Menschenrechten, als ob diese gleichsam daraus hätten folgen müssen, als erstes die Nation für »une et indivisible« erklärte. Freilich war der Trug ein doppelter.

Was gegenüber monarchischer Unberechenbarkeit, gegenüber der Interessendivergenz von Bürgern und Souverän, gegenüber Staatskirche, Kleinstaaterei, Zunftordnungen und patriarchalischer Bevormundung mit der Rationalität zugleich die Freiheit des Menschen überhaupt zu gewährleisten schien: Marktmechanismus, Selbstbestimmung und ungehinderte Entfaltung der Individuen, das brachte eine zweite Natur über die Menschen. Sie hatte nicht mehr in einem durchschaubar gewordenen Gottesgnadentum, in einer obsolet auf Naturrecht und Analogie zum Organischen sich berufenden Hierarchie des Absolutismus ihren Sitz, sondern verinnerlicht in den einzelnen Menschen selbst. Untertanenkonformität wurde als eine dem Menschen durch Menschen aufgezwungene erkannt und bekämpft; nun verlangte die bürgerliche Gesellschaft eine neue Konformität als Selbstverstümmelung. Die Anpassung unter äußerlichen Zwängen wurde in deren Verinnerlichung überführt. Die Hypostase gesellschaftlich realer Harmonie durch Marktmechanismus, Wahrheitsfindung und Geschmacksbestimmung aus der Bilanz der Meinungen im Publikum war die Hoffnung der Aufklärung; eingelöst wurde sie mit der für die Selbsterhaltung notwendigen prästabilierten Rollenkonformität von Individuen, die als Waren und Meinungen Tauschende konkurrierten, deren »Natur« aber unter die Räder des beschleunigten ökonomischen Fortschritts geriet. Die andere Seite des Truges war nicht nur Selbstbetrug der Bürger; die begeistert hypostasierte Gleichheit aller Mitglieder der Gesellschaft den Rechtsinstituten nach half den Unterprivilegierten gar nichts; dafür erwies sie sich als desto brauchbarere Ideologie einer angeblich widerwilligen Ausbeutung, ja als deren perfektes Instrument in der Wirklichkeit, die von der Ungleichheit der Verfügungsmacht bestimmt war.

Zur entfremdeten Arbeit: Klassengesellschaft

Auf jene Folgen für die Nichteigentümer hatte der junge Schiller reflektiert, wo er die Bildung erster Stufen von Gesellschaft entwickelte. »Der Arme und Schwache bedurfte seines [des Reichen und Starken, R. L.] Beistandes, er hingegen brauchte den Fleiß des Armen.« (*Etwas über die erste Menschengesellschaft nach dem Leitfaden der Mosaischen Urkunde,* S. 63.) »Der Reiche wurde reicher durch des Armen Fleiß.« (ebd.) Und nicht nur die Bildung der ökonomischen Basis für die Klassengesellschaft als ausbeuterische, sondern auch deren Reproduktion in Herrschaft über die Ausgebeuteten wird abgeleitet: Der Reiche »fing an, die Werkzeuge seines Glücks mit den Werkzeugen seines Willens zu verwechseln«; schließlich deren Spiegelung im Überbau: »Die Arbeit vieler kam ihm, dem einzigen, zugut; also schloß er, diese vielen seien des einzigen wegen da.« (l. c., S. 63 f.) Die Feststellungen, die ersten Könige seien geschickte Abenteurer gewesen, die von ihren Bandenmitgliedern die Beute – weit über ihren Reproduktionsbedarf hinaus – eingezogen hätten (so wie der Kapitalist den Mehrwert einbehält), um mit solchem Überschuß mehr Notleidende zu ihren Knechten zu machen, bildet den Abschluß dieses Geschichtsmodell-Entwurfs. »Wurde der Raub nun geteilt, so mußte billigerweise die größere Portion ihm, dem Anführer, zufallen, und da er solche für sich selbst nicht verbrauchte, so hatte er etwas, womit er sich andere verbinden und sich also Anhänger und Freunde erwerben konnte.« (*Über die erste Menschengesellschaft*) Ebenso heißt es noch für die frühen Zustände in Athen: »der Reichtum floß in wenigen Familien zusammen. Die reichen Bürger tyrannisierten die armen« *(Die Gesetzgebung des Lykurgus und Solon).*

Schiller hat indessen solche Analysen in die Naturgeschichte der Menschheit verwiesen, deren Ende nicht genau bestimmt wird. Als das entscheidende Kriterium wird die Bildung eines Volkes als politische Gesellschaft angegeben. Die Darstellung (l. c., S. 68 f.) erlaubt indessen die Interpretation, daß jene »Usurpatoren«, die durch »Gewalt und Glück« in einer »Gesellschaft freigeborener Menschen« erstmals Herrschaft errichteten, Schiller als notwendige Phase zu einer Konstitution von Völkern erschienen sind und daß er dann für diese annahm, sie hätten ihre Herrscher durch »freiwilligen, einstimmigen Ruf der Nation« berufen. Zum Übergang aus jenem Naturzustand zu diesem gesellschaftlichen und den Konsequenzen der bestimmten Bedingungen, die als Anführermacht z. B. benannt sind, schweigt Schiller noch eleganter als schon Hobbes oder Locke. Über das Andauern jener Basisprozesse, die er für die erste »Menschengesellschaft« geradezu materialistisch rekonstruiert hatte, nach Sintflut, Moses und Mittelalter, findet sich in den philosophischen Schriften Schillers nichts mehr, wenn man von einigen ganz allgemeinen Erwähnungen absieht, auf die noch zurückzukommen ist.

Zur entfremdeten Arbeit: Arbeitsteilung

Die Überlegungen zur Ausbildung von Klassenverhältnissen bei Schiller erliegen recht bald der Methode ihrer Darstellung: Der Projektion logischer Abhängigkeiten in die zeitliche Entfaltung von Kausalität als historisches Nacheinander fällt zum Opfer, was sie ausdrücken sollte; in der vorgeschichtlichen Ferne, in der das logisch Frühe um der Anschaulichkeit willen vorgestellt wird, geht seine Wahrheit für die Gegenwart verloren. Der ideologische Charakter solcher Projektion wird noch deutlicher werden, sobald die in sich ungleich konsequenter durchgeführte Reflexion auf die Arbeitsteilung als isoliertes Phänomen zeigen wird, wie der Mangel seines Verständnisses aus dem Kontext der Produktionsverhältnisse sie selbst hintertreibt.

Allerdings hatte Schiller jene aufklärerische Einheit von Vernunft und Freiheit, auf die er seinen emanzipatorischen Begriff von der Natur des Menschen baute, auch für seine eigene Zeit als trügerisch erkannt, wo der »Mechanism der Antagonismen« bei Kant schon ihre konkrete Verwirklichung erwarten ließ. »Jetzt aber herrscht das Bedürfnis und beugt die gesunkene Menschheit unter sein tyrannisches Joch. Der *Nutzen* ist das große Idol der Zeit, dem alle Kräfte fronen und alle Talente huldigen sollen.« (*Ästhetische Erziehung des Menschen*, S. 247) Zwar steht dort nicht die Frage, unter *wessen* Nutzen alle Kräfte der Menschen subsumiert wurden; aber die Kritik an dem bloß Instrumentellen solch praktischer Vernunft ist ungewöhnlich genug für das ausgehende achtzehnte Jahrhundert. Schiller hat sich, wenn auch nicht gerade wirklich stringent, so doch mit überzeugender Intention, gegen das Zwanghafte gewandt, das »einer Zweckverbindung unter diesem Gedränge der Erscheinungen« in den *Kritiken der Vernunft* anhaftet (*Über das Erhabene*, S. 477). Sehr klar hat er die Doppelnatur des Antagonismus erkannt, in dem er wohl »das große Instrument der Kultur« sah, weil nur in dem Widerstreit der Erkenntnisvermögen das Denken zum Bewußtsein seiner selbst aus seinem Bild von der Welt gelange und nur in der Spezialisierung die Fähigkeiten des Menschen zum äußersten entfaltet werden könnten, in dem jedoch eine Begrifflichkeit sich entwickelte, die nicht »die Individualität der Dinge mit treuem und keuschem Sinn zu ergreifen« vermöge und die den Menschen »sich selbst versäumen« lasse. (*Über die Ästhetische Erziehung des Menschen in einer Reihe von Briefen*, S. 262 f.)

Die Arbeitsteilung, die rational durch jenen Antagonismus, das heißt: im Konkurrenzkapitalismus, zur vollen Entfaltung aller technischen Vermögen führt, betrachtete Schiller offenbar für seine Zeit im wesentlichen als die zwischen geistiger und materieller sowie zwischen verschiedenen vergleichbaren Formen materieller Arbeit. Seine Kritik lautet daher: »Es muß also falsch sein, daß die Ausbildung der einzelnen Kräfte das Opfer ihrer Totalität notwendig macht.« (Ebd.) Eine solche Totalität sieht er nicht bloß als Summe der verschiedenen Entfaltungen; vielmehr würde in ihr der Mensch von dem »Fluch dieses Weltzweckes« erlöst werden, in der Befreiung von Zweckrationalität erst können »glückliche und vollkommene Menschen« sich entwickeln: im Spiel. (Ebd. und S. 292)

Wohl wird betont, daß es nicht hinzunehmen sei, wenn die Lebenden derart zu den Sklaven ihrer Nachkommen werden, denen sie die Grundlagen eines derartigen Glückes erarbeiten. (Auf die Folgerung, die Schiller aus diesem Mißverhältnis zieht, wird im Zusammenhang mit der Funktion der Ästhetik zurückzukommen sein, wie er sie sieht.) Doch wird die geschichtsphilosophische Reflexion nicht in eine auf die Klassengesellschaft zurückgewandt. Die Teilung in leitende und ausführende Tätigkeit, in geistige und materielle Arbeit als eine Dichotomie auf Grund ökonomischer Machtpositionen wird wiederum nur für die Frühgeschichte der Menschheit thematisch (*Über die erste Menschengesellschaft*, S. 63). In dem Aufsatz über Moses wird sogar ziemlich ausführlich und differenziert der Priestertrug nicht bloß als anthropologisches Phänomen dargestellt; es wird vielmehr gezeigt, daß die herrschende Kaste im Genusse ihrer Privilegien zu einer Abstraktheit der Erkenntnis gelangt, in deren Licht die einstige Religion als ein finsterer Kult erscheint: »Sobald aber durch bessere Einrichtung der bürgerlichen Gesellschaft und durch Gründung eines ordentlichen Staates die Stände getrennt und die Sorge für die göttlichen Dinge das Eigentum eines besonderen Standes geworden, sobald der menschliche Geist durch Befreiung von allen zerstreuenden Sorgen Muße empfing, sich ganz allein der Betrachtung seiner selbst und der Natur hinzugeben, sobald endlich auch hellere Blicke in die physische Ökonomie der Natur getan worden, mußte die Vernunft endlich über jene groben Irrtümer siegen und die Vorstellung von dem höchsten Wesen mußte sich veredeln. Die Idee von einem allgemeinen Zusammenhang der Dinge mußte unausbleiblich zum Begriff eines einzigen höchsten Verstandes führen.« (*Die Sendung des Moses*, S. 77) Ferner, daß sie diese Wahrheit in einem esoterischen Kult für sich behält, um die Unterdrückten noch besser manipulieren zu können, »um die Herrschaft über die Gemüter nicht zu verlieren« und die anderen Klassen ihr Schicksal in der Hand der Priester wähnen zu lassen. (*Die Sendung des Moses*, S. 82) Die Priester gehörten zugleich der königlichen Familie an, und die ägyptische Weisheit war »das ausschließende Eigentum ihres Standes« (l. c., S. 76). Hier wird das Privileg derer, die in der Arbeitsteilung die geistige ausführen, als die Freiheit von materieller Arbeit und als die Verdoppelung der Unterdrükkung der Ausgebeuteten in deren künstlich erzeugter Unmündigkeit ausgewiesen. Für die neuere Geschichte wird indessen das Unrecht, das »den Individuen bei dieser Zerstückelung ihres Wesens« (*Ästhetische Erziehung des Menschen*, S. 261) angetan wird, weniger nach Privilegierten und Unterprivilegierten differenziert; eher werden sie gemeinsam als die Opfer der Gegenwart für einen nach Auslaufen jenes Antagonismus sich einlösenden Fortschritt der Gattung beklagt. Die Klassenkategorie geht für die Untersuchungen der Arbeitsteilung und ihrer Folgen wieder verloren. Doch die Ahnung ihrer zentralen Bedeutung scheint in der These durch, in der griechischen Antike habe der ganze Mensch sich am meisten in der menschlichen Geschichte verwirklicht, wenngleich die spätere Spaltung sehr allgemein gefaßt wird. »Sobald auf der einen Seite die erweiterte Erfahrung an das bestimmtere Denken eine schärfere Scheidung der Wissenschaften, auf der andern das verwickeltere Uhrwerk der Staaten eine strengere Absonderung der Stände und Geschäfte notwendig machte, so zerriß auch der innere Bund der menschlichen Natur, und ein verderblicher Streit entzweite ihre harmonischen Kräfte.« (*Ästhetische Erziehung des Menschen*, S. 258)

»Erschöpft von den höhern Anstrengungen des Geistes, ermattet von den einförmigen, oft niederdrückenden Geschäften des Berufs [...], mußte der Mensch eine Leerheit in seinem Wesen fühlen.« (*Schaubühne*, S. 15) Daß gerade so gut wie nie *der* Mensch am einen *und* am anderen teilnahm, daß die Leerheit der Menschen gerade aus der Beschränkung auf das eine oder andere resultierte, läßt sich aus dem recht allgemein bleibenden *Schaubühnen*-Aufsatz vielleicht noch herauslesen. Die spezifische Differenz aber zwischen der Entfremdung durch Entäußerung in geistiger oder in bloß materieller Arbeit kommt hier nicht zur Geltung. Und in den später geschriebenen Abhandlungen erscheint sie nur für jene angeblich beendete Naturgeschichte der Menschheit. Um so leuchtender wird die athenische Demokratie geschildert. Wenn ihr großer Vorzug nur der war, daß ihre Gesetzgeber »den Bürger nie von dem Menschen trennen, wie wir« (*Die Gesetzgebung des Lykurgus und Solon*, S. 117), so hätte Schiller ihn auf andere Weise auch in der patriarchalischen Ordnung von Kirche und Staat im Mittelalter finden können; aber es ging ihm um den Bürgerstatus, den er zuvor durch die Sicherung wenigstens geringen Eigentums für alle in der Solonischen Gesetzgebung begründet gesehen hatte (l. c., S. 112). In diesem Zusammenhang tritt noch einmal das Bild der Verbindung von politischer Freiheit und Befreiung der Natur des Menschen in einer aufklärerischen Konstellation auf: »Alle möglichen Bahnen schloß der athenensische Gesetzgeber dem Genie und dem Fleiß seiner Bürger auf«. So konnten dort »die Freiheit und die Freude, der Fleiß und der Überfluß«, »alle Künste und Tugenden, alle Grazien und Musen« sich entfalten (l. c., S. 121). Schiller gibt als Grund für die Unmöglichkeit, daß solches Glück fortgedauert hätte, den Zwang zur Entwicklung gewissermaßen der Produktivkräfte an – freilich ohne dabei nochmals auf die Sklavenwirtschaft als Voraussetzung der griechischen Demokratie oder auf die mit den Produktivkräften entwickelten Produktionsverhältnisse zu reflektieren. »Die Griechen hatten diesen Grad erreicht, und wenn sie zu einer höheren Ausbildung fortschreiten wollten, so mußten sie, wie wir, die Totalität ihres Wesens aufgeben und die Wahrheit auf getrennten Bahnen verfolgen.« (*Ästhetische Erziehung des Menschen*, S. 261)

Bevor wir auf Schillers Vorstellung, wie die Zerrissenheit der Menschen in der Arbeitsteilung überwunden werden sollte, und auf die Folgen eingehen, die deren ideologische Reduktion aufs historische Phänomen für sie bedeuten, muß noch sein Begriff vom Bürger deutlicher werden.

Bürger und Pöbel

Zu der Erringung der Freiheit auf dem »politischen Schauplatz«, stellvertretend für alle gesellschaftlichen Verhältnisse der Menschen, ruft Schiller zwar die Menschen allgemein auf, doch benennt er sofort den eigentlichen Adressaten, das autonome bürgerliche Subjekt, als den Träger des Prozesses: »So nahe dieser große Rechtshandel seines Inhalts und seiner Folgen wegen jeden, der sich Mensch nennt, angeht, so sehr muß er seiner Verhandlungsart wegen jeden Selbstdenker insbesondere interessieren. Eine Frage, welche sonst nur durch das blinde Recht des Stärkeren beantwortet wurde, ist nun, wie es scheint, vor dem Richterstuhl reiner Vernunft anhängig gemacht, und wer immer fähig ist, sich in das Zentrum des Ganzen zu versetzen und sein Individuum zur Gattung zu steigern, darf sich als einen Besitzer jenes Vernunftgerichtes betrachten, so wie er als Mensch und Weltbürger zugleich Partei ist und näher oder entfernter in den Erfolg sich verwikkelt sieht. Es ist also nicht bloß seine eigene Sache, die in diesem großen Rechtshandel zur Entscheidung kommt; es soll auch nach Gesetzen gesprochen werden, die er als vernünftiger Geist selbst zu diktieren fähig und berechtigt ist.« (*Ästhet. Erziehung*, S. 248) Gewiß wird die Bestimmung des autonomen Subjekts von seiner ökonomischen Seite her bei Schiller nicht ähnlich deutlich, wie sie bei Kant aus verstreuten, aber bestimmten Ansätzen sich konstruieren läßt. Nur der Ideengeschichte der Zeit zufolge läßt sich die Passage, daß er »als Mensch und Weltbürger zugleich Partei ist und [...] in den Erfolg sich verwickelt sieht«, als Entsprechung interpretieren zu der Konstruktion, mit der im Traktat *Zum ewigen Frieden* die Erwartungen eines vernünftigen Weltlaufes auf die konkreten Interessen der Besitzbürger gegründet werden.

Schiller erwähnt diese Seite kaum; offenbar auch, weil er dieser Aufhebung des individuellen Interesses im »gemeinen« mißtraute. Trotzdem verfiel er dem Vertrauen darein um so unmerklicher und sicherer, als er die ökonomischen Voraussetzungen des »Selbstdenkers«, nach Schiller die Freiheit von den Bedürfnissen der Reproduktion *(Ästhet. Erziehung)*, nur gattungsgeschichtlich behandelte, nicht im Über- und Untereinander von »Selbstdenkern« und den anderen Menschen wiedererkannte und offenlegte. So entzieht sich Schiller auch, wie »derjenige Trieb, der auf Behauptung der Persönlichkeit geht« (*Ästhet. Erziehung*, S. 280), nicht einfach aus Kants Paralogismen der reinen Vernunft (insbesondere dem dritten) idealistisch zu deduzieren, sondern aus der zwanghaften Identitätserfahrung des Warenbesitzers in der Tauschgesellschaft mit seiner abstrakt definierten Rolle im Antagonismus zu entwickeln wäre. Es wäre ihm dann klarer gewesen, warum »Spott und Verachtung [...] den Stolz des Menschen empfindlicher [verwunden], als Verabscheuung sein Gewissen foltert« (*Schaubühne*, S. 19): In dem Kampf um die Anerkennung im achtbaren Publikum wie im Konkurrenzkampf erscheint die Gefährdung der Rolle empfindlicher als die des inneren Menschen, wenn auch und gerade weil jene ihm äußerlich ist.

Daraufhin unterblieb auch eine kritische Überlegung zu der

Steigerung vom »Individuum zur Gattung« im autonomen Subjekt und zu dessen Fähigkeit, »sich in das Zentrum des Ganzen zu versetzen«, im Hinblick auf ein Fortdämmern der Masse weit unterhalb des Niveaus der Gattung, zu der sie doch nicht nur gehört, die sie vielmehr wesentlich ausmacht. Ebensowenig konnte ein Begriff davon entstehen, daß die ausbeuterisch arbeitsteilige Gesellschaft alle abstrakte Allgemeinheit der Vernunft mit dem Makel eben derjenigen schlechten Besonderheit schlägt, auf Grund deren der »Selbstdenker« der Vernunft mächtig wird: seiner nicht fortzudenkenden privilegierten Stellung in den Produktionsverhältnissen.

Doch auch dieser Zusammenhang war in der Projektion in die Geschichte, aus Anlaß der Befreiung Israels aus der ägyptischen Herrschaft, schon einmal aufgetaucht. In der Vergangenheit und an einem Geschehen, das die Unterdrückung eines Volkes durch ein anderes, nicht eines Volksteiles durch eine herrschende Klasse als Hauptwiderspruch zeigt, dachte Schiller erstaunlich materialistisch. Er erkannte die Unmündigkeit der Israeliten unter Pharaonenherrschaft, ihre Pariaeigenschaften überhaupt, als die *Folge* ihrer Unterdrükkung, die sie noch stärker der Knechtung und der Mißhandlung durch die Ägypter aussetzte. So war eine Selbstbefreiung immer weniger denkbar; das Zusammentreffen der Erfahrung des Leids, die Moses als Angehöriger des ausgebeuteten Volkes selbst machte, und der geistigen und ökonomischen Unabhängigkeit, die ihm als Adoptivsohn der Pharaonenfamilie zuteil wurde, war unerläßlich. Als das Katharsiserlebnis des Moses interpretiert Schiller dessen eigene Erfahrung von Abhängigkeit, als er aus Ägypten fliehen und »zum Lohnknecht eines Nomaden« werden mußte (*Die Sendung des Moses*, S. 84). Damit hatte Schiller die Notwendigkeit der Aufhebung der unmittelbaren Abhängigkeit der Beherrschten wie der vermittelten der Herrschenden angedeutet. Moses, der Privilegierte, mußte selbst die Erfahrung der Beherrschten machen, um sein borniertes Bewußtsein abzulegen, in das die Realität der Verhältnisse nur als die eigene manipulierte Interpretation der Herrschenden Eingang gefunden hatte.

Konsequenzen dieser Erkenntnis für die eigene Zeit des ausgehenden achtzehnten Jahrhunderts sind allerdings nicht zu erkennen. Dagegen scheint in seinen Reflexionen auf die Unterprivilegierten weit eher eine anthropologische Konstante sich abzuzeichnen – eine Resignation darüber, daß praktisch nicht an eine Aufklärung zu denken sei. Moses habe vor diesem Problem gegenüber »einem unwissenden Pöbel« gestanden (*Moses*, S. 86), den er nicht in absehbarer Zeit für »seine Vernunftreligion« reif machen konnte. Zu dieser Resignation führte für den Fall der Israeliten implizit die Überlegung, daß Aufklärung nur nach einer ökonomischen und politischen Befreiung möglich, daß diese aber gerade nicht von der Basis zu erwarten sei, sondern durch ideologische Stärkung des Selbstvertrauens mit den Mitteln einer progressiven Religion versucht werden müßte. Tatsächlich handelte es sich um einen Antagonismus von Eroberer und Sklaven, nicht um Produktionsverhältnisse, die von den sich entwickelnden Produktivkräften würden gesprengt werden können. Die Dynamik wurde so an den Überbau verwiesen, auf das Prinzip der Aufklärung. »Er muß es wieder in die Menschenrechte einsetzen, die es entäußert hat. Er muß ihm die Eigenschaften wiedergeben, die eine lange Verwilderung in ihm erstickt hat. Von diesem Volk selbst kann er nichts erwarten, und doch kann er ohne dieses Volk nichts ausrichten« (l. c., S. 85). Schiller stellt faktisch in der freien Reflexion, in der von ihrem historischen Kontext unabhängig gewordenen Person des Moses, das autonome Subjekt dar, als welches der aufklärerische Bürger sich verstand. Die Hoffnung auf Aufklärung durch Erziehung, die nur der Staat, ja die Administration des Monarchen leisten konnte in den damaligen Verhältnissen, übernahmen Schiller und seine deutschen Zeitgenossen von den frühen französischen Aufklärern; möglicherweise war auch die Stellung des Souveräns jeweils eine dem Bürgertum Deutschlands um 1790 bzw. dem Frankreichs um 1720 gegenüber vergleichbar starke.

Zwar hatte die Solonische Reform den Zustand abgeschafft, in dem Menschen ihrem Elend durch »Borgen auf ihren eigenen Leib« zu begegnen suchten, dadurch aber nur gänzlich in die Abhängigkeit von Reichen gerieten. Doch nimmt Schiller noch danach, für die klassische Polis von Athen, eine zahlreiche Klasse von Unterprivilegierten an: Er meint, daß es bei den Abstimmungen »wegen der überlegenen Anzahl der unbemittelten Bürger nicht immer ohne Bestechung abgehen konnte«. (*Gesetzgebung des Lykurgus und Solon,* S. 120) Darin taucht übrigens eine explizite Begründung Kants gegen die Ausübung des Bürgerrechts durch die Nichteigentümer auf, wie denn Schiller von ihm auch die Vorstellung übernahm, daß Demokratie gegen solche Übel durch die Ernennung von Repräsentanten geschützt werden sollte. Jedenfalls hielt er eine Präformierung ihrer politischen Meinung vermittels der Reden, vermutlich aufgeklärterer Personen, angesehener Bürger, für eine gute Methode, um der Manipulation der Massen für Privatinteressen vorzubeugen; »Das Volk war zu schnell mächtig geworden«, ihren Mißbrauch sah er wohl, doch scheint er gemeint zu haben, diesen Nachteil in Kauf nehmen zu müssen (l. c., S. 114). »Durch diese Redner wurde dem Volke eine sanfte und erlaubte Fessel angelegt. Sie herrschten durch Überredung, und ihre Herrschaft war darum nicht weniger groß, weil sie der freien Wahl etwas übrig ließ. Das Volk behielt völlige Freiheit, zu wählen und zu verwerfen, aber durch die Kunst, womit man ihm die Dinge vorzulegen wußte, lenkte man diese Freiheit. Eine vortreffliche Einrichtung, wenn die Funktion der Redner immer in reinen und treuen Händen geblieben wäre« (ebd.).

Zum Naturbegriff

Nicht nur, was unter der historischen Gewalt verstümmelt ist und nach Entfaltung im totalen Menschen verlangt, beinhaltet Schillers Naturbegriff. Dem bewußten Menschen tritt die Natur auch als zu Überwindendes oder gar als Unüberwindliches, jedenfalls als Hindernis entgegen. In rechter Vereinigung mit den Prinzipien der Vernunft muß das Sinnliche wohl zur Geltung kommen; indessen wird es in seinem chaotischen Zustand und als bloß naturhaftes Bedürfnis nach physischer Reproduktion zur Plage des Menschen und führt zur Unmöglichkeit von Kultur. Freilich finden sich in den philosophischen Schriften keine Ausführungen über diesen Widerspruch, die den Ansatz zu einer dialektischen Reflexion auf Natur erkennen ließen, die doch, indem der Mensch ihrer Gewalt sich in vernünftige Verhältnisse entzieht, von ihm Gewalt erfährt – nicht zuletzt an ihm selbst, während er seinen

»natürlichen Charakter [...], der selbstsüchtig und gewalttätig« sei (*Ästhet. Erziehung*, S. 250), zügelt.

Es finden sich, insbesondere in dem Aufsatz *Über das Erhabene*, Überlegungen zu der dem Menschen sich entziehenden Natur. Allerdings rächt sich in ihnen, daß nicht der ambivalente Zusammenhang zwischen der Emanzipation des rationalen Menschen von bestimmten Naturgewalten und physischer Not einerseits und der »Zerstückelung der Menschennatur« in den gesellschaftlichen Verhältnissen andererseits genau analysiert wird, in denen historisch die Emanzipation der Gattung betrieben wird. Denn der nicht weiter verfolgten Feststellung, daß in der Arbeitsteilung die Menschen nicht »glücklich und vollkommen« werden können, steht eine eingehende Beschäftigung mit dem Unterdrückten, der Natur, gegenüber nur da, wo diese der Gewalt des Menschen durch Übermacht sich entzieht. Es müßte das Resignative betont werden, das damit einzieht. Erst wo die physische Gewalt des Menschen auf Übermacht von Natur stößt, erst wo seine Verstandesbegriffe den Spekulationen seiner Vernunft nicht mehr zu folgen vermögen, wird ein Schutz vor seinem formend-verformenden Zugriff denkbar. Nirgends wohl spiegelt sich unverhohlener, daß Naturbeherrschung und mechanisch-systematische Begrifflichkeit eins sind. Zugleich schlägt die Gewalttätigkeit, die sie setzen, nur zu leicht als metaphysischer Masochismus auf die Menschen zurück, wo »der selbst herrschende Wille sich zum dienstbaren Glied eines Uhrwerks herabsetzt«. *(Über das Erhabene.)*

So sehr hat der Mensch sich eingesperrt in die zweite Natur, die seine Gesellschaft errichtet hat, daß er »das Kleine in seiner Denkart« nur noch durchbrechen kann, wo »ein größerer Maßstab der Schätzung« ihm »von der simplen Majestät der Natur vorgehalten« wird. (*Über das Erhabene*, S. 476) Hier bringt, bei dem »Spaziergang«, das Erhabene als Herausforderung zu neuen rationalen Anstrengungen der menschlichen Erkenntnisvermögen Anstöße, aus denen die Menschen die zur zweiten Natur verkrusteten, einst rational intendierten Momente ihrer gesellschaftlichen Existenz zu durchstoßen vermögen. Doch liegt bereits hier die Gefahr der Mystifikation begründet, daß die notwendige Vermittlung der Abarbeitung der Vernunft an dem, was wohl der sinnlichen

Wahrnehmung, nicht aber dem Verstandesvermögen zugänglich ist, auf dessen spekulativ unrationaler Seite ausgelassen wird. Trotzdem hat auch da noch die Natur, wo sie als Konfrontation mit dem unrational Übermäßigen auftritt, emanzipatorische Wirkung auf den Menschen, *insoweit* er sie als Aufforderung zu rationaler Reflexion aufs eigene – rationalistische – Denken und Handeln versteht. »Noch viel weiter als die sinnlich unendliche führt uns die furchtbare und zerstörende Natur, solange wir nämlich bloß freie Betrachter derselben bleiben. Der sinnliche Mensch freilich und die Sinnlichkeit in dem Vernünftigen fürchten nichts so sehr, als mit dieser Macht zu zerfallen, die über Wohlsein und Existenz zu gebieten hat.« (*Über das Erhabene*, S. 479)

Wie verhängnisvoll die Tatsache wird, daß nicht das Unterdrückte im bereits durch technische Verwertung oder Zwang in die Identität des Begriffs Überwältigten aufgedeckt wird, sondern dem Menschen das nur sich entziehen kann, was er mit den stärkeren Bataillonen weiß, tritt erst an dem Erhabenen als Naturkatastrophe zutage. Gewiß sucht Schiller durch die Forderung nach dem Sinnlichen in der Schönheit dem weit glücklicher zu entgehen als Kant; sein Bemühen, mit der frei betrachteten auch die total zu erleidende Natur dem Menschen zu versöhnen, erreicht das Gegenteil. Die Abarbeitung am Unrationalen geht in Anpassung ans Irrationale über. Das Fehlen einer Vermittlung fürs eine läßt deren Notwendigkeit fürs andere vorab vergessen: Man muß »gelernt haben, zu ertragen« (l. c., S. 479). »[...] wo es kein anderes Mittel gibt, den Lebenstrieb zu beruhigen, als es zu wollen, und kein anderes Mittel, der Macht der Natur zu widerstehen, als ihr zuvorzukommen und durch eine freie Aufhebung alles sinnlichen Interesses, ehe noch eine physische Macht es tut, sich moralisch zu entleiben. Dazu nun stärken ihn erhabene Rührungen und ein öfterer Umgang mit der zerstörenden Natur« (ebd.).

In der Kunst ersetzt »das künstliche Unglück des Pathetischen« (l. c., S. 480) diese erzieherische Funktion der Natur. Aber nicht nur der Anlaß zur Ausbildung der Fähigkeit, solche »Inokulation des unvermeidlichen Schicksals« zu der chimärischen hypostasierten Freiheit unter Verzicht auf die wirkliche zu gelangen, kann nach Schiller aus der zweiten

Natur genommen werden. Die zweite Natur wird auch auf der Seite des zu Duldenden mit der ersten gleichgesetzt, unversehens, nachdem Schiller so deutlich sie getrennt hatte: etwa bei seiner Analyse der Religionen in der *Sendung des Moses.* Über die Kunst soll der Mensch rechtzeitig gewöhnt werden an das, worin ihm keine Wahl bleibt: »die pathetischen Gemälde der den Kampf mit dem Schicksal eingehenden Menschheit, der unaufhaltsamen Flucht des Glücks, der betrogenen Sicherheit, der triumphierenden Ungerechtigkeit und der unterliegenden Unschuld, welche die Geschichte in reichem Maße aufstellt« (ebd.). Alles ist eins, Ungerechtigkeit wie Übermacht der Elemente. Nicht die Revolutionen gegen die Ungerechtigkeit, sondern die Gewalt der Natur und dessen, was unaufhaltsam ihr zu gleichen entschlossen ist, wird verherrlicht: »das furchtbare herrliche Schauspiel der alles zerstörenden und wieder erschaffenden und wieder zerstörenden Veränderung« (ebd.).

Gattungsgeschichte und bürgerliche Gesellschaft

Schiller selbst hat das Desiderat formuliert, das der Gefahr entgegenwirken müßte, daß die Menschen auf dem vorgerückten Stande der Freiheit vom Zwang physischer Bedürfnisse die Natur, die sie aus »Notwendigkeit« beherrschend von sich fort und unter sich gebracht haben, nicht wahllos in jeder ihrer ersten stärksten Manifestationen anzubeten bereit sind. »Aber eben das macht ihn zum Menschen, daß er bei dem nicht stille steht, was die bloße Natur aus ihm machte, sondern die Fähigkeit besitzt, die Schritte, welche jene mit ihm antizipierte, durch Vernunft wieder rückwärts zu tun.« (*Ästhetische Erziehung,* S. 249) Alles liegt daran, ob diese Stellung der Vernunft in dem Prozeß festgehalten wird. Nicht erst die verschiedenen Phasen und Ideologien der späteren bürgerlichen Geschichte bis hin zur Jugendbewegung und zu ›Blut und Boden‹ des Faschismus, bis zu sozialistisch inspirierten Vorstellungen von einer neuagrarischen Autarkie der Individuen haben die entscheidende strategische Linie aufgegeben. Schiller hat in seiner Theorie einer Aufklärung durch Ästhetik diese Funktion einem *Gefühl* übertragen, das indes bei aller Vorbereitung auf eine endliche Vernunftmoral, der es dienen sollte, äußerst ambivalent bleiben mußte, wenn diese

Vernunft nicht explizit und konkret historisch darauf reflektiert wurde. Der Geniebegriff des deutschen Idealismus und Träume von idyllisch-landwirtschaftlichen Zuständen erscheinen auf diesem Hintergrund nicht mehr gegensätzlich. Es sind die beiden vom Bürgertum illusionistisch stilisierten Erscheinungsformen der Natur. In beiden wird auf ganz ähnliche Weise der Anteil des historischen Akkumulationsstandes eskamotiert. Der geniale, schöpferische Geistesmensch bekommt eine überragende Bedeutung dadurch, daß die in seiner Tätigkeit sich niederschlagende Vorarbeit der Gattungsgeschichte zugunsten einer scheinbar unmittelbaren Schöpferkraft aus – individueller – Freiheit unterschlagen wird. Eine entsprechende Verherrlichung kann die materiell-schöpferische Tätigkeit des Landbebauers erfahren, weil ihrer Produktivität auch die von ihr nur lenkend bestimmte Leistung der Erde zugerechnet wird. Im einen wie im anderen eine emanzipatorische Beziehung der Menschen zu Natur zu sehen ist unvernünftig, weil damit Resultate der Menschengeschichte wieder an die bloße Natur verloren gegeben werden. Es steckt zugleich auch eine Ahnung von Vernunft darin; denn wahrhaft wäre eine derartige Rückkehr der Menschengeschichte in die Natur Emanzipation an beiden Seiten, hätte Schiller damit einen Begriff von historisch gewordener Natur einführen wollen. Auf Grund der übereilten Rückkoppelung der Vernunftwesen an die unvermittelte Natur – im »Erhabenen« ist die am wenigsten vermittelte gerade die geeignetste – war aber eine solche Konzeption nicht möglich. Erst Marx hat sie in seinen sogenannten Frühschriften entworfen. Immerhin ist in dem Schillerschen Begriff des Naiven, das den mimetischen Menschen Natur in der »Nachahmung des Wirklichen« auffassen läßt, idealistisch einiges davon vorweggenommen. In dem Begriff des »Sentimentalischen« sollte ein Weg aus dem Zerfall der »Totalität« des Menschen, den Arbeitsteilung und Naturbeherrschung bezeichneten, angedeutet werden. Lukács hat daran seine Kritik angesetzt, Schiller reflektiere nicht auf den Bruch zwischen einem gesellschaftlichen Schein und dem manifesten Klassencharakter, sondern verwende die Wirklichkeit einfach als »poetischen«, wiederbelebenden Zusatz zu seinen hypostasierten Ideen. (Lukács, *Goethe und seine Zeit,* in: *GW* Bd. 9, S. 165)

Eine dieser Ideen kann als eine Entwicklungsphase zwischen Kant und Hegel angesehen werden. »Jeder individuelle Mensch« wird zur Erscheinung eines »idealischen Menschen«, »mit dessen unveränderlicher Einheit in allen Abwächselungen übereinzustimmen die große Aufgabe seines Daseins ist«. (*Ästhet. Erziehg.*, S. 252) Schiller, der sich dabei ausdrücklich auf Fichte bezieht, sagt weiter: »Dieser reine Mensch, der sich mehr oder weniger deutlich in jedem Subjekt zu erkennen gibt, wird repräsentiert durch den Staat, die objektive und gleichsam kanonische Form, in der sich die Mannigfaltigkeit der Subjekte zu vereinigen trachtet.« Der Staat wird zwar noch als Repräsentant, nicht als die Wirklichkeit des intelligiblen Subjektes gedacht, doch erinnert die Rede »von dem absoluten Dasein des Menschen oder von seiner vernünftigen Natur« (l. c., S. 280) an »die Vernunft [...] als reine ursprüngliche Geistigkeit«, wie sie Lask als zentrale Kategorie »der ersten grundlegenden Schriften« Fichtes herausgestellt hat (Emil Lask, *Gesammelte Schriften,* Bd. I, S. 76, Tübingen 1923). Schiller spricht zwar nur davon, daß im Staat die Gattung zu ihrer Selbstverwirklichung kommen wolle, doch gestattet er ihm für deren Durchsetzung Mittel, die einem Absolutheitsanspruch gleichkommen: »Setzt sich hingegen in dem Charakter eines Volkes der subjektive Mensch dem objektiven noch so kontradiktorisch entgegen, daß nur die Unterdrückung der ersteren dem letztern den Sieg verschaffen kann, so wird auch der Staat gegen den Bürger den strengen Ernst des Gesetzes annehmen und, um nicht ihr Opfer zu sein, eine so feindselige Individualität ohne Achtung darnieder treten müssen« (l. c., S. 254). An dieser Stelle wird politisch eindeutig eine Konsequenz aus einer Wende im deutschen Idealismus gezogen, die Lask insbesondere an der Fichteschen Erkenntnistheorie darstellt. »Die Nachfolger Kants haben der Versuchung nicht widerstehen können, die Gewalt des Apriori auch nach unten bis zu einer das Einzelne sogar seiner Individualität nach völlig bestimmenden Herrschaft zu steigern, sie haben den kritisch-formalen Rationalismus allmählich in einen emanatistischen umgewandelt« (ebd.).

Zweifellos war es genau das, was Schiller keineswegs beabsichtigte; vielmehr forderte er: »*Totalität* des Charakters muß also bei dem Volke gefunden werden, welches fähig und würdig sein soll, den Staat der Not mit dem Staat der Freiheit zu vertauschen« (a.a.O.). Die gewaltsame Durchsetzung der Freiheit gegen den schlechten »Naturstaat« als Unterdrükkung der empirischen Subjekte bezeichnet lediglich die grundlegende Aporie der Schillerschen Variation von Aufklärung. Es mag der Zusammenhang, in dem hier eine besonders klar formulierte politische Subsumtion der Individuen unter eine noch nicht als solche konstituierte Gattung und das Ideal einer Befreiung und Erfüllung der Menschen auf dem Wege der Ästhetik stehen, aufschlußreich sein für die Funktion von Kunst – heute als »Kulturindustrie« zu verstehen – im Klassenstaat. Denn im Gegensatz zu Kant, bei dem das Reich der Sittlichkeit bloß projektiven Charakter hat, das Desiderat eher resignativen Einschätzungen der aktuellen politischen Möglichkeiten im aufgeklärten deutschen Obrigkeitsstaat gegenübersteht, und im Gegensatz zu der Hegelschen Beschwörung, nach der schon in der bürgerlichen Gesellschaft der preußischen Monarchie zur Zeit des Vormärz die Versöhnung von Individuen und Gattung als Staat wirklich sein sollte, hat Schiller im allgemeinen die Gefahr für das Individuum gerade sehr klar gesehen. Totalitäre Tendenzen ergeben sich daraus, daß die Absolutheit, mit der Kant das intelligible Subjekt als Einheit der Erkenntnisvermögen konstruiert hatte, abgelöst wurde von der Verwiesenheit auf eine empirische Objektwelt – das Ding an sich – und zudem übertragen wurde auf die intersubjektive Realität der aktuellen Geschichte.

Nach Schiller sollte der Mannigfaltigkeit gegen die formale Einheit, in die sie dennoch zu überführen ist, ihr Recht werden. »Der Staat soll nicht bloß den objektiven und generischen, er soll auch den subjektiven und spezifischen Charakter in den Individuen ehren und, indem er das unsichtbare Reich der Sitten ausbreitet, das Reich der Erscheinung nicht entvölkern« (l. c., S. 253). Das zu vollbringen ist Aufgabe des »pädagogischen und politischen Künstlers, der den Menschen zu seinem Material und zugleich zu seiner Aufgabe macht. Hier kehrt der Zweck in den Stoff zurück, und nur weil das Ganze den Teilen dient, dürfen sich die Teile dem Ganzen fügen« (ebd.). Während das Besondere im Allgemeinen aufgehoben wird, muß auch der Einzelnen, der empirischen Individuen, gedacht werden. Diese Forderung wäre kritisch gegen Hegel zu kehren, wenn nicht Schiller sie gefaßt hätte um den Preis der Vernunft. Das Programm, durch Vernunft habe der Mensch noch einmal sich zurückzuwenden zu dem, was schon unter seine Herrschaft geraten war, entglitt gerade an diesem entscheidenden Punkte. »Einheit fordert zwar die Vernunft, die Natur aber Mannigfaltigkeit, und von beiden Legislationen wird der Mensch in Anspruch genommen« (ebd.). Nur wenn die Vernunft es als ihr eigenes Erfordernis begriffen hätte, sich das Leben des Mannigfaltigen zu erhalten, hätte von einem Ganzen, das den Teilen dient, gesprochen werden dürfen. Das hätte konkret, politisch, bedeutet, daß durch Vernunft die Gewalt aufgedeckt worden wäre, die den empirischen Individuen vom bestehenden Ganzen angetan wurde; das heißt, die Arbeitsteilung hätte auch als ausbeuterische verstanden und aufgehoben werden müssen. Statt dessen kam es auf eine Geschichtsphilosophie hinaus, in der die zweite Natur der gesellschaftlichen historischen Verhältnisse wie die erste der physischen Bedürfnisse denselben Stellenwert erhielten und dem freie Vernunft nur in wenigen privat sich von den Übeln frei machenden Denkern gegenübergestellt wurde. »Die Welt, als historischer Gegenstand, ist im Grunde nichts anderes als der Konflikt der Naturkräfte untereinander selbst und mit der Freiheit der Menschen, [...], der selbständigen Vernunft, und diese hat bloß durch einzelne Ausnahmen vom Naturgesetz in einem Cato, Aristides, Phocion und ähnlichen Männern sich behaupten können.« (*Über das Erhabene*, S. 478) Diese Position ist eine skeptische: Soweit Veränderungen überhaupt von den Menschen, aus Freiheit zu Freiheit gewissermaßen, geleistet werden können, haben sie ihren Platz im Bewußtsein. Auszugehen ist dabei von einem »natürlichen Charakter«, der zerstörerisch und von Selbstsucht und Gewalttätigkeit geprägt sei. Dem gilt es die Willkür zu nehmen und die sinnlichen Vermögen zu belassen, damit das Ziel, ein »sittlicher Charakter«, auf die Empirie der Objektwelt vermittelt sein könne. Den »Übergang« soll nun die ästhetische Bildung schaffen, weil das Schöne der Kunst die mannigfaltige Stofflichkeit des Sinnlichen und die Freiheit einer gesetzmäßigen (An-)Ordnung modellhaft vereint. So wird der noch unfreie Mensch, »was er in seinem sinnlichen

Erkenntniskreise nicht findet und über denselben hinaus in der reinen Vernunft noch nicht sucht, unter demselben in seinem *Gefühlskreise* suchen und dem Scheine nach finden« (l. c., S. 223). Der Schein als Schrittmacher einer besseren Wirklichkeit! So kühn ist nicht einmal die Logik des objektiven Idealismus gebaut, die denn doch etwas mehr Aufwand an Vermittlungen betreibt. »[...] weil es die Schönheit ist, durch welche man zur Freiheit wandelt.« (*Ästhetische Erziehung des Menschen*) Erst gegen die Mitte des neunzehnten Jahrhunderts konnte gezeigt werden, daß diese Freiheit nicht eine der Gattung, sondern allenfalls der Besitzbürger sein konnte und daß auch für diese in solcher Schönheit nur punktuell und symbolisch Spannungen und Entfremdungen der realen Welt sich zu lockern vermögen. Was frommt da die schöne Erkenntnis, Schönheit sei ein Gegenstand des erkennenden Subjekts, das nicht nur reflektierend, sondern im Gefühl sie nachvollziehend sich verhält?

Erziehung durch Ästhetik

Schon der Aufsatz *Die Schaubühne als eine moralische Anstalt betrachtet* basiert auf der Einsicht in die, später als Entfremdung begriffene, Zerreißung der Menschen in partikuläre und abhängige Schicksale. »Der Mann von Geschäften ist in Gefahr, ein Leben, das er dem Staat so großmütig hinopferte, mit dem unseligen Spleen abzubüßen – der Gelehrte zum dumpfen Pedanten herabzusinken – der Pöbel zum Tier.« (*Schaubühne*, S. 24) Ihrer aller Leiden werden wie ein und dasselbe dargestellt. »Unsere Natur, gleich unfähig, länger im Zustande des Tiers fortzudauern, als die feinern Arbeiten des Verstandes fortzusetzen, verlangte einen mittleren Zustand, der beide widersprechende Enden vereinigte, die harte Spannung zu sanfter Harmonie herabstimmte und den wechselweisen Übergang eines Zustandes in den anderen erleichterte« (l. c., S. 15). Der Verlust, den die Teilung in geistige und körperliche Arbeit der Gattung bedeuten muß – die jedoch ohne sie sich nicht hat entwickeln können –, wird an den empirischen Subjekten auch mit einerlei Mittel kuriert. In der Kunst dürfen sich sinnliche Reize und Gedankenfreiheit betätigen, insbesondere auf der »Bühne, die dem nach Tätigkeit dürstenden Geist einen unendlichen Kreis eröffnet, jeder Seelenkraft Nahrung gibt« (ebd.). Gewiß stellt das Theater, das doch eine Versammlung von Bürgern raum-zeitlich zustande brachte, eine konkretere Form von Öffentlichkeit dar als die ganz ins persönliche Bekennertum geschobene Kritik des Staates, die Kant allein gelten lassen wollte. Und Schiller nannte die »Züchtigung eines Fürsten«, die Einübung von Toleranz gegen Religionen und Sekten, die Anleitung von Erziehern, daß sie »vernünftiger lieben lernen«, die Bildung eines die schlechte Vielfalt der Duodezstaaten überwindenden »Nationalgeistes« als Aufgaben der Bühne; er verstand sie also durchaus als eine Form bürgerlich-kritischer Öffentlichkeit im Dienste der Vernunft. Eine Öffentlichkeit, die das ganze Volk wirklich umfaßt hätte, bedeutete für ihn »rohe Gewalt«; wie die Französische Revolution lehnte er sie ab. Doch ist die Argumentation von Lukács, für Schiller habe diese die einzige Öffentlichkeit sein müssen und sei darum von ihm verworfen worden (a.a.O., S. 162), nicht zwingend. Öffentlichkeit war wieder, nachdem ihre wenigen spontanen Formen in den ersten Jahren der Französischen Revolution vom Bürgertum domestiziert worden waren, die der »Selbstdenker«, der Besitz- und Bildungsbürger. So war auch in der *Braut von Messina* der Chor gemeint gewesen; die Einleitung macht das deutlich. Die Interpretation von Lukács, der Ausweg sei das »Öffentlichmachen des privaten Lebens«, also die Diskussion von Staat und Gesellschaft an Personen gewesen, die dann in der Form des bürgerlichen Schauspiels abgehandelt wurde, scheint mir nur eine der Tendenzen zu treffen. *Don Carlos, Kabale und Liebe* gehören zu diesem Typus, der indessen eine spezielle Entwicklung genommen hat; in ihm ist nämlich bereits vorgezeichnet, was in folgenden Phasen der bürgerlichen Literatur als Umkehrung erschien: daß öffentliche Zusammenhänge in private Schicksalsverknüpfungen aufgelöst werden. Bei Schiller steht dagegen das Exemplarische im Vordergrund, wie es nur einem politischen Problembewußtsein deutlich werden kann. Er ergreift Partei, und zwar für eine Entfaltung der bürgerlichen Vernunft. Gerechtigkeit, Menschlichkeit und Duldung sollen gepredigt werden. Die prekäre Hinwendung zum Einzelschicksal entfaltet progressive Züge, indem sozialpsychologisch erfaßt wird, was bis dahin nur von positiven Gesetzen – oder souveränem Belieben – als juristischer Tatbestand registriert worden war. *Der Verbrecher aus verlorener Ehre* ist eine sehr bemerkenswerte Schrift. Im Theater soll »von dem denkenden, bessern Teil des Volks das Licht der Weisheit« herunterströmen und sich im ganzen Staate verbreiten (*Schaubühne*, S. 21).

Schiller hat dabei mit der Idee des Spielerischen als der wahren Natur der Menschen in erstaunlicher Weise Ernst gemacht. Diese Aufklärung sollte in ihren Mitteln schon ihr Ziel vorwegnehmen, sollte antizipatorisch schon in dem Prozeß der Befreiung die Harmonie der Freien genießen lassen. Das Schauspiel tut seine Wirkung auf die Kräfte der Menschen, »ohne eine einzige zu überspannen, und die Bildung des Verstandes und des Herzens mit der edelsten Unterhaltung« vereinigend (l. c., S. 15). Doch die Antizipation erweist sich als zu kurz greifendes Instrument; nicht für die Zukunft werden die Leiden der materiell und geistig Verelendenden und ihre Isolation im Konkurrenzkampf gegeneinander bekämpft, sondern in der Gegenwart gelingt die Gattungsentfaltung zur Lebenshilfe. »Wenn Gram an dem Herzen nagt, wenn trübe Laune unsere einsamen Stunden vergiftet, wenn uns Welt und Geschäfte anekeln, wenn tausend Lasten unsere Seele drücken und unsere Reizbarkeit unter Arbeiten des Berufs zu ersticken droht – in dieser künstlichen Welt träumen wir die wirkliche hinweg, wir werden uns selbst wiedergegeben, unsere Empfindung erwacht, heilsame Leidenschaften erschüttern unsere schlummernde Natur und treiben das Blut in frischeren Wallungen« (l. c., S. 24). Dieser Text stammt nicht etwa aus einem Ufa-Film über Schiller, sondern von diesem selbst; der folgende Satz war nicht ein Werbeslogan für einen solchen Film, sondern schließt an den eben zitierten an: »Der Unglückliche weint hier mit fremdem Kummer seinen eigenen aus.« Die materiale Analyse des Übels reduziert sich auf eine betrübte Formel, was der eine zuviel habe, habe der andere zuwenig. »Die menschliche Natur erträgt es nicht, ewig auf der Folter der Geschäfte zu liegen, die Reize der Sinne sterben mit ihrer Befriedigung. Der Mensch, überladen von tierischem Genuß, der langen Anstrengung müde, vom ewigen Triebe nach Tätigkeit gequält, dürstet nach bessern, auserlesenern Vergnügungen, oder stürzt zügellos in wilde Zerstreuungen, die seinen Hinfall beschleunigen und die Ruhe der Gesellschaft stören« (l. c., S. 23). Mit dem Schluß entdeckt dieser Satz, der fast schon das sogenannte Freizeitproblem zu beschreiben scheint, auch bereits den Gebrauch von Kulturindustrie als Mittel der Herrschaft. Denn nicht nur der Selbstbefreiung der Bürger, auch dem monarchischen Staat, der ihnen vielleicht helfen könnte, stellt Schiller das Institut der Bildung durch Wirkungsästhetik zur Verfügung. »Nicht weniger ließen sich – verstünden es die Oberhäupter und Vormünder des Staates – von der Schaubühne aus die Meinungen der Nation über die Regierung und die Regenten zurechtweisen. Die gesetzgebende Macht spräche hier durch fremde Symbole zu dem Untertan, verantwortete sich gegen seine Klagen, noch ehe sie laut werden, und bestäche seine Zweifelsucht, ohne es zu scheinen. Sogar Industrie und Erfindungsgeist könnten und würden vor dem Schauplatze Feuer fangen« (a.a.O., S. 22). Die Dichter und Denker, die Gelehrtenrepublik Kants, waren in Deutschland, wenn sie mit Glück um Gunst kämpften, Pensionäre der Fürsten. Es ist für die Folgen unerheblich zu untersuchen, ob die Litanei Schillers für eine Erziehung zur Anpassung mit angenehmeren – und unmerklicheren – Mitteln unter dem Zwang entstanden ist, die Institution eines bürgerlichen Theaters der Obrigkeit akzeptabel erscheinen zu lassen, oder ob sie selber Anpassung, deformierende Verinnerlichung dieses Zwanges darstellt. Denn es handelt sich nicht um eine Frage zur Lebensgeschichte eines Einzelnen. Bruford hat (*Weimar zur Goethezeit*) sozialgeschichtlich die exemplarische Einheit von Biographie und deutscher Klassengeschichte angedeutet, die den Antagonismus von emanzipatorischen Ansätzen und konservativen Durchführungen erklären mag.

Arbeit, Werkzeug, List. Ansätze in der Konstitutionslogik des frühen Hegel

Der folgende Text ist das Resultat einer Diskussion, die von Katharina Hill, Uta Koch, Hans-Ulrich Kretzschmar, Rudolf zur Lippe und Hans-Jürgen Maas geführt wurde im Rahmen der Vorbereitungen zum Seminar »Interaktion und Kommunikation« (Sommersemester 1972 am Philosophischen Seminar der Johann Wolfgang Goethe-Universität Frankfurt/M.); für den Druck ist er von Katharina Hill und Rudolf zur Lippe noch einmal redigiert worden.

Hegels logische Konstruktion in den *Jenaer Realphilosophien** hat insgesamt den Charakter einer anthropologischen Rekonstruktion im Medium der Logik. Dieser erkenntnispraktische Aspekt bezeugt die außerordentliche Fruchbarkeit eines Vorgehens, das eine erkenntnistheoretische Disziplin zum Vehikel praktischer Philosophie macht.

Diejenigen, die – grundsätzlich ja auch zu Recht – Hegel stets als einen Idealisten verstehen, werden hier darauf hinweisen, daß die ganze Rekonstruktion nur das Wirklichwerden des Geistes darstellen soll, der vorab angenommen ist. (Vgl. auch das Sprachmodell, das hier nicht diskutiert wird.) Besonders angesichts der noch unsystematisch zueinander stehenden Motivationen in den *Jenaer Realphilosophien* ist die dogmengeschichtliche Einordnung aber eine Verkürzung. Hegels Ungenügen an den bestehenden Verhältnissen muß gesehen werden, selbst dort, wo er es nur in Form verhängnisvoll voreiliger Euphemismen ausdrückt. Die Hinweise, in

* G. W. F. Hegel, *Jenenser Realphilosophie I.* Die Vorlesungen von 1803/04. Hrsg. Johannes Hoffmeister, Leipzig 1932, und *Jenaer Realphilosophie, Vorlesungsmanuskripte zur Philosophie der Natur und des Geistes von 1805/06.* Hrsg. Johannes Hoffmeister, Hamburg 1969 (unveränderter Nachdruck der ersten Auflage 1931 unter dem Titel *Jenenser Realphilosophie II*).

jüngster Zeit bei Henrich *(Hegel im Kontext)*, auf die theologischen und von Hölderlinscher Antikenrezeption herkommenden Motive beim jungen Hegel präzisieren das auch biographisch. Wenn wir hier mehr Möglichkeiten als gewöhnlich zugelassen sehen, den frühen Hegelschen Arbeitsbegriff in einen Zusammenhang zu ziehen, der in ihm vorwegnehmende Züge des Marxschen *(Politisch-ökonomische Manuskripte, Deutsche Ideologie, Grundrisse)* andeutet, so in demselben nachträglichen Sinne, in dem Hegels Aufnahme zeitgenössischer Psychologie heute Bezüge zum sozialpsychoanalytischen Denken (Freud, Alfred Lorenzer, Michael Balint u. a.) erlaubt.

Auf allen Stufen, auf denen die Bewegung des Prozesses durch die neue Verarbeitung von Inhaltlichkeit zur formalen Allgemeinheit wird, wird logisch immer nur die Möglichkeit, nie die Notwendigkeit aufgewiesen, daß ein bestimmter Vorwärtsschritt in einer bestimmten Form, etwa im Werkzeug, für die folgende Geschichte festgehalten wird. Bis hin zur Stufe des Werkzeugs können alle Schritte als auch realgeschichtlich der Menschheit gemeinsame gelten. Wo aber, wie mit der List, auch bestimmte historische Verhältnisse als anthropologische Realuniversalien in das System eingeführt werden, erlaubt gerade dessen Logik eine Kritik an solchem Vorgehen: Indem sie alle Momente, die in der zu erwartenden neuen Stufe aufgehoben sein müssen, genau angegeben hat, ermöglicht sie, deren Vernachlässigung ebenso genau anzugeben.

Der animalische Bezug auf Gegenstände (»animalische Begierde« in der *JR* I, »Begierde« im Text II) ist das ›physische Einverleiben‹. Davon bleibt in der Folge nichts als die Notwendigkeit ihrer unveränderten und in sich unbestimmten Wiederholung: »die bloße Befriedigung der Begierde ist reines Vernichten des Gegenstandes« (II, S. 197), »ein unmittelbares Aufgehobenwerden ohne alle Idealität, ohne Bewußtsein« (I, S. 220). Die Arbeit des Menschen dagegen ist »in sich reflektierte Tätigkeit« (II, S. 197). Der Gegenstand wird ein bestimmter: »In der Arbeit entreißt die Begierde den zu vernichtenden *Gegenstand* überhaupt seinem Zusammenhange, besondert ihn und setzt ihn als auf ein Begehrendes bezogen.« (I, S. 220) Damit wird auch die Begierde zur bestimmten, zur »menschlichen« (»Trieb«): »Die *menschliche*

Begierde muß *im Aufheben selbst* ideell, aufgehoben sein, und der Gegenstand [muß] ebenso, indem er aufgehoben wird, bleiben« (I, S. 220). Die Arbeit kann sich nun auf Inhalte richten, die vor dem Beginn der Tätigkeit von einem Willen bestimmt sind.

»Welche Triebe Ich hat, dies ergibt sich erst aus dem Inhalte seiner Welt; diese sind seine Triebe.« (II, S. 194) Über diese Bestimmtheit der Triebe an Kontexten ist Arbeit implizit bereits vorab historisch bestimmt.

Das Vernichten wird »in sich reflektiert«, d. h. es wird zur Arbeit: sie realisiert, daß der Trieb sich auf einen Gegenstand richten kann; dieses Verhältnis zur äußeren Natur schlägt sich nach innen darin nieder, daß dem Subjekt seine physischen Möglichkeiten für eine Triebrealisierung zum Gegenstand werden. Die »Entzweiung des Trieb-seienden Ich«, »ebendies Sich-zum-Gegenstande-Machen« (II, S. 197) ist ein doppelter Vorgang. »Ich« oder Subjekt kann hier nichts anderes bezeichnen als eine sich ausbildende Instanz: in ihr wird die Erfahrung von einer Umwelt registriert, welche sich als Ziel bestimmter Triebe in bestimmten Gegenständen präsentiert. Die Bezeichnung Instanz drängt sich um so eher auf, als das Registrieren nicht bloßer Niederschlag bleibt, sondern als Strategie zur weiteren, nun zweckvollen Befriedigung bereitgehalten wird. Ich ist hier entweder als eine Vorform des menschlichen Ich bzw. des Subjekts zu verstehen (das ist sein systematischer Stellenwert im logischen Aufbau) oder, wenn man von der gegenwärtig phylogenetisch erreichten Stufe zurückblickt, als eine sogenannte tiefere Schicht. Dieses Ich entzweit sich in die zwei Teile des Triebs: der eine ist die auf Gegenstände hin gerichtete leere Form des Gerichtetseins (Zweck, Allgemeinheit) und heißt ebenso einfach Trieb wie der andere Teil, der die potentielle Tätigkeit überhaupt ist. Dieses physische Vermögen als solches wird zum Vehikel der Realisierung des prinzipiellen Gerichtetseins. Der moderne Ausdruck Triebenergie trifft genau, was hier gemeint ist. Dabei bleibt aber auch klar, daß der Trieb als leere Form, Gerichtetsein, als Strategie, und der Trieb als Triebenergie, Tätigkeit, noch ein und dieselbe Sache bleiben. Das »Entzweien« kann sinnvoll nur gefaßt werden, wenn es auf eine Einheit bezogen bleibt. Sich zu entzweien und in dem »sich« auch die

Einheit des Entzweiten zu begründen, ist logisch *ein* Vorgang, ist aber auch real *ein* Vorgang.

In einem gewissen Sinn wird dieses Ich schon mehr ein Subjekt; es hat die Fähigkeit, sich disponierend zu einem Objekt zu verhalten: diese Disposition realisiert es mit Hilfe einer Disposition über sich selbst als Objekt. Allerdings bleibt das Disponieren noch ganz Moment des Verhaltens in einer Situation, in der doch bereits Objekthaftes gegenständlich konstituiert ist: als inneres und äußeres Objekt zugleich. »Der Trieb aber ist die Einheit des Ich als [eines] zum Dinge gemachten.« (II, S. 197)

Im Text der *Jenenser Realphilosophie I* tritt oft noch an die Stelle des Begriffs Reflexion das Wort Hemmung. So wird die animalische Begierde schon als gehemmte gesehen, nachdem sie selber und ihre Befriedigung nicht identisch sind, sondern *zeitlich* auseinanderfallen. (I, S. 220) Dabei sind aber Befriedigung der Begierde als animalische Tätigkeit und die gegenständliche Seite der Befriedigung der Begierde noch nicht voneinander geschieden. Befriedigung ist ein Zustand. Das physische Substrat der Tätigkeit, die nur einfaches Vernichten ist, hat noch keinerlei eigenen Status, etwa als »Objekt«: »[...] das Wirklichwerden des Aufhebens, die Stillung der Begierde ist ein unmittelbares Aufgehobenwerden ohne alle Idealität, ohne Bewußtsein.« (I, S. 220) Da aber die Befriedigung sich entzieht, kann sie inzwischen, wie Hegel sagt, als Mangel gefühlt werden.

In der menschlichen Begierde tritt eine weitere Hemmung ein; sie besteht darin, daß Gegenständliches selber von dem Akt seiner Vernichtung unterschieden wird. Aus dieser zweiten Reflexionsstufe entwickelt Hegel seinen Begriff der notwendigen Bearbeitung. Es ist, als trete ein Einhalten zwischen den tätig Vernichtenden und das passiv zu Vernichtende. In diesem Einhalten kann der Tätige eine Art von Bewußtsein von einem Gegenstand seiner Begierde entwickeln; es mangelt ihm nicht mehr diffus an Befriedigung, sondern an einem Gegenstand zur Befriedigung. Diesen gibt es nunmehr für ihn gewissermaßen auch außerhalb des Vorgangs der Befriedigung. Damit bekommt er auch von seiner Begierde selbst ein Bewußtsein; sie wird, sobald sie auf einen solchen selbständig gewordenen Gegenstand bezogen ist, ihrerseits zur bestimmten. So kann neben dem realen Vernichten, das ja zur Stillung der Begierde weiterhin notwendig ist, auch ein Bewußtsein von der Aufhebung und dem Aufgehobenen entstehen. (I, S. 220 f.)

In diesem Bewußtsein von dem Vorgang bleibt eine Kontinuität der Begierde zurück: »die Begierde kommt in ihrem Vernichten nicht zu ihrer Befriedigung« (I, S. 221), es bleibt eine Kontinuität von dem Begehrten als bestimmtem Objekt zurück: »und *das Gegenständliche,* [ebenso wie] es vernichtet wird, bleibt ebenso bestehen.« (I, S. 221) Es wird hier noch nicht vom Ich gesprochen, sondern von Zuständen kontinuierlichen Begehrens und kontinuierlicher Tätigkeit, die auf einer späteren Stufe als Konzept das Ich ermöglichen. Deren faktische Einheit nennt Hegel hier Arbeit und billigt dieser Einheit, im Zusammenhang mit einer kontinuierlichen Gegenständlichkeit ihr gegenüber, die Qualität von »Idealität« oder »Bewußtsein« zu. »Die Arbeit ist dies praktische Bewußtsein als Beziehung Allgemeiner, Einssein beider; sie muß ebenso als Mitte sein, in der sie sich als entgegengesetzt beziehen und woran sie als diese Getrennte[n] Bleibende sind, wodurch das Arbeiten als solches seine bleibende Existenz hat.« (I. S. 221)

Im Text I führt Hegel nicht den Begriff Trieb für dieses doppelt gehemmte und auf einen bestimmten Gegenstand gerichtete Begehren ein. Er insistiert auf dem Situationscharakter dessen, was er darstellt, und rechnet die Bestimmtheit der Situation nicht mit einem psychologischen Begriff einem noch gar nicht voll konstituierten Subjekt zu. Weil beide Seiten dieses Prozesses als Elemente einer Situation verstanden werden können, wird um so deutlicher, was aus ihr zu einem Begriff von Subjekt und Objekt führen kann. Die Hemmung in der bloßen Begierde als unterschiedslose Einheit von Vernichtendem und Vernichtetem ist von einer zweiten Hemmung gefolgt. In ihr wird über das bloß zeitliche Auseinanderrücken hinaus auch die Einheit von Vernichten und Vernichtetem gebrochen. Gleichwohl muß über diesen Bruch hinweg – genauer: durch ihn reflektiert hindurch – eine Beziehung fortbestehen. Sie muß sich gewissermaßen auf beiden Seiten Agenten schaffen, um als Verbindung des Auseinandergerückten sich fortsetzen zu können.

Die Gegenwart des Gegenstandes im Trieb auch außerhalb und nach der physischen Vereinigung in der vernichtenden Bewegung kann man mit dem psychoanalytischen Begriff der Objektrepräsentanz identifizieren. Entsprechend bildet sich, ebenfalls auf der tätigen Seite, eine Repräsentanz für deren eigenes Beteiligtsein an der Beziehung zum Objekt aus: die Selbstrepräsentanz. In der Arbeit als einer in sich reflektierten Form der Tätigkeit wird die Außenwelt als die und die bestimmten Gegenstände konstituiert und zugleich eine Beziehung des Ich zu sich selbst als einem Gegenstand begründet. Die Außenwelt ist nicht mehr bloß das Andere, dem Ich äußerliches Nicht-Ich, als welches sie ebensowenig irgendein Prädikat haben könnte, wie dieses Ich mit irgendeinem Sinn Ich genannt werden könnte. »[...] hier bringt sich der Trieb hervor, er bringt die *Arbeit* selbst hervor [als] einzelnes Moment; er befriedigt sich« und unterscheidet sich in »Form und Inhalt«.

Diese »fallen« noch »ins äußere Bewußtsein« (II, S. 198). D. h. der Trieb hat seine reflektierbare Kontinuität an dem bestimmten Gegenstand; dessen Fortbestehen für ihn wird ihm garantiert durch seine eigene Kontinuität als Streben nach einem bestimmten Ziel. (Ähnlich fällt der Arbeit ihr Bewußtsein in das Äußere des Werkzeugs. S. u.) Wie innen die Arbeit »einzelnes Moment« des Ich werden kann, so kann außen ein Gegenstand nach Form und Inhalt begriffen werden. Es gibt nicht mehr nur Gegenständliches überhaupt, sondern verschiedene Gegenstände.

Ein Moment im Ich verselbständigt sich, Arbeit als aneignender Trieb, und erlaubt damit eine Reflexionsbewegung innerhalb des Ich. Arbeit ist eine tätige Beziehung auf Anderes, dient dem eigenen Trieb zur Realisierung seiner Befriedigung. Dabei wird dieses Andere nicht mehr blindlings vernichtet, so daß keinerlei Eigenschaften, Bestimmungen an ihm deutlich werden könnten; es ist also nicht gerade so gut wie irgendein anderes, vielmehr läßt es sich substantiell vom Akt seines Vernichtetwerdens unterscheiden. (Zuvor hatte es noch heißen müssen: »das Begehrte« ist »ebenso das Aufgehobenwerden« [I, S. 220].) Das Andere, das als dieses oder jenes Ziel des Triebes ist, erlaubt auch eine Reflexionsbewegung zwischen Ich und dem Gegenstand. Eine bestimmte Strategie der

Triebbefriedigung ist konstituiert. Sie heißt Arbeit. Als Arbeit kann die Begierde sich weitere Gegenstände suchen und geht damit positiv über den bloßen Mangel an einem gegenständlichen Äußeren hinaus, erreicht aber noch nicht die Möglichkeit von Strategien, die sich verfügend auf diese Gegenstände richten werden, wie die List sie schaffen wird.

Die Aneignung von Natur durch Arbeit ist auf doppelte Weise der Prozeß der Gegenüberstellung von Ich und Natur: einmal durch die Konzeption von Objekten und einmal als die Konzeption seiner selbst als Natur in der Triebenergie. Das Ich hat in sich selbst eine Gegenständlichkeit hervorgebracht und praktisch entdeckt – und es hat durch Bearbeitung aus der namenlosen, eigenschaftslosen Natur sich gegenüber ein Objekt, einen Gegenstand herausgelöst, der als bestimmter seinen Trieb befriedigt hat. Der Gegenstand besteht fort – und auch die Aneignungsstrategie, Arbeit.

Mit dieser Arbeit wird sodann noch etwas anderes hervorgebracht: Die Strategie Arbeit vergegenständlicht sich, die »aufgehobene Arbeit« zeichnet sich dadurch aus, daß über den bloßen Vorgang hinaus objektiv etwas zurückbleibt. Dieser Überschuß über die bloß momentane Befriedigung ist zunächst die Fähigkeit, weiterzuarbeiten (Produktionswissen als »lebendige Mitte«); dann aber auch ein Werkzeug dieser Arbeit (Produktionswissen als »tote Mitte«): »dieser Gegenstand, der an seiner Statt arbeitet« (II, S. 197). »Die Arbeit ist dies praktische Bewußtsein als Beziehung Allgemeiner, Einsseins beider; sie muß ebenso als Mitte sein, in der sie sich als entgegengesetzt beziehen und woran sie als diese Getrennte[n] Bleibende sind, wodurch das Arbeiten als solches seine bleibende Existenz hat. [Die Arbeit ist] selbst ein Ding. Das *Werkzeug* ist die existierende vernünftige Mitte, existierende Allgemeinheit des praktischen Prozesses; es erscheint auf der Seite des Tätigen gegen das Passive, ist selbst passiv nach der Seite des Arbeitenden, und tätig gegen das Bearbeitete. Es ist das, worin das Arbeiten sein Bleiben hat, was von dem Arbeitenden und Bearbeiteten allein übrig bleibt und worin ihre Zufälligkeit sich verewigt; es pflanzt sich in Traditionen fort, indem sowohl das Begehrende als das Begehrte nur als Individuen bestehen und untergehen; [es] ist ein gehemmtes Vernichten durch Not[wendigkeit], aber ein absolut Äußeres.«

(I, S. 221) Das Ich hat sich das Vehikel zur Realisierung von Befriedigungsstrategien in einem weiteren Gegenstand zwischen sich und dem Aneignungsziel über den einen gelungenen Akt hinaus gesichert.

Hegel spricht von der gegenständlichen Kontinuität »aufgehobener Arbeit« in einem Gegenstand, der der Realisierung der Arbeit gedient hat, in einem Arbeitsmittel, im »Werkzeug«. Die Vergegenständlichung ist möglich, weil die Arbeit selbst »in sich reflektiert«, d. h. weil die prozessuale Mitte Arbeit als Beziehung schon Gegenstand der Reflexion gewesen ist; die Strategie als existierende Beziehung zum anzueignenden Gegenstand ist auch selber »das Gewollte«, die Arbeit selber auch »Inhalt« wie das Ziel des Triebs (II, S. 198).

Dieser Inhalt wird gegenständlich im Werkzeug und wird »kontinuiert«. Neben die anzueignenden Gegenstände, die selbst die Begierde einlösen, tritt eine zweite Gruppe von Gegenständen, die »Mittel der Begierde« sind (II, S. 198). Hegel expliziert, daß unter dem Oberbegriff Werkzeug auch ein Arbeitsmittel wie der »bebaute, fruchtbargemachte Acker« (II, S. 198) zu denken ist. Hier ist das Werkzeug als »die *bestimmte Möglichkeit*« »des Gewollten« vor allem die formale Sicherung der Kontinuität an einem Gegenstand. Eine in dieser oder jener Arbeit bestimmte Weise der Tätigkeit wird ebenso darin vergegenständlicht aufbewahrt wie der Niederschlag der erworbenen Fähigkeiten des Ich. Die Wiederholung der Aneignungsstrategien ist möglich geworden im Sinne einer realen Potenz, nicht mehr als Möglichkeit bloß im Sinne eines ›Ich könnte‹. Damit ist die inhaltliche Allgemeinheit formal festgehalten, die mit den strategischen Möglichkeiten des bestimmten Triebs bei seiner Realisierung im Arbeiten entstanden war. Als solche Zukunftsperspektive ist diese Möglichkeit nun zweifellos »vortrefflicher als der Zweck der Begierde, der einzelner ist« (II, S. 198). Die Möglichkeit muß freilich weiterhin realisiert werden, um als reale Befriedigung eingelöst zu werden. Es muß also auch weiterhin noch Arbeit geleistet werden: »Aber das Werkzeug hat die Tätigkeit noch nicht selbst an ihm. Es ist *träges* Ding, kehrt nicht in ihm selbst [zurück]. Ich muß noch damit arbeiten.« (II, S. 198) Diese Arbeit wiederholt in ausgeprägterer Form die beiden schon diskutierten Seiten des Triebs. Soweit das Werkzeug sich für den Menschen, an seiner Statt, abnutzt, ist das Subjekt als disponierendes involviert: »Ich bleibt die Seele dieses Schlusses« (II, S. 198). Aber: »Ich erspare dabei [...] nur der Quantität nach, bekomme aber doch Schwielen. Das Mich-zum-Dinge-Machen ist noch notwendiges Moment« (II, S. 198). Es geht nicht mehr nur um zweckgemäße Koordination von Tätigkeit der eigenen Triebenergie und bestimmtem Gegenstand der Bearbeitung, Aneignung; in diese Koordination muß auch das Mittel des Prozesses seinerseits als ein selbständiges Moment einbezogen werden. Entsprechend wird die »Seele« mehr in ihrer strategischen Fähigkeit beansprucht und ist stärker ausgebildet. Der Gegensatz zu dem vergegenständlichten Teil des Ich ist damit um so größer.

Hegel sagt zu Recht, daß das Bewußtsein von der strategischen Fähigkeit – »einseitige *Form des Inhalts«* (II, S. 198) – in das dem Ich Äußere falle; es existiert nur in dem Gegenstand Werkzeug als einem ganz bestimmten. Die höhere Stufe von Reflektiertheit, die das Ich erreicht hat, läßt sich nicht anders beschreiben denn als eine Fähigkeit des Ich, sich auf Werkzeug und Triebziel zu beziehen, und den Umstand, daß dies tätig geschieht. Man könnte dies als eine Anwendung des Werkzeugs bezeichnen, die nur aus der Tradition eines Know how garantiert wird, das als solches dem Werkzeug hinzugesetzt wird, auf dieser Stufe des Gesamtprozesses aber noch nicht abgelöst von der Existenz des Werkzeugs tradiert werden kann. Die Fähigkeit, weiterzuarbeiten, die oben mit »Produktionswissen als lebendige Mitte« bezeichnet worden ist, wird hier im Umgang mit dem Werkzeug näher bestimmt, aber unlebendig darin fixiert. So bleibt das Subjekt auch in einer zweiten Hinsicht noch abhängig: es würde mit dem Werkzeug auch sein Gedächtnis verlieren, in dem die Erfahrung der Aneignung des Bearbeiteten und deren neuerliche Anwendbarkeit vergegenständlicht sind. Es hat den Zweck in den Gegenstand gelegt und damit gewissermaßen abgelegt. Nun ist es darauf angewiesen, ihn aus dem Werkzeug mit dessen Hilfe wieder abrufen zu können. Dieses Abrufen ist wiederum nur als tätiges, als Arbeit selbst, in der bestimmten Form der Arbeitsverrichtung, die das Werkzeug vorschreibt und der anzueignende Gegenstand verlangt, möglich. Zwar ist ihre Vergegenständlichung auf dieser Stufe, fällt sie doch als praktische noch ins »äußere Bewußtsein«, an den Gegenstand Werkzeug gebunden. Dennoch heißt Vergegenständlichung hier auch schon etwas anderes: Die Menschen, die nur als mit dem Werkzeug arbeitende sich auf den Gegenstand Werkzeug beziehen konnten, werden immerhin tendenziell in die Lage versetzt, sich ihrem eigenen Produktionswissen gegenüber noch einmal so zu verhalten, wie sie sich bei der ursprünglichen Aneignung von Gegenständen aus der noch undifferenzierten Natur verhalten haben. D. h. vor allem, daß sie nun ein Moment ihrer Arbeit als Erfahrung objektiviert vor sich haben und daraus entsprechend für neue Arbeiten neuen Nutzen ziehen können. Das Werkzeug Stock hat nicht nur diese eine, durch das Triebziel der hoch gewachsenen Frucht bestimmte Möglichkeit in sich, diese herunterschlagen zu können; noch einmal mit der verallgemeinernden Erfahrung vom Werkzeug als Arbeitsmittel betrachtet, kann es als ein allgemeines Werkzeug begriffen werden – und vielleicht als nächstes zum Grabstock dienen. Jedenfalls muß der Arbeitende sich praktisch auf den Wirkungszusammenhang des Werkzeugs beziehen, während er es gebraucht. Er bezieht sich bewußt auf seine eigenen Kräfte, den Trieb als körperliches Tätigkeitspotential, und er bezieht sich implizit auf die Naturkräfte in ihrer praktisch gebändigten Form, wie sie im Werkzeug vorliegt.

Damit erhält, was oben Überschuß genannt worden ist, einen doppelten Charakter. Dessen einen Teil stellt das Werkzeug selber dar, indem es in der einmal festgelegten effektiveren Weise weiterhin zu produzieren gestattet; den anderen stellt die Fähigkeit zur Reflexion der Produktionsweise dar, die sich dadurch auszeichnet, daß sie zumindest tendenziell nicht nur diese eine, so festgelegte Produktionsweise fortzusetzen erlaubt: sie besteht positiv in der Tradition des Wissens, das zum Gebrauch des Werkzeugs notwendig ist, sie geht aber nicht darin auf. Dieses Moment der Veränderbarkeit aus den Bestimmtheiten der bis dahin gegebenen Situation selber wird in den späteren Überlegungen noch wichtig werden.

In der *JR I* tritt gegenüber dem Arbeiten mit dem Werkzeug das Produktionswissen nicht gesondert hervor. Der Zusammenhang wird als Einheit dargestellt und insgesamt prozessual verstanden. »Das *Werkzeug* ist die existierende vernünftige Mitte, existierende Allgemeinheit des praktischen Prozesses« (I, S. 221). Funktionen und Perspektiven werden nicht ausdrücklich angegeben, sondern als impliziert in den Beziehungen zwischen den Elementen des Prozesses, wie sie konkret bestimmt sind. »[...] es erscheint auf der Seite des Tätigen gegen das Passive, ist selbst passiv nach der Seite des Arbeitenden, und tätig gegen das Bearbeitete.« (I, S. 221) Die diesen Beziehungen zwischen den Elementen eigene Bestimmung wird wiederum zu keinem eigenen Begriff gemacht, über den sie dem zugeschlagen würde, was später Ich heißen darf (so wie es im Text II geschieht, wo das Werkzeug gleich »äußeres *Bewußtsein*« genannt wird). Kontinuität wird nicht als ein »äußeres Bewußtsein« *des Subjekts* gefaßt, vergegenständlicht im Werkzeug, das immerhin auch als äußeres dem Subjekt zugerechnet wird (einem Subjektbegriff, der gewissermaßen auf Zuwachs berechnet ist). »Es ist das, worin das Arbeiten sein Bleiben hat, was von dem Arbeitenden und dem Bearbeiteten *allein* übrig bleibt und worin ihre Zufälligkeit sich verewigt; es pflanzt sich in Traditionen fort, indem sowohl das Begehrende als das Begehrte nur als Individuen bestehen und untergehen; [es] ist ein gehemmtes Vernichten durch Not[wendigkeit], oder ein absolut Äußeres.« (I, S. 221, Hervorhebung v. d. Verf.). Es gibt auf der Seite des Tätigen noch kein frei über das Werkzeug verfügendes Wissen, die Kontinuität auch der »vernünftigen Mitte« ist an das Werkzeug selbst und damit an etwas Zufälliges gebunden. Deshalb ist, damit die möglich gewordene Kontinuität immer wieder wirkliche wird, Tradition erforderlich.

Mit dem Wort Tradition verweist Hegel auf eine Dimension der Realgeschichte, die bislang noch unberücksichtigt geblieben ist. Der Mensch, von dem gesprochen wird, ist nicht als exemplarisches Individuum, erst recht nicht als dieser oder jener empirische Mensch zu verstehen; vielmehr ist dieser Mensch bereits vergesellschaftet. Historische Realität kann die oben entwickelte Möglichkeit von kontinuierlicher und in sich reflektierter Arbeit nur in gesellschaftlich lebenden Menschen haben. Diese Dimension wird mit dem Wort Tradition nur von der Seite her bezeichnet, von der das Individuum über die Generationen hinweg in der zeitlichen Aufeinanderfolge nicht als isoliertes genommen werden kann. Daß solche Tradition aber auch eine Zusammenfassung von Menschen in derselben Zeit voraussetzt, mag in der Erwähnung des »bebauten Ackers« immerhin mitgedacht sein, da dieser doch immer Ergebnis und Gegenstand vereinigter Anstrengungen gewesen ist.

Insofern damit im Werkzeug ein Ansatz für die Möglichkeit gegeben ist, sich auf diese Naturkräfte bewußt zu beziehen, ist es Vorstufe der List. Zwar gilt: »Ich muß noch damit arbeiten« (II, S. 198); dennoch ist dem Arbeitenden die Mitwirkung von äußerer Natur als Kräftepotential zugefallen. Sobald er nicht mehr nur merkt, daß es so leichter und besser geht, sondern auch, weshalb das so ist, kann er darauf verfallen, den punktuellen Vorteil systematischer aufzugreifen und gezielt Parallelsituationen herbeizuführen. »Es ist in das Werkzeug auch eigne Tätigkeit zu legen, es zu einem selbsttätigen zu machen. [...] Die Passivität verwandelt sich in Tätigkeit, [...] überhaupt daß die eigne Tätigkeit der Natur, Elastizität der Uhrfeder, Wasser, Wind angewendet wird« (II, S. 198). Die noch zweckfreien und unbestimmten Naturbewegungen erscheinen wie ein Angebot, auch ihrer sich zu bedienen, indem sie auf ein Ich, das mit ihnen arbeiten will, bezogen werden. Faktisch bedeutet das, daß sie angewendet werden, »um in ihrem sinnlichen Dasein etwas ganz Anderes zu tun, als sie tun wollten, [daß] ihr blindes Tun zu einem zweckmäßigen gemacht wird, zum Gegenteile ihrer selbst« (II, S. 198).

Als entscheidende Veränderung auf dieser Stufe stellt sich heraus, daß Tätigkeit aus der existentiellen Einheit der Arbeitssituation als dem Prozeß entlassen ist, in dem beide Triebteile des Menschen involviert sind: »Hier tritt der Trieb ganz aus der Arbeit zurück. Er läßt die Natur sich abreiben, sieht ruhig zu und regiert nur mit leichter Mühe das Ganze: *List.*« (II, S. 199). Diese dritte Weise der Anwendung von Naturkräften geschieht nicht mehr in unmittelbarer Einheit mit der Nutzung der eigenen Energien des Ich, aber noch in konkreter Verbindung mit ihr beim real wiederholten Produktionsvorgang: denn auch die Überlistung der Naturkraft ist an eine bestimmte Arbeitsweise mit bestimmtem Zweck gebunden und auf das Werkzeug angewiesen, über das (nicht mehr: in dem) die gelungene Strategie zusammengefaßt wird.

Wo Tätigkeit verändert wird zum Arbeitenlassen, entsteht gleichzeitig ein weiteres, ebenso entscheidendes Phänomen. Zunächst ist »List« die inhaltliche Allgemeinheit eines »Ich könnte«. In dem Ich als einem passiv aufnehmenden bilden sich die Gegenstände ab. Sie bilden sich jetzt aber mit ihren Beziehungen untereinander, als ganze Prozesse ab. Die bestimmten Funktionsmöglichkeiten, die den Naturprozessen dadurch zukommen, werden ihnen freilich nur innerhalb des Ich zuteil. Die Naturkräfte »arbeiten« nur im Hinblick auf Ziele des Menschen: Sobald das Ich in einem weiteren Schritt aktiv mit diesen Bildern in die Realität hinausgeht, werden die Bestimmtheiten der Natur als Beziehungen zwischen Objekten in der gleichen Weise Bestimmtheiten für das Ich, wie die ersten Gegenstände bestimmt worden sind in ihrer Bezogenheit auf den bestimmten Trieb des begehrenden Ich. » [Der] Mensch ist so das *Schicksal* des Einzelnen.« (II, S. 199) Die Gegenstände haben darum ihr »Schicksal« ganz außer ihnen im »Menschen«, weil die Menschen sich, insofern sie der Natur Zwecke geben, aus der Einheit der Beziehung auf Natur in gegenständlicher (körperlicher) Arbeit zurückgezogen haben; sie beziehen sich jetzt auf die Natur nur über die Strategien des Arbeitenlassens. Zu dieser abstrakten Vermittlung können die Naturgegenstände (zu denen jetzt auch die Naturkräfte gehören) nur als einzelne ins Verhältnis kommen; jetzt gelten allein ihre strategisch nutzbaren Beziehungen zueinander – und die gibt es nur durch den Plan des Ich.

Entsprechend verändern sich die Beziehungen im Innern des Ich zwischen den beiden Triebteilen. List müßte auf alle Momente der Situation, wie sie mit dem Werkzeug gegeben ist, reflektieren. Sie läßt aber den körperlich arbeitenden Ich-Teil, die Triebenergie, unberücksichtigt, da es noch allein darum geht, seine Mühen durch Strategien in der äußeren Natur zu reduzieren. Der Fortschritt ins Arbeitenlassen hat ein Element auf der Ich-Seite übersehen lassen; nicht das ganze Ich reflektiert auf die Naturkräfte, die da draußen wirken. Vielleicht sind wir daran zu sehr gewöhnt, um diesen logischen Fehler zu bemerken, er läßt sich jedoch konkreter rekonstruieren.

Was als »Ich« hinreichend eigenständig wird, um strategische Instanz zu sein, bildet sich nur durch den Niederschlag, der aus dem Arbeiten und der Reflexion über Arbeit, Gegenstand und Arbeitsweise entsteht. Aus dem weiteren realen Vorgang der Arbeit des Triebs an und mit Gegenständen werden dann dieser strategischen Instanz im Ich Mitteilungen zuteil. Wie entscheidend diese sind, hat gerade Hegel gezeigt, als er die Stufe des listigen Verfügens aus der Situation konstituiert beschreibt, in der diese Mitteilungen möglich und real geworden sind. Nun sind freilich diese Arbeitserfahrungen für die List nur die Plattform für das theoretische Zweckhaben, an ihrer Reflexion werden sie nicht mehr beteiligt. Dem entspricht, daß die Naturgegenstände im folgenden tendenziell nur so weit in ihrem An-und-Für-Sich aufgenommen werden, wie sie *für* das Subjekt arbeiten, nicht wie sie *mit* ihm als Arbeitendem arbeiten. Das war im Werkzeugstadium noch ungeschieden. (Solche Einheit deutet sich später selbst zum Einzelnen isoliert in dem an, was Kunst heißt oder, bei Schiller, Spiel.) Jene Mitteilungen über die Gegenstände, die aus dem körperlichen Arbeiten entstehen, werden abgeschnitten und können sich nicht mehr in der registrierenden und strategiebildenden Instanz des Ich niederschlagen. Das heißt aber, daß soweit auch keine Repräsentanzen für Beziehungen mehr ausgebildet werden. »[...] der *hinaus*gehende Trieb ist als *List* theoretisches *Zusehen,* – das *nichtwissende* Treiben zum *Wissen.*« (II, S. 199) Genauer gesagt ist der aus der Ruhe hinausgehende Teil des Triebs einem ruhig zusehenden Teil gegenübergestellt. Der oben festgestellte Sprung der List aus der Bindung an das Werkzeug wiederholt sich darin, daß der hinaustretende Teil des Triebes, der systematisch den real wirkenden Triebenergien entspricht, gar nicht mehr selber Arbeiten ist, sondern nur noch ein Treiben zum Wissen. Er hat das »Sich-zum-Dinge-Machen« abgespalten; es bleibt von nun an unberücksichtigt. Wie aber die Arbeit realisiert wird, wird so wenig erwähnt, als würde sie dank der List bereits von den Werkzeugen selbständig verrichtet. Der aktive Trieb ist nicht wissend, wie im Stadium der Arbeit die Tätigkeit leere Form ist. Der Inhalt indessen liegt nicht mehr in der praktischen Arbeit am Gegenstand selber; die List hat die bearbeiteten Gegenstände so gewendet, daß diese ihren Inhalt schon dem theoretischen »Zusehen« offenbaren, indem sie die Naturmächte in geeigneter Weise sich selber bewegen läßt: »Es ist in das Werkzeug auch eigne Tätigkeit zu legen, es zu einem selbsttätigen zu machen. Dies geschieht so, [...] daß die eigne Tätigkeit der Natur, Elastizität der Uhrfeder, Wasser, Wind angewendet wird, um in ihrem sinnlichen Dasein etwas ganz Anderes zu tun, als sie tun wollten, [daß] ihr blindes Tun zu einem zweckmäßigen gemacht wird, zum Gegenteile ihrer selbst: vernünftiges Verhalten der Natur, *Gesetze*, in ihrem äußren *Dasein*. [...] Hier tritt der Trieb ganz aus der Arbeit zurück. Er läßt die Natur sich abreiben, sieht ruhig zu und regiert nur mit leichter Mühe das Ganze: *List*.« (II, S. 198/199)

Die Feststellung: »Ich muß noch damit arbeiten« (II, S. 198), ist vergessen. Konsequenz: Die Ablösung des listigen Bewußtseins von dem Werkzeug als dem Repräsentanten des Arbeitsprozesses ist nicht aufgearbeitet. So bleibt es hinter seinem bereits erreichten Bewußtseinsstand zurück und in einem Moment schlecht an den Arbeitsprozeß gefesselt. Dieses Moment ist die gegenständliche Arbeit. Sie wird nicht aufgehoben und bleibt, so isoliert, als instrumentelle zurück. Damit entfällt für die späteren Stufen das Modell der Ich-Konstitution durch Abarbeitung, weil das Bewußtsein sich reflektierend nur der äußeren Natur zuwendet und nicht die Arbeit aus dem ihnen bis dahin gemeinsamen existentiellen Einssein mit dem Werkzeug entläßt in eine geistige Aufhebung. Mit der List tritt an die Stelle der Beziehungssituation zwischen den Triebteilen, dem Werkzeug und dem anzueignenden Gegenstand auf der Seite des Ich eine Instanz, deren finaler Charakter jene vertreten muß; das kann nur im Sinne der Zwecke des listigen Ich geschehen: instrumentell. (Diese abstrakte Instanz ist als der reale Grund von Konzepten zu diskutieren, die in Namen wie Qualifikation oder Kompetenz kulminieren.)

Die Einheit der beiden Willen als Prinzipien ist in der gelungenen Strategie der List schon vorweggenommen. »[So wird nur der] von Grund aus Meister, [der bewirkt] daß das Andre in seinem Tun sich selbst verkehrt.« (II, S. 199) Der Ausdruck »verkehrt« macht indessen auf eine Diskrepanz aufmerksam. Im selben Absatz heißt es weiter oben: »durch seine Offenheit bringt er das Andre zum Tage, daß es *an und für sich sich zeigt*«, und der Schluß: »eben darin sich selbst vernichtet«. (II, S. 199) kann als eine Bewegung zur Aufhebung im Sinne von Aufbewahrtwerden im Höheren verstanden werden. Tatsächlich wird aber einzig und allein das instrumentell Nützliche von dem An und Für sich der Gegenstände aufgenommen. »Das Andere [ist] das *Böse,* In-sich-Seiende, das Unterirdische, das *Wissende* über das, was am Tage liegt und das zusieht, wie dieses sich seinen Untergang durch sich selbst [gibt] oder so gegen es tätig ist, daß es seinem Sein, seiner Selbsterhaltung vielmehr das Negative unterschiebt.« (II, S. 200) Auch diese Einheit des zum Wissen treibenden und des aus Zusehen Wissen schöpfenden Triebteils bewährt sich nicht mehr in der Situation eigenen gegenständlichen Arbeitens des Ich. Ein Grund dafür ist nicht angegeben, vielmehr rekurriert Hegel an dieser Stelle, offenbar nicht zufällig, um eine Kontrollinstanz zu finden, auf das sonst nicht mehr erwähnte Medium der Sprache. Die rechte »Offenheit« der List weist sich daran aus, ob der Listige »stumm« und »niederträchtig« ist oder ob er zu den Wahren gehört, die ihr Vorgehen » [...] zu verteidigen [wissen] durch die Rede«. (II, S. 199) »Der Wille hat sich selbst in die zwei Extreme entzweit« (II, S. 200): die Intelligenz als Allgemeines und den Willen als Einzelnes (II, S. 200, Anm. 1). D. h., von den beiden Instanzen des Produktionswissens ist die eine, das ruhige Zusehen, zur allgemeinen Potenz der möglich gewordenen Produktionsweisen geworden: »Intelligenz«. Die andere, das unmittelbar ans Werkzeug und an die Arbeit gebundene Know how, ist hier nicht berücksichtigt. (Die Technologen lassen sich von den Arbeitern berichten und werten aus.) In der Arbeit konnte das Ich Natur als Gegenstand konzipieren, sofern und weil der Trieb seinen Teil Triebenergie zum Gegenstand seiner Befriedigungsstrategie machen konnte. In der List wird der Naturgegenstand reflektiert, aber nur in einer nützlichen Perspektive seiner Bestimmtheiten. In der Entzweiung des Willens (vgl. oben die Entzweiung des Triebs) widerfährt dies nun umgekehrt der inneren Natur und dem, was an sie angeschlossen bleibt: Arbeit und reale Befriedigung. Das Einzelne ist der je auf eine bestimmte Befriedigung gerichtete Wille. (II, S. 200, Anm. 1) Der Wille ist nicht mehr Wille in Einheit mit dem Akt der Befriedigung eines Triebes, arbeitender Aneignung eines bestimmten Gegenstandes. Er ist allgemein geworden, kann alles Begehren als bestimmte Strategie konzipieren – aber eben nur konzipieren. Zugleich muß er aber auf den je begehrten Gegenstand gerichtet sein, der tatsächlich angeeignet werden soll; darin ist er dann ein einzelner. Die Triebenergien sind nicht mehr Vehikel für eine Integration von neuen Erfahrungen in den Pol der Tätigkeit, von dem sie ausgehen, sondern sie funktionieren offenbar abgelöst. So kann der jeweilige Gegenstand dem allgemeinen Teil des Willens keine Mitteilungen von seiner Umsetzung in Realität über den zu vollziehenden Akt arbeitender Aneignung hinaus machen. So wird die jeweilige Befriedigung nicht besondere, sondern nur einzelne. Beide Teile des Willens sind »zwei selbständige Iche füreinander« (II, S. 200, Anm. 1), aber sie stehen zueinander wie intelligibles und empirisches Ich. »Seine einsame Existenz ist vollendet.« (II, S. 200) Das bloße Nebeneinandersein beider Weisen von Ich macht jede von ihnen einsam, nicht ineinander vermittelt bleiben sie im bloßen »Sein«. »*Sein* ist gerade das Gegenteil des Mangels, aber es ist der *Mangel* selbst oder es wird Mangel gefühlt, weil die Extreme *sind.*« (II, S. 200, Anm. 1) Das theoretische Wissen fühlt seinen Mangel an Praxis. Das Wissen als allgemeines hat Wissen vom einzelnen nur der Möglichkeit von Realisierung nach. Damit das Wissen nun in »Erkennen übergehen« kann, muß das mit Arbeit in eins sich vollziehende Know how als einzelnes theoretisch dem Wissen gegeben werden, denn »beide haben sich in Eins zu setzen«. (II, S. 200) Dies soll auf Grund einer Bewegung geschehen, die »dadurch gesetzt« ist, »daß jedes an sich ist, was das Andre ist«. (II, S. 200) Also enthält das Allgemeine die einzelnen Befriedigungen als Möglichkeit, meint an sich diese; und das Einzelne ist an sich, bevor es in seine Realität übergeht, dank der in ihm enthaltenen Hemmungen, die Möglichkeit der Befriedigung, die es real erst im Akt wird. Die Identität von Möglichkeit und Realität wird nach beiden Polen aufgegliedert. D. h. es muß nun synthetisch formal zusammengeführt werden, was eigentlich prozessual noch Einheit sein müßte, hätte nur die List sich zusammen mit der eigenen Triebnatur des Ich reflektierend auf Natur bezogen. Dagegen soll bei Hegel – wie in der modernen europäischen Geschichte – dem Allgemeinen die Mühe seiner Rückbeziehung auf Arbeit erspart bleiben, es wird quasi geschont für die Zukunftsperspektive. Wiederum ist der Abstand ambivalent: Freiheit zu reflektierterer Beziehung oder Abstraktheit. Der einzelne Akt der Befriedigung soll nicht mehr nur für sich sein, sondern auf die allgemeine Fähigkeit des Zweckhabens als deren Realität bezogen werden. Entsprechend soll im theoretischen Wissen die Realisierung bereits gemeint sein.

Nachdem in einem ersten Schritt das theoretische Wissen und seine praktische Realisierung »sich in Eins zu setzen« hatten, hat nun in einem zweiten diese Einheit »*für sie* zu werden oder diese Dieselbigkeit ein Wissen derselben.« (II, S. 200) Dazu geht das Allgemeine nicht noch einmal durch sein Wissen vom tätigen Einzelnen hindurch, das theoretische Wissen nicht noch einmal durch den Akt der Realisierung, um in einer weiteren Reflektiertheit als die höhere Einheit daraus wieder hervorzutreten, sondern es begnügt sich mit einem abstrakten Sichwiedererkennen. So ist die Wechselbewegung von der Seite des theoretischen Zusehens her mehr Besitzergreifung als Reflexion der praktischen Arbeit.

Die Strategie der Arbeit – das Formale – war im Werkzeug gegenständlich; der Inhalt war durch die Bestimmung des Gegenstandes gegeben, zu dessen Aneignung das Werkzeug dienen konnte. Die formale Allgemeinheit des Werkzeugstadiums war »äußeres Bewußtsein«. Von daher entwickelt das Bewußtsein Strategieentwürfe gegenüber vielen Gegenständen, eignet sich seine Inhalte formal als zuschauende List an und wird inhaltliche Allgemeinheit. Es erwirbt die tendenzielle Möglichkeit aller Produktionsweisen; es wird theoretisch »autonom«.

Dieser Schritt wird nun nicht durch die tätige Weiterführung dieser Möglichkeiten in die reale Potenz formal besiegelt, gesetzt; vielmehr wird der Faden da wieder aufgenommen, wo er in der List teilweise entglitten war: Es treten nicht, gewissermaßen introvertiert, zwei »Könnte«-Potentiale (die allgemeine Möglichkeit des ›Ich könnte‹, das noch nicht die Realität von ›Ich kann‹ hat) einander gegenüber, um so dieses Wissen zum Erkennen zu machen (Bewußtsein vom eigenen Bewußtsein als Ganzheit der Subjektmomente einschließlich

Arbeit), sondern die abgehobene leere zweckhabende Instanz besinnt sich auf das Zurückgebliebene, dem sie ihre Existenz verdankt. Sie gibt diesem nun gerade so viel von ihrer Autonomie, die doch abstrakt ist, ab, um ihrem Wissen zur Qualität des Erkennens zu verhelfen. Sie kann dem anderen damit aber doch nicht ganz zu sich aufhelfen; es bleibt an die reale Arbeit gebunden, die sich nicht mit hinaufnehmen läßt in die abstrakte Allgemeinheit. (So ist in der List bereits die Begründung des unglücklichen Bewußtseins angelegt.)

An dieser Stelle hat die schlechte Faktizität der historischen Verhältnisse dazu verleitet, Ungleichzeitigkeit als schlechte in das System aufzunehmen, nachdem dieses System Hegels sowenig wie die europäische Geschichte den Versuch darstellt, Ungleichzeitigkeiten in einem zweiten Durchgang aufzuheben, wenn sie im ersten konstituierenden möglicherweise notwendig in Kauf genommen werden mußten. Aus dem, was wir bei Hegel ebenso wie in der Realgeschichte vermissen, läßt sich wohl aus dem einen für das andere die Forderung ableiten: Die Menschen müssen auf dem hohen Niveau von Reflektiertheit noch einmal rückwärts gehen und sich auf die früheren Stufen als auf ungleichzeitige Probleme beziehen. Diese Reflexion der Reflexion an *Praxis* führt aus dem Kreislauf der Reflexion auf sich selbst heraus, den die Hegelsche Logik etabliert und damit den bürgerlichen Begriff von einer linearen Vorwärtsbewegung der Geschichte im Zirkelschluß auf ihren Begriff gebracht hat.

Dieses Verhältnis von theoretischem Wissen und seiner Realisierung im Stadium der List wäre auf die klassenspezifische Teilung von körperlicher und geistiger Arbeit in der europäischen Gattungsgeschichte zu prüfen. Damit würde neben dem Modell von Herrschaft und Knechtschaft, das wohl mehr von der herrschaftlichen Arbeitsteilung der vorkapitalistischen Ära her entwickelt ist, ein zweites zur Verfügung stehen, das die bürgerliche Arbeitsteilung historisch präziser zu erfassen erlaubt.

Im folgenden wollen wir kurz versuchen, exemplarisch die letzte Stufe des Werkzeugmodells auf eine Nicht-Arbeitssituation zu beziehen, um die Möglichkeit der Übertragung eines konstitutionslogischen Modells auf Interaktionssituationen zu demonstrieren.

Auf der sozialpsychologischen Ebene läßt sich das Modell des listigen Verfügens über Werkzeuge vergleichen mit einer »gruppendynamischen« Situation. Die Gruppendynamik geht richtigerweise davon aus, daß sich soziale Beziehungen nicht einfach unmittelbar naturwüchsig herstellen, sondern über »Techniken« (bewußte Arrangements von Situationen und Regeln von Vorgehensweisen) gelernt werden können. Die List besteht schon in der Gruppenbildung selber: in der geplanten Kontinuität des Bestehens, in der relativen Abgeschlossenheit der Gruppe und in der vorangehenden Einigung der Gruppenmitglieder, sich auf Beziehungsprobleme zu konzentrieren. Ähnlich wie in Hegels Modell der List, wo sich das listige Subjekt den Naturgesetzen überläßt, denen es »theoretisch zusieht«, liegt die Gefahr der Gruppendynamik darin, daß die Gruppenmitglieder sich der – wenn auch erkannten – Eigengesetzlichkeit des Gruppenprozesses überantworten. Das Interesse am Funktionieren von Beziehungen innerhalb einer Gruppe hat oft zur Basis eine projizierte (gefürchtete und erwünschte) Beziehungslosigkeit von vereinzelten, auf sich zurückgeworfenen Individuen. Statt daß es um die Produktion von Beziehungen selber ginge, soll jeder für sich seine privaten Beziehungsschwierigkeiten in die Gruppe »einbringen« (moralischer Druck: »Sag doch mal, wie du dich jetzt fühlst!«). Das *Bedürfnis, sich mit anderen über das Medium des Umgehens mit Gegenständen zu erfahren,* verkürzt sich zu dem *Interesse an der »zusehenden« Registrierung von Beziehungsschwierigkeiten.* Diese werden reduziert verstanden als bloße Funktion der aktuellen Gruppenkonstellation, und man glaubt, sie diskutierend auflösen zu können. Wie in Hegels Modell der List das arbeitende Subjekt sich die Entlastung vom körperlichen Arbeitsdruck im Ausschöpfen der Energiepotentiale der Natur selber nicht aneignen kann, so ergeht es auch dem gruppendynamischen Subjekt: Die Entlastung vom Beziehungszwang in der Experimentiersituation kann es nur umsetzen in die formale Kompetenz, Eindrücke von Gruppenbeziehungen zu registrieren, die nur sprachlich entäußert werden können. Als Alternative zur formalen Gruppendynamik sind vielleicht die Balint-Berufs-Gruppen anzusehen: dort wird die Gruppenerfahrung relativiert auf die gemeinsame Arbeitssituation, die Basis und Perspektive darstellt.

Ich-Psychologie ohne Ich. Watzlawicks psychiatrische Therapie als heimliche Gesellschaftstheorie und ihre bürgerlich-traditionelle Fundierung

Die Studien zu Hobbes, Kant, Hegel und Schiller stellen Beiträge zu einer Beschäftigung mit der Geschichte der bürgerlichen Philosophie dar, die mit der Tradition des Denkens zugleich die Entstehungsgeschichte der gegenwärtigen gesellschaftlichen Verhältnisse zu vergegenwärtigen suchen. Der Sprung zu Watzlawick hat den Sinn, das an der traditionellen Philosophie Gelernte in der Auseinandersetzung mit gegenwärtiger Ideologie anzuwenden, wenn auch die Denk- und Argumentationsfiguren aus der Geschichte des sich etablierenden und des herrschenden Bürgertums in den heutigen Theorien zur Befestigung von Herrschaft nicht unmittelbar identifiziert werden können. Die Auseinandersetzung mit der »Kommunikationstheorie«, die eigentlich nur die ausufernde Begründung für eine bestimmte psychiatrische Therapie sein sollte, steht für eine ganze Reihe von ähnlichen Auseinandersetzungen, die noch zu führen sind. Watzlawicks Arbeit drängt sich in diesem Zusammenhang aus mehreren Gründen auf. Einmal kommt bei ihm das alte Schema der Geltungsstufen besonders deutlich zum Ausdruck, nach dem Entscheidungen über das, was auf einer Ebene von Prozessen oder Erkenntnisproblemen geschieht, immer nur durch den Rekurs auf eine autoritative höhere Stufe gefunden werden können; hier ist die politische Bedeutung dieser Struktur, die wir traditionell typischerweise aus den vier Stufen der Logik kennen, so deutlich wie wohl in keiner anderen Theorie zu begreifen. Außerdem hat Watzlawick die Folgen der schon an den Hegelschen Modellen von Familie und Kind aufgezeigten Aporien in der spätkapitalistischen Wirklichkeit mit nützlicher Klarheit analysiert. Hinzu kommt, daß die Klarheit dieser Analyse eine starke Faszination auf alle ausgeübt hat und noch ausübt, die sonst ziemlich hilflos vor den sich stumpfsinnig wiederholenden Phänomenen »gestörter Kommunikation« im eigenen Erleben stehen und hier wenigstens eine gewisse Art von Aufklärung bekommen. Allerdings dürfte der erstaunlich unkritische Zulauf, den Watzlawick selbst oder gerade in weiten Teilen der Linken gefunden hat, nicht nur auf den privatpsychologischen Erklärungswert seiner Theorie zurückzuführen sein; vielmehr macht diese ein verblüffend einfaches Angebot an alle, die nach langer Theoriemüdigkeit das Bedürfnis entdecken, ihre Untersuchungen und Überlegungen besser zu strukturieren. Diese Theorie ist aber ebenso einfach wie gefährlich simpel, ganz abgesehen von den mathematikförmigen Hilfskonstruktionen, die alles als den Ausfluß von Systemnotwendigkeit erscheinen lassen. Gerade dagegen muß hier das Instrumentarium der Ideologiekritik aktuell gewendet werden. Trotzdem geht es nicht um Ideologiekritik allein. Watzlawick ist so sehr auf die bestehenden Verhältnisse und Strategien des Spätkapitalismus fixiert, daß seine angeblich ewig gültige Theorie jedenfalls die Tendenz der gegenwärtigen Bedingungen, unter denen der Kampf um Veränderung aufgenommen werden muß, mit großer Klarheit beschrieben hat. Dazu gehört auch der Anspruch, ein System mit eigenen Gesetzmäßigkeiten darzustellen; denn daran wird deutlich, welche strategischen Möglichkeiten des Kapitals hier teils beschrieben, teils erst noch vorbereitet werden. Diese Analyse der gesellschaftlichen Verhältnisse gerade unter dem Aspekt von »Interaktion« läßt sich nur dann kritisch betreiben, wenn man wenigstens ansatzweise Gegenmodelle andeutet – etwa von kollektiven Beziehungen, von produktiver Verarbeitung statt »Kompetenz«. Die Autoren* wollen mehr Übersicht ermöglichen in der Fülle von Informationen im menschlichen Gehirn, deren äußerst komplizierter Organisation und Auswertung, die ihrer Aktualisierung im Kontext bestimmter Beziehungen zwischen Menschen darstellbar zugrunde liegen. Der Bereich solcher Organisation von Informationsauswertungen reicht vom selektiven Sehen bis hin zu Möglichkeiten einer intersubjektiven Verständigung über Interpretationen von bestimmten Zweiersituationen. Seine Klärung soll nicht länger bloßer »Intuition« (S. 249) überlassen bleiben; Erkenntniswege, die weder präzis

* P. Watzlawick / J. H. Beavin / D. D. Jackson, *Menschliche Kommunikation*, Bern 1969.

rekonstruierbar noch exakt nachprüfbar sind, würden, so meinen die Autoren, keine befriedigenden Lernchancen zur Verbesserung der Kommunikation bieten. – Der Versuch, dieser Absicht mit diskursiven Mitteln nachzugehen, ist zweifellos legitim, sogar notwendig. Allerdings sind schon vorab zwei kritische Feststellungen zu treffen. Die Untersuchungen gehen, als könne das selbstverständlich sein, von dem Typus der privaten Zweierbeziehung aus und fassen diesen in rein positiven Kategorien; es heißt zum Beispiel: »der Begriff des Informationsaustausches, also der Kommunikation« (S. 30). Sowohl dieser Auffassung von Inhalten als bloßen Informationen wie der von Kommunikation als deren Austausch nach Regeln, wie sie aus der Empirie durch Verifikation und Falsifikation abgeleitet werden können, entspricht dem Modell, das uns aus der klassischen Nationalökonomie bekannt ist. Ebenso entspricht ihm das Vorgehen, Mikromodelle zu entwickeln und gesellschaftliche Zusammenhänge – die hier allerdings nicht explizit ausgeführt werden – durch Integration zum Makromodell zu konstruieren. Erst durch diesen Ansatz gelingt es den Autoren, »menschliche Kommunikationen« in »Analogie zu Mathematik und Metamathematik« darzustellen und sodann »mit Hilfe von mathematischen Symbolen oder von Elektronenrechnern« (S. 248) entsprechend Problemlösungsstrategien, »Programme« zu formulieren. Einwände dagegen können nicht als Ablehnung von diskursiver Rationalität, auch nicht von Rückgriffen auf eine mathematische Heuristik überhaupt verstanden werden, sondern sind gegen dieses Modell und seine schwerwiegenden systematischen Vereinfachungen und Problemverschiebungen gerichtet – gegen eine äußerst fortgeschrittene Entwicklungsphase jener Theoreme, die aus den Erfahrungen des bürgerlichen »autonomen Subjekts« am Markt und an der ökonomischen monadischen Autonomie entstanden sind. Darum hat diese kritische Auseinandersetzung exemplarischen Charakter auch gegenüber den parallel ansetzenden Modellen der Kompensationstheorie, Verhaltensforschung, Lerntheorie und so weiter. Außerdem sind die Entwürfe und Kriterien von Watzlawick/Beavin/Jackson nicht nur wegen ihres Bemühens um Rationalität und Genauigkeit, die freilich mit ganz bestimmten Opfern eingehandelt werden, interessant. Was da geopfert wird, stimmt so weit mit den Tendenzen der spätkapitalistischen Gesellschaften auf dem Wege zu kybernetischen Steuerungsmodellen überein, daß die Autoren die empirische Verelendung der Beziehungen zwischen den Menschen mit alarmierender Präzision zu beschreiben vermögen. Ihren Gegensatz zur Psychoanalyse formulieren sie als Kritik an deren Vorstellung vom Individuum als Monade. Sie setzen dem die zentrale Bedeutung »zwischenmenschlicher Kommunikationen« entgegen. Freilich geschieht dies im Sinne einer anthropologischen Variation von Biologie, indem sie sich auf die inzwischen anerkannten naturwissenschaftlichen Erkenntnisse stützen, daß einerseits kein Organismus ohne »Informationen über seine Umwelt« leben kann, andererseits Informationen neben Nahrung oder Wärme eine besondere Form von Energiezuführung sind. Ihre Strategie der Kritik der Psychoanalyse ist es, von der Betrachtung der Individuen als Monaden und der aus ihr sekundär sich ergebenden intersubjektiven Verhältnisse zu einer Beschreibung des Menschen zu kommen, die ein »offenes System« darstellt. »Zwischenmenschlich« heißen praktisch nur die engen direkten Beziehungszusammenhänge wie Familie, Büro und Schulklasse; die Untersuchungen befassen sich fast ausschließlich mit Familienproblemen. Die Beispiele für die Systematik sind aus verschiedenen mehr oder weniger »dyadischen« Situationen gewählt wie Militär, Gericht etc. Weitere Kontexte würden die Anforderungen an das System ins Unlösbare steigern. Sie erscheinen aber erst als Gegenstand notwendiger Überlegungen; die Gesellschaft kommt explizit nur selten und dann als gewissermaßen semantischer Rahmen vor. Z. B.: »George und Martha sind interessante Individuen, doch wir wollen sie nicht von *ihrem gesellschaftlichen Kontext (d. h. voneinander)* abstrahieren und sie nur als ›Typen‹ betrachten, sondern vielmehr untersuchen, was sich zwischen ihnen, sozusagen Zug um Zug abspielt« (Hervorh. R. L., S. 142). Gesellschaften sind für diese Theorie nur als die monolithischen Handlungs- und Entscheidungsträger interessant, als die sie institutionalisiert einander gegenübertreten: Nationen. Das Problembewußtsein von Watzlawick/Beavin/Jackson ist konzentriert auf überschaubar kleine Zahlen von gegeneinander angetretenen Entscheidungsinstanzen, deren Informationsstand sich in etwas auf den Partner/Gegner Bezogenes umsetzt, das sie als Verhalten oder als Kommunikation bezeichnen. Sie nennen diese ihre Problemreduktion eine »vorwiegend pragmatische« Theorie. Und: »Pragmatisch gesehen, besteht kaum ein Unterschied zwischen den Interaktionen von Nationen und von Individuen, sobald einmal verschiedene Interpunktionen [d. h. interpretierende Aufteilungen des Ablaufs in bestimmte Schritte, wie sie der eine oder der andere sieht, R. L.] [...] zu internationalen oder persönlichen Konflikten geführt haben.« (S. 94) Pragmatisch ist ein Begriff, der hier dafür stehen soll, daß die Theorie sich gänzlich auf die Ebene von Handlungsphänomenen zurückzieht. Dieter Wunderlich nennt ihn eine Reduktion, eine positivistische Verflachung (Utz Maas / Dieter Wunderlich, *Pragmatik und sprachliches Handeln*). Zu diesem Zweck greifen die Autoren die Aufteilung »des Gebietes menschlicher Kommunikation« von Morris und Carnap in »Syntaktik, Semantik und Pragmatik« auf und behaupten, sich im wesentlichen mit dem letzteren Bereich allein befassen zu können. »Schließlich beeinflußt jede Kommunikation das Verhalten aller Teilnehmer, und dies ist ihr pragmatischer Aspekt.« (S. 22) Diese Isolierung des »Verhaltens« hat zur Folge, daß Verhalten nicht länger mit den Problemen seiner Entstehungsgeschichte und den aus ihr entstandenen Bedeutungen gemeinsam verstanden zu werden braucht. Die Autoren wollen auf der Phänomenebene das, was sich dingfest machen läßt, berechenbar festmachen. Darauf zielt ihre Kritik an der Psychoanalyse: »Wir halten dies für eine wichtige Neuorientierung, die es erlaubt, Systeme als Eingabe in das System der Beziehung statt als Ausdruck intrapsychischer Konflikte zu sehen.« (S. 45) Das Problem, was »dahinter« steckt, was sich ausdrückt im Symptom, welche »Bedeutung« es hat, wie es gedeutet und, vor allem, welche therapierende Interaktion die zum Ausdruck kommende Störung auflösen, in neue Fähigkeiten einlösen könne, wird beseitigt. An dessen Stelle werden Fragen nach den »Regeln« gesetzt, die sich positiv in der Abfolge von Phänomenen registrieren lassen. Hier schon wird deutlich, daß die Ausweitung der Betrachtung vom monadischen Individuum zum »zwischenmenschlichen Kontext« nichts mit den humanistischen Assoziationen zu tun hat, die das Wort »zwischenmenschlich« erweckt. Keineswegs sollen Perspektiven menschlicher Entfaltung dadurch zugänglich gemacht werden, daß die Einzelnen aus ihrer Isoliertheit erlöst werden, indem man ihnen die Möglichkeiten der Selbstverwirklichung in Kommunikationen mit den anderen greifbar macht; vielmehr geht es darum, die Unzuverlässigkeit von »Intuition und Empathie« (S. 247) zu überwinden, die mit dem analytischen Therapievorgehen verbunden ist. Tatsächlich überwinden sie diese nicht, sondern brechen einfach die allzu komplexen Bezüge ab und begründen ein neues Verfahren auf dem zuverlässigen Boden der »Tatsachen«. Entsprechend heißen die Menschen »die Teilnehmer«; ich kenne keinen idiomatischen Zusammenhang, in dem das Wort Teilnehmer in einem Sinne gebraucht wird, den ich hierfür als Metapher akzeptieren könnte: Spiel, Fernsprechnetz, Konferenz etc. Die Taten der »Teilnehmer« werden freilich nicht als Taten, sondern formalisiert als »Eingaben« in das System aufgenommen. Als solche haben sie den Vorteil, in einer streng formalen Theorie figurieren zu können; und sie erlauben, bestimmte Regeln abzuleiten. Ausreichend determiniert können Regeln aber nur aus einem Wechsel von Eingaben abgeleitet werden, wenn ein – wie auch immer offenes – System beschrieben werden soll. Wenn man derart formal vorgeht, ist man also angewiesen auf die Berücksichtigung mehrerer »Teilnehmer«. Allein die damit erreichte Struktur von interdependenten Variablen kann überhaupt zu der Konstruktion eines solchen Systems führen. Es ist wichtig, auf diesem Aspekt zu insistieren. In dem Kapitel *Die begrifflichen Grundlagen* erscheint der folgende Satz noch zu sehr als bloßes Element einer möglichen Theorie: »Die Regeln der menschlichen Kommunikation ›erklären‹ nichts, sie sind vielmehr evident durch ihr Sosein, sind ihre eigene beste Erklärung – ähnlich wie die Primzahlen *sind*, aber nichts im eigentlichen Sinn erklären.« (S. 44) Der Zusatz wiegt uns erst recht in Harmlosigkeit: »Die vorliegende Studie ist ein Beitrag: Sie ist als Erhellung einer zusätzlichen Dimension gedacht, deren Nützlichkeit für Klinik und Therapie in den folgenden Kapiteln dargestellt werden soll.« (ebd.)

Ich will im folgenden zeigen, daß diese Theorie keineswegs nur klinische Bedeutung hat, daß sie vielmehr grundlegende gesellschaftstheoretische Implikationen von großer Wichtigkeit enthält – gerade auch im Zusammenhang mit der von den Autoren nur angedeuteten Schulproblematik, z. B. über die von ihnen herangezogene Lerntheorie von Bateson u. a. Ich will dies an zwei Fragen entwickeln: 1. Beziehungen und Verhalten als »Definitionen« oder als Verarbeitungsentwürfe; 2. das Verhältnis zur Psychoanalyse.

1.

Das Verhalten der Teilnehmer an einem Kommunikationszusammenhang muß in das System formalisiert zu Eingaben, also in Form von Impulsen bestimmter Typen, eingehen, wenn die Rechnung aufgehen soll. Der komplexe situative Zusammenhang eines bestimmten Verhaltens wäre wahrhaft als solcher immer nur als ähnlich mit anderen zu beschreiben und würde eine je eigene Analyse erfordern, wenn diese auch auf bestimmte modellhafte Konstellationen sich systematisch beziehen könnte. Die Autoren suchen nun den Zusammenhang so auseinanderzunehmen, daß die resultierenden Elemente der Beschreibung sich als »Eingaben« behandeln lassen. Sie bauen auf ihrer Gleichsetzung von Kommunikation mit Informationsaustausch auf; Informationen werden lediglich »gespeichert«, sie haben scheinbar nichts mit einer Veränderung des Individuums zu tun. Dieses »lernt« nur durch Anhäufung, während es doch tatsächlich erst dabei sich selbst produziert. Informationen und Akte sind »Eingaben«, sie hängen nur durch »Rückkoppelungen« zusammen, nicht etwa durch Prozesse, in denen das »speichernde«, »rückkoppelnde« Subjekt konstitutiv berührt würde. Um das plausibel zu machen, bedienen sich die Autoren einer Stufentheorie, die die komplexen Zusammenhänge einer bestimmten Interaktionssituation in der gewünschten Weise aufzulösen erlaubt. Das Grundproblem besteht darin, daß die Menschen sich stets auf Sachen und auf den anderen gleichzeitig beziehen, ja, auch auf sich selbst. Dieses Grundproblem tritt praktisch zudem immer in Rückbeziehungen aller Seiten aufeinander auf, und zwar in Rückbeziehungen verschiedenen Grades. Solche Rückbeziehungen konstituieren überhaupt erst das Subjekt. Diese Erkenntnis formulieren die Autoren auf biologistischer Ebene, wo ein angeblich schon fertiges Subjekt existentiell sein »Selbstbewußtsein« ausagieren müsse. Die Stufentheorie schaffe hier nun Klarheit – einerseits ein wichtiger Beitrag, andererseits aber doch eine nicht nur erstaunliche, sondern äußerst bedenkliche Vereinfachung. Die Beziehung auf die Sachen wird als Inhaltsebene isoliert und zur Stufe der Informationen erklärt (offenbar ein engerer Begriff von Information). Die Beziehung auf die andere(n) Person(en) wird zu einer übergeordneten Stufe erklärt, die den Namen Beziehungsstufe erhält. Auch was auf ihr vor sich geht, wird als Information behandelt, aber offenbar in einem weiteren Sinne, in dem eines Oberbegriffes. Es ist nicht überraschend, daß die Autoren der ersten und zweiten eine dritte Stufe der Metakommunikation über die Beziehungsstufenvorgänge überordnen und schließlich eine vierte, vorläufig höchste Stufe extrapolieren werden, die beide auf verschiedenem Niveau der überschauenden Koordination der auf den jeweils niederen Stufen konfligierenden Phänomene dienen können.

Zweifellos ist es sinnvoll, sich die Komplexität einer Interaktionssituation als eine Konstellation vorzustellen, deren Elemente in verschiedenen Dimensionen zu begreifen sind. Neben anderen Unterscheidungen ist sicher auch die sinnvoll, nach der bestimmte Sachaspekte Vehikel für anderes sind und nach der Kommunikation und Metakommunikation bestimmt werden können. Aber die Stufentheorie trennt denn doch zu säuberlich und ordnet zu selbstsicher. Sobald man z. B. den Aspekt, daß jemand vermittels ganz *bestimmter* Sachfragen seine Beziehung zu einem anderen Menschen auszudrücken wünscht, unterschlägt oder vernachlässigt, wird die Trennung unsinnig. Allerdings handelt es sich bei solchen Aspekten um eine Art von strukturellen Rückkoppelungen einer Dimension in die andere, die sich mit den im offenen System vorgesehenen Rückkoppelungen nicht bewältigen lassen. Sie stellen nämlich die absolute, das heißt: nur in einer Richtung aufsteigende Hierarchie der Stufen in Frage.

Der zweite Streitpunkt beruht auf dem gleichen Problem. Um als typische Eingabe behandelt werden zu können, müssen die Vorgänge auf der »Beziehungsstufe« immer als abgeschlossen betrachtet werden. Andernfalls würden sie keine festen Größen abgeben. Deshalb wird von jedem Teilnehmer behauptet: »der Prototyp seiner Mitteilung wird auf der

Beziehungsstufe immer auf die Aussage ›So sehe ich mich selbst‹ hinauslaufen«. (S. 84) Darin ist eine durchaus notwendige Erkenntnis enthalten, auch wenn deren entscheidende Bedeutung den Autoren vermutlich, wie oben ausgeführt, entgeht. Das Individuum, von dem aus eine Situation so oder so dargestellt, aufgefaßt, gelöst wird, ist selber eines ihrer Elemente oder, anders gesagt, eine Variable. Man darf sich aber nicht darüber hinwegtäuschen, daß in dem mathematischen Sinne von Watzlawicks Theorie eine Variable eben variabel nur von einer Situation zur anderen, nicht innerhalb der Situationen sein kann – aus dem einfachen Grunde, weil dort immer nur Situationen in einem Zeit*punkt*, nicht als Prozesse abgebildet werden können. Deshalb geht er auch, allen Ungewißheiten des »Geworfenseins« zum Trotz, prinzipiell von »Definitionen« aus, wo es sich darum handelt, daß ein Individuum an einer Situation teilhat. Temptative Bildungen und Handlungen kann es nicht geben. »*So* sehe ich mich selbst« ist das Motto, und der darin deutliche Durchsetzungsaspekt macht sofort die Konsequenz für den Charakter klar, den die Strukturen annehmen können. Der Hinweis auf existentialistische Vorstellungen von »Begegnung« lenkt nur davon ab, daß sich prinzipiell die Teilnehmer im Konflikt gegenüberstehen. Nicht nur die eine grundsätzliche Feststellung, sondern die Verdopplung fast jedes Beispiels aus einer Familienproblematik durch ein Beispiel aus internationalen Machtfragen unterstreicht das. Im übrigen bezeichnet die Wahl von *Wer hat Angst vor Virginia Woolf?* zum Prototyp zwischenmenschlicher Kommunikation genau das. George und Martha sind das beste Beispiel, wenn man Teilhabe an der Situation als die Forderung verstehen will, der andere solle die eigene Selbstdefinition anerkennen. »Wie wir bereits gesehen haben, setzen sich Menschen im Beziehungsaspekt ihrer Mitteilungen nicht über Tatsachen außerhalb ihrer Beziehungen auseinander, sondern tauschen untereinander Definitionen ihrer Beziehung und damit ihrer selbst aus. Diese Ich- und Du-Definitionen haben ihre eigene hierarchische Ordnung.« (S. 83 f.) Ich möchte an dieser Stelle bereits eine Bemerkung einflechten, deren umfassende Begründung hier nicht möglich ist. Watzlawick beschreibt die »selffulfilling prophecy« und das »Spiel ohne Ende« als die beiden Typen der auf der Beziehungsstufe eben niemals zu lösenden Problematik, daß Kooperation ohne Anweisung von der dritten oder sogar vierten Stufe nicht möglich ist. Die Grundannahme, die als solche nicht erkenntlich in der Formulierung »Ich- und Du-Definitionen« und in der Behauptung steckt, lautet, die eigene Selbstdefinition durchzusetzen sei das subjektive Ziel jedes Teilnehmers. Kooperation und Verständigung durch die – auf Stufe eins bereits abgetrennten – Sachen hindurch ist damit ausgeschlossen worden.

Kommunikation muß, wie die Begegnung von Warenbesitzern, als eine Form von Kampf erscheinen, und andere Aspekte müssen, um das Modell in der Analogie mit der hilfreichen Mathematik zu halten, entweder vernachlässigt oder als Fragen einer hierarchischen Entscheidungsorganisation behandelt werden. Was auf einer Stufe wegen seiner Komplexität nicht eingeordnet werden kann, wird in der Hierarchie nach oben abgeschoben. Freilich kommt dann ebenso schematisch die Auflösung als abstraktes Urteil von oben wieder herunter und muß befolgt werden. Wir werden noch zeigen, daß nach Watzlawicks Lehre und Weltanschauung der Therapeut genau dadurch seinen Platz erhält; er tritt in die Funktionen der Instanz »dritte Stufe« ein. Miteinander haben die Menschen nur die Wahl zwischen zwei Typen des Konkurrenzmodells: Entweder sie verhalten sich »symmetrisch« zueinander, das heißt, keiner gibt nach; dann werden sie gemeinsam mit der »logischen Unentscheidbarkeit« ihrer Beziehung belohnt und bestraft gleichzeitig (siehe George und Martha). Oder sie verhalten sich »komplementär« zueinander. Das heißt aber auch nur, daß die Konkurrenz durch Bankrott einer Person momentan oder endgültig zugunsten des anderen Teilnehmers entschieden wird. Auch solche Fälle von »Einigung« erhalten die konkurrenzhafte Isoliertheit der Teilnehmer gegeneinander aufrecht. Daß der Kampf dabei in dem Unterlegenen verinnerlicht weitergeht, wird hier nur zur Kenntnis genommen, wenn sich bei ihm und vielleicht auch bei dem anderen daraus Symptome ergeben, derentwegen der Therapeut die dritte Stufe bemühen muß. Es trifft sicherlich zu, daß ein logisches Modell wie das des offenen Systems nicht anders denkbar wäre als auf der Grundannahme aufgebaut, gegeneinandergesetzte Definitionen würden einen Ablauf von rückgekoppelten Phasen der Auseinandersetzung ergeben. Das hat den Vorteil, mit Hilfe von Elektronenrechnern und mathematischen Symbolen ziemlich genaue Auskünfte beschaffen zu können. Das hat den Nachteil, daß die Menschen eine äußerst beschränkte Wahl ihrer Kommunikationsformen haben. Denn auch die Autoren behaupten ja nicht, dies sei tatsächlich eine alle Dimensionen umfassende Theorie; nur eine »zusätzliche Dimension« soll erschlossen werden. Gleichwohl ist in ihr der Ansatz zum Ausschluß der verbal noch geduldeten übrigen Dimensionen angelegt.

Die Menschen können sich nach ihr also nicht gemeinsame Erfahrungen erarbeiten, über die sie sich an Sachzusammenhängen nachprüfbar – im Sinne der Evidenz in der psychoanalytischen Therapie – aufeinander zu beziehen und durcheinander zu entfalten lernen; »sie müssen sich vielmehr über sich selbst und über ihre Beziehungen *auseinander*setzen. Um das zuwege zu bringen, müssen sie sich darauf einigen, ihre Beziehungen entweder als symmetrisch oder als komplementär zu definieren.« (S. 82, Hervorh. R. L.) Die existentialistische Komponente kommt als der zentrale Double-bind zur Geltung, dessen Epiphänomene dann in den Fallgeschichten beschrieben und kategorisiert werden: Die Teilnehmer sind nämlich nicht nur, wenn sie teilnehmen wollen, den genannten Regeln unterworfen; sie müssen auch teilnehmen. Sie sind zwischen eine logische und eine biologische Notwendigkeit eingeklemmt. Wie »Experimente auf dem Gebiet der Einschränkung des Sensoriums (sensory deprivation)« – in Amerika, Holland und der BRD inzwischen als wissenschaftliche Fundierung für Lebensentzug und Isolierhaft bekannt – den Autoren nahelegen, ist es physisch notwendig, »daß wir Menschen mit anderen zum Zweck der Erhaltung unseres Ich-Bewußtseins kommunizieren *müssen.*« (S. 84) Dieser physische Zwang zur Kommunikation erlaubt es, das gesellschaftliche Phänomen Kommunikation als eine kompliziertere »höhere Stufe« der biologischen Notwendigkeiten darzustellen. Man braucht nun nur zu extrapolieren auf die »dritte Stufe«, um die Metakommunikation scheinbar gleichfalls in diese objektive Hierarchie naturhaft positiver Notwendigkeiten einreihen zu können. Die Hierarchie steht in einer Parallele mit der der Bedürfnisse der Menschen, die von der Motivationstheorie behauptet wird. Aber dazu kann hier nicht ausführlich berichtet werden.

Nachdem klargestellt ist, daß die Teilnahme an Kommunikation bei Gefahr des Lebens erzwungen ist, soll vielmehr die spezifische Form von Konkurrenzmodell noch deutlicher werden, um die es sich hier handelt. Watzlawick kritisiert die Egozentrizität der Psychoanalyse in einem Sinne durchaus zurecht. Er behauptet: »Meinem Ego steht jedoch ein Alter gegenüber, und vom Standpunkt des Alters ist mein Ego das Alter.« (S. 89) Tatsächlich ist damit nichts über die Egozentrik hinaus gewonnen; vielmehr sind nur alle Positionen formal wechselseitig so weit relativiert, bis weder ein Ego noch ein Anderes irgend etwas Konkretes bedeuten. Mit Stolz pocht Watzlawick darauf, daß er die Ebene zu isolieren vermöge, auf der nun *über* geredet wird, nicht *von*. Das läßt ihn übersehen, daß gerade dieses gegenstandslose »Reden-über« seine eigenen abstrakten Regeln zum absoluten Kampf werden läßt, aus dem man nur durch den kommunikativen Mord »Du existierst nicht« (»Entwertung«) (S. 86) oder durch physischen Selbstmord ausscheiden kann. Merkwürdigerweise schildert Watzlawick mit viel Engagement die Geschichte des Selbstmords als die der Grundlage menschlicher Freiheit.

Gegenstände sind nach seiner Theorie »etwas dort draußen«, das er insofern als konkret bezeichnet, als es eben nicht in Beziehung zum Subjekt steht, und deshalb könnten Beziehungen zwischen Menschen »eben nicht konkrete Größen« sein, weil darin »wir selbst enthalten« sind. (S. 90) Was sie nicht sein könnten, sind »Größen«; denn dazu sind sie zu konkret in eine Wirklichkeit einbezogen, die Subjekte und Objekte umfaßt. »Konkret« nennt Watzlawick nur das, was positiv definierbar und diskursiv beschreibbar ist, indem es »dort draußen« dem Subjekt scheinbar objektiv, von den Wirrungen seiner Kommunikationsprobleme unberührt, gegenübersteht.

Die Isoliertheit der Teilnehmer ist Voraussetzung, und zwar, wie wir jetzt sehen, nicht nur gegeneinander, sondern auch gegen die Gegenstände; gegen die Situationen, an denen sie teilnehmen, aber nicht teilhaben. Daher ist Kommunikation ein Spiel, an dem man nur teilnehmen *oder* das man beobachten kann, da beides verschiedenen Stufen angehört. Das einzig zuverlässig Gemeinsame ist das antagonistisch wirkende egoistische Durchsetzungsziel eines jeden Einzelnen. Nachdem die Egozentrik durch allgemeine skeptische Relativierung beiseite geschoben ist, verbleibt dieser Egoismus, der sich von Egozentrik dadurch unterscheidet, daß er nicht »die Welt nur mit seinen Augen sieht«, sondern daß er überhaupt nichts mehr sieht. Alles wird zu einer unqualifizierten Masse, die bestimmte formale Verhältnisse zu aktualisieren erlaubt. Der Konkurrenzkampf der Teilnehmer geht nicht um Sachen, er führt auch nicht zu greifbaren Ergebnissen; er wird vielmehr dazu geführt, daß, gleich welchen Inhalts, die Position des einen oder die des anderen anerkannt werde. Die Problematik der Anerkennung ist indessen von Kant mit aller Schärfe für die Geltung ästhetischer Urteile, der Geschmacksurteile, dargelegt worden. Aus seinen Ausführungen geht hervor, daß es nur Geltung auf Grund von Einigung über Urteilsfindungsregeln, aber keinen in der Sache begründbaren Wahrheitsanspruch geben kann. Die Regeln der Urteilsfindung sind bei Kant nach dem Modell der Meinungsbildung durch ein räsonierendes Publikum und also indirekt nach dem Modell der Marktregulierung durch Konkurrenz von egoistisch blind handelnden, autonom für sich disponierenden Individuen konstruiert. Die Aporie der bürgerlichen Gesellschaft, in der die Individuen isoliert gegeneinander handeln und nicht an den Sachen, nur *über* die Sachen kooperieren können, wird in der Lehre von Watzlawick so deutlich benannt, wie es die Freudsche Psychoanalyse nie konnte. Im Spätkapitalismus ist die Illusion gefallen, daß die Individuen ökonomisch isoliert gegeneinander antreten und trotzdem auf einem abgesonderten Gebiet, nennen wir es das der privaten Kommunikation, harmonisch zueinander finden könnten. Das heißt für das Individuum, daß es nicht unter Abstraktion vom gesellschaftlich verhängten Konkurrenzkampf um seine Existenz aus seiner davon unberührten seelischen Autonomie heraus seine Störungen überwinden kann. Watzlawicks Theorie läuft darauf hinaus, diese Antinomie nicht etwa dadurch aufzulösen, daß andere Existenzbedingungen geschaffen werden müßten; er ist »pragmatisch« und erklärt kurzum, die unter dem Druck der politisch-ökonomischen Konkurrenz ebenfalls konkurrenzhaft gewordenen Verkehrsformen (»Beziehungsregeln« würde er sagen) *»sind«*. Dieses ihr *»Sosein«*

– man sieht, wozu die Fundamentalantologie hier nütze ist – gilt es analytisch zu erkennen, »nicht zu erklären«. Dann muß man das Beste daraus machen, indem man die Urteilsfindung wie das Gerippe eines Tieres herauspräpariert und die Phänomene seinen Erfordernissen anpaßt.

Wir können hier nicht auf die gesellschaftstheoretischen Konsequenzen grundsätzlich eingehen, die die Kommunikationstheorie für die Auffassung und Bestimmung der Menschen und ihrer Beziehungen zueinander haben wird. Dies in den verschiedenen Aspekten von Erziehungspolitik, Städte- und Wohnplanung, Schulprogrammierung und so weiter auszuführen, bleibt weiteren Studien vorbehalten.

Watzlawick/Beavin/Jackson sehen die Antinomie sehr wohl, die sich sogar innerhalb des Konkurrenzmodells ergibt, wenn allein die Regeln des ausgetragenen symmetrischen oder des unausgetragenen komplementären Kampfes zwischen den Teilnehmern verwirklicht werden. »Andererseits aber ist ein Grad von Vertrauen unerläßlich, denn die meisten menschlichen Tätigkeiten kämen praktisch zum Erliegen, wenn Menschen nur auf Grund direkter Informationen oder Wahrnehmungen handelten.« (S. 209) Das klassische Modell der frühen bürgerlichen Gesellschaftstheorie z. B. bei Hobbes löste dieses Problem, indem durch Strafandrohung und eine entsprechende Macht bei einer Instanz, die, wie naturwüchsig immer, etwa der dritten Stufe in der Theorie der Autoren entsprach, die Einhaltung bestimmter Regeln erzwungen wurde, nach denen der Geschäftspartner quasi vertrauenswürdig zu sein hatte. Dieses Mittel, Jurisprudenz und Strafvollzug, hat nach wie vor größte Bedeutung. In der Phase des klassischen Kapitalismus war daneben eine Vermittlung zwischen der äußeren Institution, praktisch dem Staat, und den egoistisch handelnden Individuen zustande gekommen, die eine Verteilung der Garantieaufgaben ermöglicht. Diese Verinnerlichung der Normen als Moral spielt weiter eine große Rolle. In der spätkapitalistischen Phase geht es nicht mehr um die Eindämmung des Konkurrenzkampfes auf erträgliche Bedingungen für alle; es geht jetzt darum, die traditionellen Mittel für die Sieger des Konkurrenzkampfes von einst und von heute zur Unterdrückung derer geeignet zu halten, die entweder zu den Unterlegenen gehören oder nie das Privileg der Teilnahme hatten. Soweit beschreibt die »komplementäre Beziehung« gut gerade die gesamtgesellschaftliche Praxis.

Andererseits geht es auch darum, zwischen den Siegern und zwischen den Institutionen, unter die die überwiegende Anzahl der Entscheidungen über »Kommunikationsschritte« in der politisch-ökonomischen Wirklichkeit gelangt ist, keine ruinöse Kampfsituation nach dem Modell »symmetrische Beziehung« aufkommen zu lassen. Vertrauen wird im Mikromodell der Beziehungen zwischen einzelnen Individuen, das doch direkt auf die Marktsituation der Gesellschaft übertragbar ist, durch eine Art logisch-ideologische Aufstockung des Konkurrenzmodells hergestellt. »Bei Nicht-Nullsummenspielen ist Koalition und Zusammenarbeit nicht nur nicht unmöglich [...], sondern kann sogar die beste Spielstrategie für alle Spieler sein, auch wenn sie ausschließlich auf ihren eigenen Vorteil bedacht sind.« (S. 210) Nach dem Modell des Nicht-Nullsummenspiels bleibt die Ungewißheit über die Handlungen des Gegners, genannt Partner, konstitutives Element des Systems; andererseits führt eine gewisse Einsicht darein, daß beide Seiten am besten den Status quo erhalten sollten, dazu, daß sie nicht maximale Lösungen anstreben, sondern sich mit einem mäßigen Optimum bescheiden. »Beide sind daher auf ihr Vertrauen in den anderen angewiesen, auf eine Abschätzung ihrer eigenen Vertrauenswürdigkeit in den Augen des anderen und auf ihre Voraussage des Entscheidungsverfahrens des anderen, von dem sie wissen, daß es weitgehend auf dessen Voraussagen über ihr eigenes Entscheidungsverfahren beruht.« (S. 210)

Es sind, mit anderen Worten, Konfliktvermeidungsstrategien. Dagegen wäre nun gar nichts einzuwenden, wenn diese nicht so konstruiert wären, daß die Konflikte zwar weitgehend vermieden werden, daß dies aber weiterhin mit dem Prinzip der Gewinnmaximierung derer verbunden ist, die Gewinne maximieren können. Genauer gesagt, dies ist die Variante der freien Marktwirtschaft, in der Gewinnoptimierung für die Sieger statt Gewinnmaximierung für die vielen angestrebt wird – angeblich waren es ja alle, einschließlich der nur ihre Arbeitskraft Verkaufenden. Dies, kombiniert mit den auch im komplementären Modell notwendigen Befriedigungsstrategien, ergibt die soziale Marktwirtschaft. Man muß dabei nur jene fortbestehende Ungewißheit über das Entscheidungsverfahren des anderen in Kauf nehmen; das hat zur Folge, daß tatsächlich durch dieses Loch noch sehr viel mehr hochkapitalistische Prozesse mit einschlüpfen, als es der Lage entspräche. Der Ablauf von Tarifrunden könnte wohl kaum exakter beschrieben werden. Aber auch auf diesen Aspekt kann im Rahmen dieser Arbeit nur hingewiesen werden.

Von diesem Organisationsmodell noch einmal auf das isolierte Subjekt zurückzukommen, ist kein Umweg. Beide sind ebenso logisch-konstitutiv wie auch historisch-genetisch miteinander verbunden. So äquivok, wie in den heutigen sogenannten Lohnkämpfen der berühmte Mechanismus von Angebot und Nachfrage gehandhabt wird, wenn etwa die Gewerkschaften vorab den Status quo mit den Unternehmern vereinbart und die dafür erfundene Scheinformel vom produktivitätsorientierten Lohn akzeptiert haben, so äquivok ist auch der Gebrauch der Worte und Informationen in ihrem »Beziehungsaspekt«. Watzlawick weist zu Recht darauf hin, daß die Sprache sich weitgehend von den Vorgängen, Gegenständen, die anfänglich ihre Worte bedeutet haben mögen, abgelöst hat. Das ist aber kein Grund, diese Ablösung durch rigorose Trennung von Semantik und Pragmatik und durch die Trennung von Information und Beziehung zu verabsolutieren. Die »Unterscheidbarkeit« von Konflikten als bestimmten sachgebundenen Situationen, derentwegen sie zur Entscheidung an die nächsthöhere formale Instanz überwiesen werden, ist zu einem guten Teil in dieser Trennung selbst erst begründet (vgl. oben). Diese Trennung ist für das System notwendig, das isolierte »Größen« auch an der Stelle der Menschen braucht. Und dieses System wird möglich, weil tatsächlich diese Rolle für die Menschen zunehmend aus der Tradition des autonomen Subjekts resultiert. Wie alles Inhaltliche »dort draußen« bleiben muß, sobald es um die Beziehung zwischen den Individuen geht, müssen letztlich im inhaltlichen Sinne auch sie selber draußen bleiben. Sie müssen aus ihrem Leben als einer historischen Folge von erfahrenen Situationen draußen bleiben, um sie – auf der nächsthöheren Stufe – zu beobachten und zu beurteilen. Genauso wie sie die äußere Natur als abstrakt beherrschte nur durch Urteile aneignen, müssen sie von ihrer inneren Natur und dem, was durch eine Lebensgeschichte an ihr sich festmacht, abstrahieren. Sie können schließlich nur noch die Tatsache ihres eigenen Handelns, Entscheidens, Wahrnehmens wahrnehmen. Sie realisieren sich in den Situationen als deren Instanz, d. h., sie reduzieren den existentiellen Aspekt von der Perspektive, sich selber zu verwirklichen durch Produktion ihrer Person als dieser bestimmten, auf ein kompliziertes Spiel, in dem ihre Teilhabe nur eine generellere Art von Reiz-Reaktions-Mechanismen ist und mühsam von Metaregeln zur Steuerbarkeit kanalisiert wird. »Beide glauben, nur auf die Handlungen des Partners zu reagieren, nicht aber diese Handlungen auch zu bedingen.« (S. 165) In der therapeutischen Diskussion unterläuft es Watzlawick/Beavin/Jackson, Symptom und Spontaneität gleichzusetzen. Und: »Ego und Alter stehen sich so verständnislos und in wachsender Entfremdung gegenüber, einer Entfremdung, deren zwischenpersönliche Struktur sich der individuellen Wahrnehmung entzieht und deren Folgen daher dem anderen zugeschrieben werden.« (S. 91)

Der Prozeß der Isolation – und damit, wie wir zeigen werden, der Streichung – des Subjekts gegenüber seinem Beziehungskontext als historischer, in sich differenzierter und bestimmbarer Zusammenhang und das Modell eines (sich steigernden) Konflikts im Schlagabtausch sind zwei Seiten einer Sache. Wenn Selbstreflexion für das Subjekt nicht mehr in der Reflexion auf sein Wahrnehmen und Handeln – wie vermittelt dies indirekt auch immer mit seiner gesellschaftlich-historischen Verflechtung ist – möglich ist, wenn es statt dessen nur noch Selbstdefinition gibt und diese allein über den formalen Spiegelprozeß an dem anderen, mit dem es auf Grund der Regeln nur um formale Anerkennung geht, laufen kann, dann muß freilich der Schlagabtausch sich steigern. Es ist eine ins Mikromodell des Privaten zurückprojizierte Eskalationstheorie nach dem Muster von Hermann Kahns Atomstrategie. Wie diese hat aber auch die Kommunikationstheorie der Autoren noch eine mystifizierende Funktion. Indem verheimlicht bleibt, wie die Muster dieser konkurrenzhaften Konfliktverhaltenssituationen historisch-gesellschaftlich bedingt sind, kann im Falle der Atomstrategie der Ontologie der internationalen Beziehungen, im Falle der Kommunikationstheorie der individuellen Psychologie und ihrer Ontologie angelastet – »zugeschrieben« – werden, was die gesellschaftlichen Verhältnisse den Individuen antun und ihnen gegenüber zu verantworten haben. Das ist eine weitere Form des zentralen gesellschaftstheoretischen Double-bind: Die Individuen sind immer weniger Ort der Verarbeitung von Erlebnissen (Informationen) zu Erfahrungen (Entscheidungsmodellen) und werden immer mehr zu kybernetisch beherrschbaren »Systemen« gemacht; im Widerspruch dazu wird ihnen als abstrakten Instanzen auch noch die Schuld an der Schlechtigkeit der bestehenden Verhältnisse zugeschrieben. Das ist die dritte Phase der Umsetzung von brutaler Staatsgewalt in bürgerlich-verinnerlichte Moral.

Das bürgerlich-autonome Subjekt war als Idealtypus zu gesellschaftlicher Geltung gelangt, als aus der mittelalterlichen Vorgeschichte her und an einer kaum unterworfenen äußeren Natur außerordentlich viel zur bewußten Aneignung durch die Menschen anstand. Seitdem haben sich drei miteinander vermittelte Prozesse abgespielt, nach deren Abschluß das Gegenüber jener Aneignungsstrategie sich grundsätzlich verändert hat. Die zentrale historische Strategie des kapitalistischen Bürgertums, nämlich die sozusagen unendlich vielen Organisationen von Produktion aus freien Stücken und Initiativen Einzelner, ist mit der Kapitalkonzentration im wesentlichen unmöglich geworden. Es gibt kaum noch wirkliche Kapitalisten, um so mehr Agenten des Kapitals. Die »Unternehmerpersönlichkeit«, die sich durch eine machtvolle Selbstrealisierung im Organisieren der Produktion bilden und in einer bestimmten ostentativen Lebensweise darstellen konnte, gehört der Vergangenheit an. Wie abstrakt die Erfahrungen von sich selbst sein mußten, wie sehr sie und die über ihnen zu errichtenden Beziehungen zu anderen Individuen immer auch letztlich formal bleiben mußten, dies war immerhin eine aktive Selbsterfahrung und eine Konstitution der Person durch ein strategisches Verhalten hindurch. Es gibt keine Managerkultur in dem Sinne, in dem es einmal eine großbürgerliche Kultur gegeben hat. Das heißt aber, daß von den ökonomischen, politischen und kulturellen Entäußerungsformen, die im liberalen Großbürgertum einmal eine Art bornierter Freiheit ermöglicht hatten, nicht viel mehr als die nackten Regeln übrig ist; Lebensstandard statt einer Ostentation, die gewisse Anstrengungen der Person und typischerweise eben gerade über ihre Funktion hinausgehende Erfahrungen, zum Beispiel mit der Kunst, erforderte — Mißtrauen und kleinbürgerlicher Schlagabtausch statt jener Verkehrsformen, in denen Isoliertheit und Konkurrenz um gesellschaftliche Geltung der Einzelnen in großzügiger Distanz eine gewisse Entfaltung des Einzelnen erst einmal voraussetzen – Streben nach Einkommensgarantie und Absicherung der Karriere durch Wohlverhalten nach oben haben die Brutalität aus ihrem einstigen Zusammenhang mit wirklichem Wagnis hervortreten lassen, und im unvermeidlich gewordenen Teamwork ist die einst variantenreiche Freundlichkeit zwischen den Compagnons zum faden Ganztagsprinzip geworden. Darum ist heute der Zeitpunkt erreicht, an dem die Submechanismen des »Mechanism der Antagonismen« auf positive Regeln abgezogen werden können. Wie zeitgenössische Theaterautoren aus einstigen Stücken das dramatische Gerippe des Schlagabtausches (*Play Strindberg* z. B.), wie Unterhaltungsmusiker die Rhythmik und die melodischen Reizelemente alter Kompositionen abziehen, so können nun auch die Spielregeln der zwischenmenschlichen Existenz von all jener Umständlichkeit befreit erkannt werden. Die Zeit, zu der solche Betrachtungen noch zu den treuherzigen, intelligenten, dummen oder perfiden Formen von Kulturkritik führten, sind vorbei. Die neue Nüchternheit bringt uns aber nicht gerade Besseres. Schon immer hat die Konkurrenz zwischen den isolierten Individuen dazu geführt, daß ein Geschenk wahrscheinlich häufiger eine Geste der Distanzierung vom Beschenkten als eine Identifikation mit ihm war. Bei Watzlawick wird aber die Ungewißheit der richtigen Interpretation zu der Regel der Unentscheidbarkeit ontologisiert, so daß man gar nicht mehr auf die Geste des Schenkenden sich einzulassen braucht, sondern auf der dritten Stufe eine Kalkulation des Beziehungsrahmens anstellt. Daß Erfahrung mit dem sie unter Umständen auslösenden Erlebnis verwechselt, daß entsprechend einfach Lebensalter mit »Reife« gleichgesetzt wird, ist ein traditioneller Topos. Wenn man aber eine Theorie aufstellt, in der Veränderungen der Beziehungen nur als Sprünge von einer Situation zur nächsten, nicht als Prozesse produktiven Teilhabens an den Situationen selbst begriffen werden, dann ist die Feststellung: »In jeder Familie spielt auch die Zeit in Form von zunehmender Reife und Erfahrung eine Rolle« (S. 134), nur noch die Benennung einer quantitativen Variablen.

Zwei weitere von den Autoren benannte Situationen zeigen das noch deutlicher. Ab einem bestimmten Alter seines Sohnes kann der Vater ihm faktisch das Rauchen nicht mehr einfach verbieten und sieht sich vor das Problem gestellt, wie er jetzt mit dem widerspenstigen Jungen fertig wird. Diese Frage wird eingeführt als Beispiel dafür, daß ein Beziehungssystem durchbrochen wird und damit die von seinen Teilnehmern respektierten Regeln nicht mehr funktionieren können. »Bis zu diesem Zeitpunkt war das Rauchverbot eine wirksame und sinnvolle Regel; nun wird eine Neukalibrierung (eine Änderung bzw. Ersetzung dieser Regel) nötig, wenn das Familiensystem nicht einen Teil seiner Stabilität durch einen endlosen Konflikt zwischen Elternautorität und Selbstbehauptung des Jungen einbüßen soll.« (S. 136) Wir wollen auf die Problematik, »Stabilität« als solche zum Hauptziel zu ernennen, später eingehen. Vorerst soll uns beschäftigen, daß diese Menschen nicht nur ihr Handeln und Wahrnehmen in einer strengen Hierarchie von Motivationen und Informations- bzw. Beziehungsstufen regulieren sollen; die rein synthetische, rückwirkende Verknüpfung verschiedener aufeinander folgender Situationen macht noch einmal deutlich, daß der Lebenslauf in positiv benennbare Schritte aufgeteilt wird. Die Subjekte dürfen nicht *in* Situationen stehen, weil sie dann angeblich nicht gleichzeitig diese Situationen reflektieren könnten. Das heißt, Reflexion kann nur als abstraktes »Urteilen-über« begriffen werden. Darin kommt ein Charakteristikum des bürgerlich-autonomen Subjektes zum Zuge, das sich doch wesentlich nur im Gegenüber, nicht im Miteinander konstituieren mußte. Die damit verbundene Konzeption, die Subjekte seien als monadische Einheiten vorzustellen, wurde folgerichtig auch auf die Konzeption übertragen, die dieses monadische Subjekt von der Objektwelt haben konnte. Für die Kalkulation des Warenbesitzers stellt sich Geschichte als eine Reihenfolge von positiv feststellbaren Momentaufnahmen in Form der Marktsituationen dar. Deren Verknüpfung zu einer Entwicklung, die man eventuell auch antizipieren kann, ist dann notwendig ein eigener Akt spekulativ synthetischer Art – eine Art von »Stufe drei«.

Dem Jungen gegenüber wird das Problem des Rauchens zunächst mit dem einfachsten Mittel, Verbot, angegangen. Wenn dann die biologische Veränderung dazu führt, daß er sich dagegen wehren kann, muß eine neue Strategie gefunden werden. Man könnte die beiden Situationen aber auch als eine geschichtliche Kontinuität betrachten und entsprechend konstitutionslogisch begreifen. Dann würde man sich klarmachen, in welcher Weise die Organisation des genannten Problems zwischen dem Jungen und der übrigen Familie die Verhaltensfähigkeiten des Jungen beeinflussen wird. Je nachdem, wieweit ihm bereits in den frühen Phasen die Möglichkeit gegeben wird, sich aktiv an der Lösung und ihrer Durchführung zu beteiligen, statt sie als Verbot von oben und draußen einfach zu erleiden, wird er sich mit der Tatsache vernünftigen Entscheidens und unter Umständen auch mit bestimmten Argumenten identifizieren können. Er würde einer produktiven Selbstreflexion fähig werden, statt eine Selbstdefinition in unproduktiver Konfrontation zur Anerkennung bringen zu wollen, für die dann auch noch die Kriterien beim geltenden System ausgeliehen werden müssen – die abstrakte »Elternautorität« ist keineswegs daraus hervorgegangen, daß der Vater weiterführende Lösungen der Sache produziert hätte. – Ohne diesen komplexen Zusammenhang hier erschöpfen zu können, sehen wir jedenfalls sofort, daß von dieser Seite sich die »nötige Neukalibrierung« in Form neuer Regeln ambivalent ausnimmt: Sie stellt sicherlich eine eindrucksvolle theoretische Formel dar, mit deren Hilfe sich ein komplizierter Tatbestand mathematikförmig vereinfachen und auf eine Gesetzesform bringen läßt. Nur ist gar nicht einzusehen, warum man es – wenn es tatsächlich um bessere Verhältnisse für die Menschen geht – zu diesen erschreckenden Komplikationen kommen lassen will. Diese sind freilich Komplikationen, die sich in einer streng planbaren und kontrollierbaren Schrittfolge darstellen und entsprechend genau kalkulieren lassen. Die Genauigkeit ist aber entweder ein Fetisch und dient einer Schule oder einer Administration als Selbstbestätigung ihrer Organisationsfähigkeit; oder sie entspricht der Absicht, vor allem Kontrolle ausüben und planen zu können, welche Beziehungsentwicklungen, welche Lernschritte usw. gemacht werden und welche unerwünscht sind, weil sie zu einer Selbständigkeit, entgegen dieser Planbarkeit, führen würden. Solche Selbständigkeit würde den zentralen gesellschaftlichen Double-bind aufheben.

Wir müssen annehmen, daß die Ziele der Wissenschaftler und die der Administrationen, die ihre Ergebnisse aufgreifen werden, undeutlich bestimmt zwischen diesen Alternativen liegen: so viel Selbständigkeit, wie in einer modernen Welt notwendig, und so viel Planung, daß sich nichts grundsätzlich verändern kann. Vor allem kommt hinzu, daß sie sicherlich viel stärker als von bewußten Absichten durch die Schwierigkeiten und Verunsicherungen bestimmt werden, die aus der Tradition der bürgerlichen Ideologie und Praxis resultieren. Das zweite Beispiel von Watzlawick/Beavin/Jackson weist in diese Richtung. Sie sprechen von zwei Menschen, die sich seit geraumer Zeit kennen. Der eine lädt den anderen schriftlich zu sich ein; der andere antwortet schriftlich in einem Brief, der aber verloren geht. Es werden nun alle möglichen Mißverständnisse und selbst nachdrücklichen Trübungen in ihrer Beziehung angeführt, die sich ergeben, ohne daß entsprechende Absichten vorhanden waren. Dies ist ein typisches Beispiel bourgeoiser Kommunikation: Sie fängt grundsätzlich immer wieder von vorne an, sie ist geschichtslos. Das bereits erwähnte Problem des »Vertrauens« trifft das Phänomen, aber nicht den Kern der Sache. Denn Vertrauen ist selber eine Folgeerscheinung, es läßt sich nicht »als solches« herstellen. Es kann nur dadurch entstehen, daß gemeinsame Erfahrungen Substanz in einer Beziehungsgeschichte anwachsen lassen, aus der dann der eine mit den Intentionen und dem Verhalten des anderen sich genügend identifizieren kann, um nicht von den Regeln des Verkehrs abhängig zu sein, wenn er eine unklare Situation interpretieren will. Dazu gehört allerdings auch wieder ein Sachbezug; der Gedanke an ein Mißgeschick wie den Verlust eines Briefes allein kann den negativen Affekt einer möglichen Kränkung durch den anderen noch nicht ausgleichen. Es herrscht hier der Zwang, egozentrisch die Unklarheit ausgerechnet negativ auf sich selbst beziehen zu müssen. Freiheit dem gegenüber wird nur dann möglich sein, wenn sich beide, d. h. alle Beteiligten, Situationen vorstellen können, in denen etwas dringender als die Klarheit ihrer augenblicklichen Beziehungsphase war, mit dem sie aber doch beide sich identifizieren könnten. Dabei kann diese Identifikation auch so zustande kommen, daß der eine sich mit einem Bedürfnis des anderen in dessen Interesse identifiziert, sich zugleich aber eine Förderung ihrer gemeinsamen Beziehung von dessen Erfüllung verspricht. Damit wäre ein kleiner Ansatz zu kollektiven Beziehungen einerseits und zu den, mit ihnen notwendig verbundenen, produktiven Problemverarbeitungen andererseits skizziert. Es ist nun klar, der Mangel an solchen Beziehungsstrukturen in der bürgerlichen Geschichte – sie verbannte etwa sich abzeichnende Beziehungen dieser Art in Freundschaften völlig in den Spezialbereich des Privatlebens, und ihre allgemeinen Bedingungen ermutigten nicht gerade zu kollektiven Perspektiven – veranlaßt dazu, nach systematischen Absicherungen, in der Form z. B. der Kommunikationsregeln, zu suchen. Zugleich eignen sich die Verkehrsformen der bürgerlichen Gesellschaft – Horkheimer hat von ihrer eisigen Kälte gesprochen *(Egoismus und Freiheitsbewegung)* – ausgezeichnet dazu, in der Form mathematikförmiger Regeln und Systeme schematisiert zu werden. Die so gewonnenen Schemata lassen sich leicht in Praktiken der Erziehung, der Therapie usw. umsetzen, die – selffullfilling prophecy – aus den Menschen jene regelrechten Subjekte machen. So wenig die historische Erscheinung des autonomen bürgerlichen Subjektes gerade in dieser Instanz wiederzuerkennen ist, so eindeutig tritt nun doch die Tendenz von Prinzipien hervor, die gegenüber einer einstigen anderen, weitgehend sie noch zähmend umfassenden Zielvorstellung verselbständigt werden. Allerdings ist die Tendenz zu dieser Verselbständigung selber zentrales Moment der bürgerlichen Geschichte. Das Verfahren der kleinsten Schritte ist die Descartesche ›Methode‹; die Isolierung der Elemente und der aufeinanderfolgenden Situationen eines Prozesses gegeneinander ist das Prinzip des naturwissenschaftlichen Experiments; den kalkulierbaren Egoismus jedes Einzelnen, der sich aus der Gesellschaft konkurrierender Privateigentümer ergibt, zum zentralen Motiv des gesellschaftlich bedeutsamen menschlichen Handelns zu erklären, ist das Prinzip aller bürgerlichen

Gesellschaftstheorie und Staatslehre.

Der zweite Prozeß im Verlauf der Kapitalisierung der gesellschaftlichen Organisation ist die fortschreitende Beherrschung der äußeren Natur. Die traditionellen Methoden der Naturbeherrschung der Neuzeit sind bei uns nicht mehr mit jener praktisch unendlichen Fülle von Gegenüberstellungen mit Natur im täglichen Leben jedes Einzelnen verbunden. Äußere Natur erscheint für den Großteil der Zeitgenossen nur noch in Bruchstücken zwischen den Rissen der Zivilisation. Zwischen den medizinischen Großleistungen und den durch Umweltverschmutzung verschuldeten Krankheiten weiß man z. B. dem Krebs keinen Ort zuzuweisen. Sommerfrische und Sonntagsausflug lassen Landschaft als eher gut oder schlecht von der Reisegesellschaft geplante botanische Folklore erscheinen. Schon vor zehn oder zwanzig Jahren sagte ein Berliner Junge: »Du, Mutti, der Udo ist doof, der glaubt noch an Kühe.« Inzwischen hat sich die Industrie dieser Hilflosigkeit zwischen erster und zweiter Natur in der Werbepsychologie angenommen. Die Tiere treten im Fernsehen als die gütigen Erfindungen einer gemütvollen und allmächtigen Dosenmilchfabrik auf. Die Kommunikationstheorie erklärt, insofern konsequent, dies alles zu einem »dort draußen«, von dem es keine intersubjektiv objektivierbaren Erfahrungen geben könnte.

Der dritte Prozeß betrifft die Herrschaft der die Produktion Organisierenden über die sie Realisierenden. Ebensowenig wie eine Kritik der Naturbeherrschung braucht hier eine Kritik der ausbeuterischen Arbeitsteilung und der Klassenherrschaft geleistet zu werden. Entscheidend ist an dieser Stelle nur die Veränderung, der die Strategien der Herrschaft unterliegen. Man könnte die Modelle der Autoren benutzen und sagen, in der frühkapitalistischen Phase habe das Verhältnis zwischen den Klassen einen komplementären Charakter, das zwischen den Individuen der herrschenden Klasse einen symmetrischen gehabt. Unter dem Hochkapitalismus wurde in den Beziehungen der Arbeiter untereinander immer stärker das symmetrische Element ihrer Konkurrenz um den Arbeitsplatz zum bewußten Stratagem der Herrschenden. Die, zumal religiös indoktrinierte, Moral des Bürgertums suchte dem Proletariat seine politisch-ökonomische Funktion auch als Schicksal jedes einzelnen Arbeiters darzustellen. Die dazu erforderliche Konkurrenz unter ihnen stabilisierte gleichzeitig das komplementäre Verhältnis zu den Privilegierten, weil moralisch die Ansprüche aller als anerkannt gelten konnten: Konkurrenz unter ihnen mache sie den Kapitalisten gleich, weil diese ebenfalls untereinander konkurrierten und außerdem durch individuelle Leistung, die jederzeit nachgeahmt werden könne, zu Kapitalisten geworden seien. Der interessanteste Punkt in diesem Zusammenhang ist diese ganz frühe gesellschaftspolitische Verwendung eines systemimmanenten Double-bind als Mittel der Stabilisierung von Herrschaft über das Proletariat. Daß die Arbeiter ausgebeutet wurden und dagegen sich als Klasse nicht wehren konnten, sollten sie sich zur individuellen Schuld anrechnen, weil es doch einigen ganz wenigen immer möglich war, die unverändert geltende Klassenfront zu überschreiten und sich zur anderen Seite zu schlagen. Inzwischen hat sich nun die Bourgeoisie als Klasse aufgelöst, weil die Kapitalkonzentration nur wenige selbständige Unternehmer übriggelassen hat. Die bürgerliche Sozialisation – meist als Mittelschichtsozialisation bezeichnet – ist durch diesen Prozeß von selbst im wesentlichen der Momente beraubt, über die ihre Prinzipien, die doch seit je im Kern der substantiellen Ausbildung individueller und intersubjektiver Entfaltung mit ihrer ganzen abstrakten Rigidität entgegenstanden, sich noch mit Fleisch und Haut bedeckt darstellten. Dem absoluten physischen Elend entkommend hat auch das Proletariat ein entscheidendes Moment seiner Sozialisation weitgehend eingebüßt: die Notwendigkeit, durch Kampf seine Existenz zu erhalten, ist weniger täglich offensichtlich und nur viel vermittelter erkennbar. Daß der tägliche Kampf zwischen den kapitalistischen Einzelkonkurrenten und zwischen den Klassen entfällt, hat den modernen Strategien der Gewinnoptimierung und der Konfliktvermeidung das Feld geöffnet. Doch wie die Kapitalagenten nicht weniger auf ihren Gewinn bedacht sind, die Konkurrenz nicht weniger ausbeuterisch in der Angst um den leidlich bezahlten Arbeitsplatz herrscht und die bürgerliche Theorie auch ganz offen weiterhin das Streben nach dem eigenen Vorteil des egoistisch isolierten Einzelnen zum zentralen Motiv aller gesellschaftlich organisierten Menschen erklärt – vergleiche z. B. Watzlawick/Beavin/Jackson –, so geht wohl auch der Kampf zwischen den Klassen weiter. Diese sind nur einiger Elemente, die in der klassischen Auffassung sie charakterisiert haben, beraubt. Und die Modelle gewinnen an Tiefenwirkung, wo die Klassenlage in die individuelle Psychologie aufgeweicht wird wie einst schon in die individuelle Moral. Die veränderte Lage der aus bürgerlicher Tradition sozialisierten Klasse und die Möglichkeit, Konfliktvermeidungsstrategien insbesondere in den Tarifverhandlungen durchzusetzen, haben eine neue Strategie freigesetzt. Die einst mit der bürgerlichen Sozialisation noch verbundenen spezifischen Qualitäten, die durch die selbständige Organisatorenrolle von Unternehmern und durch die in ihrem privaten Freiraum ausgebildete bornierte Entfaltung von Kunst usw. entstehen konnten, sind im wesentlichen entfallen, ebenso, infolgedessen, die spezifischen Verkehrsformen als Ansatz zu einer wenigstens gelegentlich substantielleren Selbstdarstellung. Damit sind einige wichtige Hindernisse beseitigt, die einer Gleichheit aller Individuen auf seiten der Bourgeoisie entgegenstanden. Es ist nun die Frage, welche Konsequenzen das hat. Die gegenwärtigen Reformtendenzen in den spätkapitalistischen Ländern zeigen ganz eindeutig eine bestimmte Richtung (und die staatskapitalistischen Länder sind ihnen darin nicht ganz unähnlich). Nachdem die bürgerlichen Sozialisationsprinzipien die Selbständigkeit fördernden Kontextelemente und Begleitumstände weitgehend verloren haben, eignen sie sich hervorragend dazu, alle Individuen aller Klassen und Schichten ihrer Regelhaftigkeit zu unterziehen. Es sind die besten denkbaren Methoden zur Beherrschung der inneren Natur. Das kommt am deutlichsten heute zur Geltung, da die Epochen der fortschreitenden Unterwerfung von äußerer Natur und von körperlich arbeitendem Proletariat als Nichteigentümer gewissermaßen an das Ende ihrer Naturgeschichte gelangt sind, das sich in futuristischen Projektionen schon andeutete, positiv in bestimmten Utopien verstanden, negativ z. B. in Orwells *1984*. Das heißt, sie können nur noch durch eine in allen Stufen geplante Beherrschung fortgesetzt werden. Die äußere Natur braucht man als Rohstoff, Kraftquelle und zur physischen Regeneration der Menschen. Wenn man nicht die Folgen zweiten und weiteren Grades – »Umweltverschmutzung«, Schwund an Rohstoffen und Anbauflächen – mitplant, bricht die Zivilisation zusammen. »Rückkoppelungen« müssen systematisch berücksichtigt werden. Man benötigt dazu hochqualifizierte Arbeitskräfte. Wenn man diese nicht zu komplizierteren Verrichtungen befähigt und ihnen nicht längerfristig Planungen auch ihrer Lebensgeschichte ermöglicht, fehlt es an der notwendigen Sachkenntnis und an der Mobilität im Wechsel komplizierter Verrichtungen. Alle Gesellschaften stehen vor diesen Aufgaben; die spätkapitalistischen zeichnen sich indessen dadurch aus, daß sie diese Notwendigkeiten nicht als eigengewichtige Perspektiven in der Entfaltung der Menschheit begreifen wollen, sondern sie als neue Komplikation der weiterhin geltenden Prinzipien auffassen. Die gesamtgesellschaftliche Entscheidungsbeteiligung der Individuen soll nicht einmal im Verhältnis zu der höheren Befähigung der Arbeitenden wachsen, weil die Machtverhältnisse im Rahmen der Verfügungsgewalt über die Produktionsmittel nicht verändert werden sollen. Der Grund dafür ist das Interesse der Gewaltigen, das sich nach wie vor unter dem angeblich anthropologisch allgemeinen Prinzip verbirgt, daß die einzig bestimmte und die zentrale Motivation aller Menschen ihr egoistisches Streben nach dem größtmöglichen individuellen Vorteil sei.

Deshalb werden die vorzüglichen Eigenschaften der nackten Regeln bürgerlicher Sozialisation entdeckt, mit deren Hilfe die Individuen derart gegeneinander isoliert, der eigenen konkreten Aneignung von Sachen, von Gegenstandsbewußtsein derart entwöhnt und in ihrem Verhalten und Urteilen derart von jeweils übergeordneten Instanzen der Beurteilung abhängig werden, daß sie in der Mikrowelt Individuum bereits alle Voraussetzungen für ihre totale Verwaltung erfüllen. So ist z. B. kompensatorische Spracherziehung unter den herrschenden Verhältnissen und nach den angewandten Methoden faktisch nur eine Planung dritten Grades, mit deren Hilfe auch die Rückkoppelungen einer höheren Befähigung zu selbständigerem sozialen Eingreifen vorab kanalisiert werden soll. Denn die »Unterschicht« hat, in wie deformierenden Bedingungen auch immer, mehr Potentiale innerer Natur präsent gehalten; Basil Bernstein hat das gut gezeigt, wenn auch im Zuge einer Einordnungsstrategie.

Damit ist das Proletariat noch nicht eine spontane Klasse. Um das klischeehaft (i. S. von A. Lorenzer) gefesselte Potential zu wahrhafter Spontaneität entfalten zu können, müßte ein intensiveres Bewußtsein von den eigenen Verhältnissen möglich sein. Die Übertragung der Regeln bürgerlicher Sozialisation auf alle und das Zurechtstutzen des davon sich noch Unterscheidenden bilden gerade die Strategie, die verhindern helfen soll, daß neben dem notwendigen Effekt höherer Intelligenz für die Erledigung vorgeschriebener Aufgaben auch jenes Bewußtsein entwickelt werden könnte. Deshalb wird, unter dem Decknamen der Herstellung von Chancengleichheit, alles, was von dem Regulierbaren abweicht, als defizient gegenüber den regelmäßigen Kompetenzen diskriminiert. Und deswegen wird das, was sich aus einer langen Geschichte durch Verweigerung gegenüber der offiziellen Kultur dem Prozeß der Entsubstantialisierung hat entziehen können, zur Artikulation nach dem geltenden Sprachkodex gezwungen. Es ist die Gegenstrategie zu dem Desiderat der Philosophie. Während diese und, auf anderem Wege, die Kunst versuchen, ihre Sprache derart zu verändern, daß in ihren genau bestimmten Formen dennoch das Unsagbare begreifbar würde, löscht die kompensatorische Spracherziehung einfach das, was nicht gesagt werden kann, weil es nie gesagt werden durfte, aus, indem sie es in die geltenden Sprachformen hineinzwingt. Außerdem wird der Umstand, daß dann die Unterprivilegierten ihre Unterprivilegiertheit perfekt formulieren können, die Unterschichtler im Sinne des zentralen gesellschaftspolitischen Double-bind in den voll bewußten und grammatisch korrekten Genuß des Bewußtseins bringen, daß ihre Ansprüche doch nicht durchsetzbar sein sollen und sie weiterhin – wieder mit Ausnahme der wenigen glücklichen Klassenflüchtlinge – diskriminiert bleiben. Nur werden sie so auch sich selbst gegenüber diskriminiert sein, und den Herrschenden ist eine undankbare Rolle weitgehend abgenommen, solange sie darauf achten, daß der indirekte Mechanismus dieser Verinnerlichung funktionsgerecht gehalten wird.

Die Autoren heben den dialogischen Charakter ihres Ansatzes hervor. In dieser Theorie hat er aber keine entfaltenden Funktionen, eher kontrollierende, als ginge es um die Schematisierung einer Art »konzertierter Aktion« in privaten Mikrowelten. Überhaupt sind alle Prozesse auf die Stabilisierung ausgerichtet. So wird darauf hingewiesen, »daß in natürlichen Organismen eine Erhaltung einmal gefundener Anpassung stattfindet« (nach Ashby, S. 35). So wird von Gesellschaftssystemen so gesprochen, als würden sie zu einer bestimmten Ursprungszeit optimale Lösungen darstellen, die dadurch, daß sie mit der Zeit degenerieren, zusätzlicher Stabilisierungsmaßnahmen bedürfen. »Wenn aber, wie das im Lauf sozialer Systeme immer wieder geschieht, die Kalibrierungen ihre optimale Bedeutung zu *verlieren* beginnen, so wird eine Neukalibrierung, also ein *Sprung* zu einer neuen Verhaltensform, unvermeidlich.« (S. 136, Hv. R. L.) In der Therapie stellen Watzlawick/Beavin/Jackson sich das ähnlich vor. Ihre Methode der »Symptomverschreibung« soll im Teil 2 näher besprochen werden. Hier sei nur die zentrale Vorstellung von dem, was Therapie bedeute und wie sie mit den Subjekten zu verfahren habe, zitiert, weil daran die Übereinstimmung meiner extrapolierten Interpretation gesellschaftspolitischer Momente mit der ausdrücklichen Lehre im psychiatrischen Bereich belegt wird: »Wenn wir einen Patienten anweisen, sein Symptom absichtlich zu manifestieren, ihm also das Symptom im eigentlichen Sinne ›verschreiben‹, und der Patient im Laufe der Befolgung dieses Verhaltensrezeptes feststellt, daß er sich damit von seinem Symptom befreien kann, so ist dies unserer Meinung nach praktisch gleichbedeutend mit der Wirkung von Einsicht im Sinne der klassischen Psychoanalyse, obwohl anscheinend keinerlei Einsicht dabei gewonnen wird.« Alles, was vom autonomen Subjekt übriggeblieben ist, sind die Anforderungen einwandfreien Funktionierens in Unabhängigkeit von anderen Subjekten und von Objekten, ja, hier wird sogar die technisch perfekte Unabhängigkeit von der eigenen Lebensgeschichte und den aus ihr resultierenden Symptomen postuliert: Autonomie des Subjektes durch seine Abschaffung. Es ist klar, wozu das »Dahinter«, das »Warum« des Symptoms aus dem Ansatz eliminiert werden. Nicht einmal mehr die je eigene Deformation eines psychischen Apparates soll als eine Äußerung von Ich interpretiert werden, als die das Symptom noch in der Verkrampfung klischeehafter Abwehr daran gemahnt, daß das Subjekt der Ort substantieller Verarbeitung der gesellschaftlich bedingten Zusammenhänge von Subjekt und Objekt ist. »Aber selbst im wirklichen tagtäglichen Leben begleitet Einsicht nur selten den ständigen Wandel in uns oder geht ihm voraus; viel häufiger ändern wir uns und wissen nicht, wieso.« (S. 222 f.) Daß gerade mit diesem üblen Zustand unseres Lebens die Bildung jener und vieler anderer »Symptome« zusammenhängt, ist eine Erkenntnis, die allerdings den umgekehrten Weg anzeigen würde – statt rascher Methoden zum genormten Funktionieren in den bestehenden Verhältnissen müßten die gesellschaftlichen Veränderungen gesucht werden, auf Grund derer die Subjekte sich in ihrem eigenen und in dem gemeinsamen Sinne aller zugleich entfalten könnten. Wenn »wir uns ändern«, würde das nicht mehr in die positivistisch verflachte Vorstellung von unterschiedlichen Eingabe-Ausstoß-Daten kanalisiert werden dürfen, und die Gesellschaft ließe sich nicht mehr mit einem integrierten psycho-ökonomischen Input-Output-Modell erfassen.

Für die Autoren gilt als Kriterium für Gesundheit und als Norm, daß der Patient als »gut angepaßter Mensch« beschrieben werden kann und als »durchaus zufriedenstellend mit seinen Lebensaufgaben fertig wird«. (S. 105) In diesem Zusammenhang verliert die so liberal wirkende Argumentation, was normal und was anormal sei, könne nicht kategorisch bestimmt werden, den Anschein von Menschenfreundlichkeit. Denn normal soll das ingeniöse Stabilitätsrezept sein – eine Kombination von »symmetrischen« und »komplementären Beziehungsstrukturen«, in der Explosionen von eskalierender Symmetrie durch Unterwerfung eines Teilnehmers verhindert, selbstvernichtendes »komplementäres Verhalten« durch »symmetrische« Phasen erträglich gemacht werden. Entscheidend ist in allen diesen Punkten, daß Watzlawick/Beavin/Jackson die Vergangenheit als das »Warum« einer Symptomlage ausschalten. Die Lebensgeschichte der Individuen ist der Wegweiser zu den gesellschaftlichen Zusammenhängen und Bedingungen, unter denen gerade diese Handlungs- und Wahrnehmungsunfähigkeiten bei ihnen entstanden und erhalten geblieben sind. Die Lebensgeschichte ist die je einmalige historische Vermittlung bestimmter menschlicher innerer Natur mit individuellen Entäußerungen und gesellschaftlichen Objektivierungen, die das Subjekt der

Vertauschbarkeit entziehen und zugleich zu dem substantiellen Ort machen, an dem neue Vermittlungen geleistet werden können. Die Lebensgeschichte ist schließlich die Manifestation eines dialektisch komplexen Zusammenhanges, der nur in neuen Prozessen, nicht in statischen Momentaufnahmen sich offenbart, der infolgedessen dem schrittweisen Nachrechnen von Ursache und Wirkung das Spiel verdirbt.

Der Satz vom Widerspruch liegt allen Aspekten der Watzlawickschen Theorie zugrunde (vgl. S. 200), das heißt, die notwendige Eindeutigkeit fordert Opfer von den gerade dank ihrer Mehrdeutigkeit oft produktiven Konstellationen des gewordenen und werdenden Lebens der Geschichte. Es soll nicht maschinenstürmerisch gegen Berechnungen argumentiert werden; nur ist nicht einzusehen, daß die historische Wirklichkeit zugunsten von spekulativem Kalkulieren simplifiziert werden soll, zumal da solche theoretischen Bemühungen nicht ihren politisch-praktischen Anwendungswert verfehlen werden. Und außerdem scheinen mir die Probleme in einer Richtung angepackt werden zu müssen, für die solche Berechnungen deshalb keine große Bedeutung haben können, weil man dort nicht auf diese Modelle von Kriterien und Beurteilungen und resultierenden Entscheidungsschemata angewiesen ist. Ich meine, noch einmal im Sinne der psychoanalytischen Evidenz, die Tatsache, daß etwa bestimmte, auf Grund des Verlaufs seiner ödipalen Phase einem Menschen unmöglich gewordene Beziehungsformen ihm wieder zugänglich werden.

Das Problem hat nichts mit »Anerkennung«, schon gar nicht auf der phänomenologischen Ebene, zu tun. Der Therapeut ist nicht als Instanz auf der höheren Stufe notwendig, sondern er hat nur am besten gelernt, den notwendigen Spielraum gegenüber blinden Reiz-Reaktions-Abläufen produktiv in sein Verhalten und darüber in die Situation einzubringen. Entsprechend wird ein Lehrer eine freiere und präzisere Sensibilität für Kommunikationsstrukturen in der Klasse entwickeln und *durch seinen Teil an der Kommunikation* verändernd einbringen – nicht etwa durch weise ideologiekritische Beurteilungen und Handlungsanweisungen, die immer, ihrer Natur nach, autoritär sind, sofern sie andere Funktionen haben, als lediglich das Verhalten reflektierend zu begleiten, zu interpretieren. Deshalb ist die Strategie, das »Wofür« statt des »Warum« zum Zentrum des Problembewußtseins zu machen und damit scheinbar gerade um der lebensgeschichtlichen Perspektiven willen zu argumentieren, nur eine Verdeckung. »Warum« soll die lebensgeschichtliche Entstehung eines Symptoms bezeichnen, so daß man besser »Woher« sagen würde. Das »Wofür« wird notwendig instrumentell.

2.

Zunächst vorsichtig formuliert, dann aber im Aufbau ihrer Argumentation und Therapie ganz konsequent trennen Watzlawick/Beavin/Jackson die Fallgeschichte vor der Behandlung von dem Fall ab. Als Begründung wird darauf hingewiesen, daß inzwischen Schizophrenie nicht mehr aus einem ganz bestimmten Kindheitstrauma, auch nicht allein durch den Einfluß einer schizophrenogenen Mutter, sondern als ein Interaktionszusammenhang ganz bestimmter Art verstanden wird, in dem einer der Teilnehmer das als schizophren bezeichnete Verhalten zeigt. Dieser Kritik und der aus ihr folgenden Anlehnung an Erkenntnisse der Antipsychiatrie ist durchaus zuzustimmen. Nur das Vorgehen, das sie rechtfertigen soll, hat damit nichts zu schaffen: »Unsere Aufgabe, vor allem als Psychotherapeuten, ist weniger schwierig; sie liegt nicht in der Beantwortung der Frage, *wann* und wie eine bestimmte Beziehungsstruktur entstand, sondern *ob* und wie sie jetzt beeinflußt werden kann.« (S. 149) Dieser Kritik an der psychoanalytischen Therapie liegt ein tiefgreifendes Mißverständnis zugrunde, so daß sie an der ungeeignetsten Stelle ansetzt – geeignete gäbe es durchaus. Offensichtlich stellen sich die Autoren die Aufarbeitung von »Vorgeschichte« durch Analytiker und Analysand als ein interessantes Bemühen um historische Vollständigkeit vor. Jedenfalls erscheint die Therapie wie eine Anekdotensammlung; sie übersehen dabei vollständig, daß die Therapie eine konstitutive Einheit von gegenwärtiger Interaktion und sich in die historische Genese hineinarbeitender Rekonstruktion ist. Sie lösen gerade diese Einheit auf. »Wiederum ist das Wofür die sinnvollere Frage als das Warum.« (S. 160) Nur weil sie behaupten, das Wofür habe nichts mit dem Warum zu tun, können sie das eine vom anderen abtrennen. Ihr Begriff von »Wofür« ist äußerst reduziert; dem Patienten wird durch einen Gewaltakt das Symptom amputiert. Dieser Mangel an produktiven Perspektiven – vergleichbar der umstandslosen Ulcus-Operation ohne Reflexion auf den psychischen Stress – hängt unmittelbar zusammen mit der Amputation der Retrospektive. Die Lebensgeschichte wird in dieser Therapie nach rückwärts und nach vorwärts tendenziell abgeschafft. Ähnlich verarmt stellt sich der Begriff von Interaktion dar als die Wechselfolge von Mitteilungen, die die Form des Kampfes um gegenseitige Anerkennung annimmt. Sie erfüllt den Zweck, die Funktion des nun einmal notwendigen Informationsaustauschs zu garantieren und die Individuen als dessen Instanzen funktionsfähig zu erhalten. Auch davon steckt etwas in dem Satz: »Im allgemeinen ist es so, daß die Definition der Beziehung [also das ohnehin reduzierte Interesse der Partner an der Interaktion, R. L.] um so mehr in den Hintergrund rückt, je spontaner und ›gesunder‹ die Beziehung ist, während ›kranke‹ (d. h. konfliktreiche) Beziehungen u. a. durch wechselseitiges Ringen um ihre Definitionen gekennzeichnet sind, wobei der Inhaltsaspekt fast völlig an Bedeutung verliert.« (S. 55) Daß eine Beziehung gesund und spontan gerade würde, indem sie bewußt entwickelt wird und indem diese Entwicklung wiederum neue Potentiale zur Aufnahme und Verarbeitung von Informationen produziert, das kann es in dieser Theorie nicht geben. Sie soll einer bestimmten Logik folgen, und deren Konsequenzen werden durchgeführt: »Der Hauptgrund, weshalb wir eine anscheinend so engstirnige Auffassung vertreten, ist der, daß den Kommunikationsprozessen selbst – jenseits von Motivation und reiner Gewohnheit – identifizierbare Faktoren innewohnen, die einer Beziehung Zusammenhalt und Dauer verleihen können. Wir wollen diese Faktoren unter dem Begriff der einschränkenden Wirkung der Kommunikation zusammenfassen, indem wir feststellen, daß *in einem Kommunikationsablauf jeder Austausch von Mitteilungen die Anzahl der nächstmöglichen Mitteilungen verringert.*« (S. 126, Hvhbg. im Original.) Das ist eine spieltheoretische Gesetzmäßigkeit, die niemand bezweifeln wird. Mit diesem Modell lassen sich auch tatsächlich bestimmte Faktoren von Kommunikationssituationen abbilden, da die Voraussetzung, daß jeder kommunikative Schritt sich logisch eindeutig zu dem vorigen verhalten muß, in weitgehendem Maße in allen Gesellschaften gefordert und geleistet wird. Allerdings wird solcher Anschluß, gerade wo er »schöpferisch«, d. h. produktiv ist, nicht immer dem einfach reproduzierbaren Ursache-Wirkung-Schema folgen. Vor allem aber ist zu bestreiten – und das müßte ja für eine spieltheoretische Transposition gegeben sein –, daß die Anzahl möglicher Kommunikationsrichtungen vor der Kommunikationssituation festliegt und durch sie nicht verändert werden kann. Genau diese Annahme meint meine Kritik. Wygotskis Kritik an der Gestaltpsychologie trifft auch hierfür zu: » [...] they all study word and meaning without any reference to development«. (L. S. Wygotski, *Thought and Language.*)

Der historische Kontext dieser Kommunikationstheorie kann nicht länger als zufällig erscheinen, ihre Bedeutung nicht auf ein isoliertes Therapiemodell begrenzt sein. Die theoretische Darstellung des Double-bind kommt genau zu dem Zeitpunkt, da die spätkapitalistischen Gesellschaften ihn als zentrale Strategie zur Systemstabilisierung mit einer großen Zahl von Varianten anzuwenden beginnen: von den Kriterien der Punktbewertung in der Produktion bis zu Erziehungsstrategien für eine elaboriertere Anpassung. Die Interaktionen, für die höhere Kompetenzen erworben werden sollen, werden zugleich ihrer Qualität nach ausgehöhlt. Der Effekt dieser Verelendung ist, daß alle Energien dem instrumentellen Funktionieren unter komplizierteren Bedingungen zugeführt werden können. Die Tendenzen der »berufsorientierten Bildungsreform« gehen genau dahin. Zweitens ist abzusehen, daß die psychischen Schädigungen von Arbeitern und Angestellten derart viele Früh- und Teilinvaliditäten nach sich ziehen werden, daß auch Pflichtkrankenkassen zum Zweck der Wiederherstellung von Arbeitskräften Psychotherapie vergüten werden. Auch gegen Lernschwierigkeiten von Schülern werden – zusammen mit dem allgemeineren Verfahren kompensatorischer Erziehung – Therapien eingesetzt werden müssen, wenn die Pläne ohne grundsätzliche Veränderungen der gesellschaftlichen Verhältnisse und der aus ihnen resultierenden Sozialisationen eingehalten werden sollen. Für beide Bereiche bietet sich das Verfahren von Watzlawick/Beavin/Jackson an, schon wegen seiner vergleichsweise kurzen Laufzeit, aber auch wegen seiner systemgerechten Tiefenwirkung.

Tatsächlich kann Interaktion nur dann emphatischen Charakter haben, das heißt, den an ihr Teil*habenden* Perspektiven eröffnen, wenn diese ihre Lebensgeschichte einbringen. Als die lebendige Konstellation ihrer lebensgeschichtlich bedingten Potentiale *sind* sie Teil der Situation selbst; und diese Lebendigkeit kann zweifellos nicht anders zum Zuge kommen, als indem das je einmalige Zusammenspiel erworbener Möglichkeiten und Unmöglichkeiten sich prozessual entwickelt. Dabei ist Potential der perspektivische, also Veränderungen und Erweiterungen in sich tragende Gegenbegriff zu dem statischen Begriff Kompetenz; Perspektive, Möglichkeiten und Unmöglichkeiten geben in der Dimension denkbarer Verarbeitungsformen einer Situation zu einer anderen den Gegenbegriff zu Regeln, Sprung und Metaregeln.

Watzlawick/Beavin/Jackson polemisieren gegen die Anamnese und deren, von ihnen anekdotisch interpretierte, Bedeutung offensichtlich insbesondere aus »pragmatischen« Gründen. Ein Vorgehen, das einer Transposition in mathematische Symbole und Systeme noch weitaus größere Schwierigkeiten entgegenstellt als die Theorie der Informations- und Kommunikationsstufen, bietet zu wenig Aussichten auf Exaktheit, Vorhersehbarkeit, Steuerbarkeit, ihrer Vorstellung entsprechend. Gerade das Mißverständnis der psychoanalytischen Anamnese, als ob diese nicht allein durch die gegenwärtige Interaktion mit dem Therapeuten möglich würde, legt den Verdacht nahe, daß ein unbequemes Problem, überhaupt eine unbequeme Therapie schnell beiseite geschoben werden. »Das Wesen und die Verwendbarkeit anamnestischer Angaben kam bereits mehrmals zur Sprache, und die Notwendigkeit eines über starre Kausalbeziehungen zwischen Vergangenheit und Gegenwart hinausgehenden Begriffssystems wurde in Abschnitt 4.33 erwähnt.« »Es dürfte also genügen, hier gegen die eben beschriebenen, auf der Vorgeschichte beruhenden Erklärungsversuche [sic!] mit dem Hinweis Stellung zu nehmen, daß bei vielen – vielleicht den meisten – Untersuchungen menschlicher Lebensläufe [sic!] die Vergangenheit nur als Bericht [sic!] in der Gegenwart zugänglich ist. Da Berichte über die Vergangenheit aber notwendigerweise in einer gegenwärtigen zwischenmenschlichen Situation gemacht werden, kann die Vergangenheit sehr wohl selbst zum Material für das gegenwärtige Beziehungsspiel werden und daher unter Umständen sehr wenig mit ›reiner‹ Information zu tun haben« (S. 148, vgl. auch S. 54). Auf eben dieser Entdeckung der Autoren beruht seit Freud die Therapie, nur mit dem allerdings gravierenden Unterschied, daß wenigstens die psychoanalytische Praxis selbst der Vergangenheit und selbst unter noch so biologistischen oder positivistischen Selbstmißverständnissen eine solche Trennung in »Bericht« und »Material einer gegenwärtigen zwischenmenschlichen Situation« nicht kannte und entsprechend die analytische Trennung von »existentiellem« Symptom und »digitaler«, das heißt: diskursiver Argumentation darüber nicht akzeptierte. »Die Frage, ob diese Information wahr, tendenziös oder falsch ist, hat für das Verhältnis der gegenwärtigen Situation viel geringere Bedeutung als die Frage, wie dieses Material verwendet wird und wie es die Beziehung beeinflußt.« Auch hier, jedenfalls im ersten Teil, wird eine Freudsche Grundforderung noch einmal entdeckt; die Folgerung sollte aber die Frage sein, welche konkreten Bedingungen der vergangenen Situation dazu geführt haben, daß in der gegenwärtigen Beziehung diese und keine andere Struktur zustande kommt, also welche Möglichkeiten und Unmöglichkeiten das Verhalten dieses Individuums in dieser Situation bestimmen. Die Ergebnisse der Vergangenheit sind eben nicht bloß »Material«, Vehikel auf der »Informationsstufe«. »Was wir beabsichtigen, ist, das Ausmaß zu untersuchen, in dem die Systemparameter – die Regeln und die Grenzen, die sich aus der Beobachtung [sic!] ableiten [sic!] lassen – für die Kontinuität bzw. Veränderungen des Systems verantwortlich sind; d. h., inwiefern eine Gesetzmäßigkeit, die nichts mit der Vergangenheit zu tun hat, als Erklärung des Systems dienen kann.« (S. 148)

Die Untersuchungen von Gesetzmäßigkeiten laufen auf eine zentrale Beschäftigung mit der »Doppelbindung« (double-bind) hinaus. Sie wird als Erklärungsmodell für Schizophrenie an zahlreichen Beispielen dargestellt, in denen ein Patient auf Grund bestimmter, durch seine Umgebung an ihn gestellter Anforderungen die scheinbare Wahl zwischen zwei Verhaltensweisen hat, die aber in Wirklichkeit beide zu Sanktionen führen. Z. B.: Die Eltern verlangen von ihrem Kind verbal ständig mehr Selbständigkeit, reagieren aber auf Ansätze dazu mit Liebesentzug, erklären sie für Symptome seiner Krankheit usw. Das Kind identifiziert sich mit beiden einander widersprechenden Positionen und kann sich infolgedessen auf nichts mehr sinnvoll beziehen. Es geht derart in der Unmittelbarkeit der beiden einander widersprechenden Identifikationen auf, daß ihm auf zwei Ebenen eine eigene Perspektive unmöglich wird. Einerseits sind seine Energien ganz in die beiden unreflektierten Bindungen gebunden; andererseits sorgt gerade die Zwickmühlensituation dafür, daß jeder Abstand zu einer Bindung, aus dem heraus eine Reflexion auf sie möglich wäre, übergangslos von der Gegenbindung ausgefüllt wird. Es ist ein System des Wechsels von Positionen, in dem während des Wechsels keine Möglichkeit besteht, die Potentiale in einer dritten Richtung arbeiten zu lassen. Man kann das, wie Watzlawick, als ein »Spiel ohne Ende« und eine »pragmatische Paradoxie« auffassen oder es mit dem Begriff einer schlechten Unendlichkeit zu verstehen versuchen.

Die Autoren wollen nun aus der Not eine Tugend machen und »verschreiben« dem Patienten sein eigenes Symptom, das heißt, sie zwingen ihn, die bestimmte Art deformierter Äußerung seiner inneren Natur, die unter den bestimmten Zwangsumständen seiner Lebensgeschichte zustande gekommen ist und eine Antwort auf eine hoffnungslose Interaktionsstruktur darstellt, bewußt zu produzieren. Die entscheidende Frage lautet, woher der Patient dieses Bewußtsein gewinnt, das doch eine praktische Verbindung ist von der bis dahin nicht möglichen, aber für eine Reflexion notwendigen Distanz mit frei werdenden, bis dahin unlösbar gebundenen Energien. Die Autoren betonen, »daß ein wesentlicher Bestandteil jeder Doppelbindung das Verbot ist, der in ihr enthaltenen Kontradiktion gewahr zu werden.« (S. 202) Offensichtlich ist dann die Abfolge nicht gleichgültig, in der Gewahrwerden, Distanz und Auflösung des Symptoms sich entwickeln, weil die Abfolge die Natur und den Ort dieser Entwicklung zu erkennen gibt. Wenn man unter Gesundheit die Fähigkeit versteht, den, zuvor nur das Symptom schematisch hervorrufenden, Situationen gegenüber die Möglichkeit zu haben, sich für verschiedene der eigenen Einschätzung entsprechende Verhaltensweisen ihr gegenüber entscheiden zu können, dann genügt eben nicht die Distanz zum eigenen Symptom. In der Doppelbindungstherapie wird diese Distanz, wenn die Erfolgsberichte nicht trügen, tatsächlich hergestellt. Sie wird aber hergestellt dadurch, daß der Patient sich nach der alten Deformationsstruktur mit dem Zwang durch den Therapeuten identifiziert. Selbst wenn nun nicht an deren Stelle verschoben ein neues Symptom auftritt, kann man wohl kaum von einer Heilung sprechen. Der Patient wird weder seiner Situation noch der Unmöglichkeit, auf sie sinnvoll, das heißt: nach eigener Entscheidung und im Verhältnis zu den in ihr enthaltenen Angeboten und Gefahren sich zu beziehen, »gewahr«. Er muß vielmehr unter dem Zwang der Aufforderung durch den Therapeuten »Normalität« simulieren. Man könnte sagen, daß jetzt die Symptomlosigkeit sein Symptom wird. Denn der »wesentliche Bestandteil der Doppelbindung«, »das Verbot, der in ihr enthaltenen Doppelbindung gewahr zu werden«, ist weiterhin gegeben; nur ist jetzt die Kontradiktion verschoben auf die Widersprüchlichkeit zwischen dem Symptom als unwillkürlicher Äußerung innerer Natur und der Herstellung des Symptoms als willkürlicher Leistung. Die Reflexion auf die eigene Situation, aus der eigenes Handeln möglich wäre, fällt aus. Von »Einsicht« zu sprechen, verschleiert diese Konstitutionsproblematik. Als solche werden die Therapie und die Krankheit auch gar nicht erkannt. Das affirmative Verhältnis zu den bestehenden gesellschaftlichen Verhältnissen und die reduzierenden Erfordernisse der Theorie selber vereinigen sich in diesem Punkt. Die Reflexion des Patienten und die aus ihr hervorgehende selbständige Handlungsfähigkeit werden ersetzt durch die Autorität des Therapeuten. Das ist einerseits die Konsequenz aus der hierarchischen Stufentheorie, in der nicht Reflexion sich mit ihrem Gegenstand im gegenseitigen Durchdringen verbindet, sondern Metakommunikation eine höhere Ordnung von Informationen nach einer höheren Ordnung von Regeln appliziert und Urteile und Beschlüsse stattfinden, die auf der unteren Stufe durchzuführen sind. Diese höhere Stufe ist derart eine formale, daß sie zwar als eine Art Institution

Geltung beanspruchen, ihre Entscheidung aber auch nur formal begründen kann, statt sie durch eigenes Verhalten praktisch zu erproben. Die Institution muß also, wie die Autoren feststellen, von einer »dritten Person« gehandhabt werden (vergleiche meine Ausführungen über die konstitutive Funktion der »dritten Person« für die bürgerliche Subjektautonomie aus der Geschichte ihrer Entstehung unter dem Absolutismus im *Exkurs*, Bd. II. der *Naturbeherrschung am Menschen*). Der Therapeut ist diese »dritte Person«. Andererseits geht diese Konstruktion auch aus der Konzeption der von den Autoren geschilderten Beziehungsstrukturen hervor. Überall da, wo sie praktische Beispiele für Double-bind bringen, handelt es sich um Situationen, in denen ein manifestes Herrschafts- bzw. Abhängigkeitsverhältnis gegeben ist, das »eine bindende komplementäre Beziehung (Offizier und Untergebener)« genannt wird (S. 179); in anderen Fällen sind es Schuldirektor und Kinder (S. 204), Staatsanwalt und Angeklagter (S. 215) oder Unternehmer und Arbeiter. Insofern bezeichnen die Autoren sehr genau den historischen Zusammenhang zumindest der für unsere Gesellschaft typischen Double-bind-Konstellationen. Allerdings interessieren sie sich für historische Aspekte nicht; sie zeigen nicht nur den Herrschaftscharakter nicht auf, sie kritisieren ihn auch nicht, jedenfalls nicht grundsätzlich. Nur in den Familienbeziehungen, die doch ebenfalls Autoritäts- und Abhängigkeitsstrukturen als Grund für die beobachteten Deformationen der Kinder – und ihrer Eltern – darstellen, wird darauf gedrungen, daß die Eltern den Kindern eine die normale Funktionsfähigkeit garantierende Entwicklung zu Selbständigkeit ermöglichen. Die Notwendigkeit von Autorität für das Zustandekommen des Double-bind ist einmal darin gegeben, daß anders die Identifikation des Patienten nicht erfolgen würde; sie ist zum andern dadurch gesichert, daß er der Kontradiktion nicht gewahr wird und in seiner Abhängigkeit verbleibt. Dem »Sprung« von einer Situation in die andere und von einer Stufe zur nächsthöheren entspricht die therapeutische Vorstellung, das Symptom müsse »gebrochen werden«. Watzlawick/Beavin/Jackson sagen, daß »symptomatische Doppelbindungen kaum durch etwas anderes als Paradoxien, Spiel ohne Ende kaum durch etwas anderes als Gegenspiele (counter games) gebrochen werden können. Similia similibus curantur – mit anderen Worten, was Menschen zum Wahnsinn treiben kann, muß sie letztlich auch aus dem Wahnsinn herausholen können« (S. 224). Diese mechanische Umkehrung des Zerstörungsmechanismus setzt freilich eine ebenso mechanische Auswechslung der die Bindungen erzwingenden Autorität voraus, zumal der Zerstörungsmechanismus ja nur als Symptom diagnostiziert werden soll, nicht als lebensgeschichtlich und gesellschaftlich bedingte Zerstörung analysiert werden darf. Der Therapeut tritt in die Autoritätsfunktion ein. Die Therapie »setzt eine enge Beziehung voraus, in diesem Fall die psychotherapeutische Situation, die für den Patienten einen hohen Grad von Lebenswichtigkeit und Erwartung hat« (S. 225). Wie in ihren Schilderungen von Ehebeziehungen, gerade auch stabilen, rücken die Vorstellungen der Autoren »Enge« und »Lebenswichtigkeit« von Beziehungen in die Richtung einseitiger Abhängigkeit statt intersubjektiven Handelns. Die Irrationalität solcher Abhängigkeit wird dann als »existentiell« mystifiziert. Im Falle des Therapeuten trifft freilich die Vorstellung von Abhängigkeit in erheblichem Maße zu; nur ist das gerade ein Grund, nach anderen Modellen als dem der ausschließlichen Beziehung zwischen Analytiker und Analysand zu suchen, etwa beiden, neben der Therapie, die Möglichkeiten einer selbstkorrigierenden Entfaltung in intensiven Gruppenbeziehungen zu geben. Das Erstaunen der Autoren – »Das klingt vielleicht nicht überzeugend, aber es ist tatsächlich sehr selten, daß ein Patient nicht sogar den absurdesten Aufforderungen (z. B. ›Ich möchte, daß Sie Ihre Angst noch stärker empfinden‹) ohne langes Fragen zustimmt« – ist schlicht fahrlässig. Die Übertragung ist ein Vorgang, der die gegenwärtigen Beziehungsstrukturen unweigerlich mit deren Vorgeschichte verbindet, und von dergleichen wollen die Autoren sich nicht irritieren lassen; sie findet nichtsdestoweniger statt. Daß einem Schizophrenen gegenüber der Therapeut die Bindungsgewalt der Eltern übernehmen kann, ist also weniger verwunderlich, als gerade eine weitere Manifestation des Symptoms. Die Macht des Therapeuten über den Patienten ist allein dadurch zu rechtfertigen, daß er versucht, sich selbst als ein Individuum einzubringen, zu dem der Patient interagierend eine freier entfaltbare Beziehung entwickeln kann, und das heißt zugleich, daß der Therapeut eben nicht mechanisch die Komplementärrolle übernimmt. »[...] In den geschilderten Verhältnissen des sozialen Lebens ist es die allerdings existentielle Angst um die physische Subsistenz und um ein leidlich konfliktfreies Betriebsklima«, die die Abhängigen dazu bringt, die »absurdesten Anforderungen zu erfüllen«.

Ob ein Verfahren wie das von Watzlawick/Beavin/Jackson vorgeschlagene als erster Schritt einen Sinn haben könnte, um einen Patienten überhaupt analysefähig zu machen, ist eine Frage, die hier nicht von entscheidender Bedeutung ist und die von mir nicht beantwortet werden kann. Als selbständige Therapie kann man einen solchen Ansatz einigermaßen klar beurteilen. Die Ablösung der historischen bzw. lebensgeschichtlichen Probleme in eine wertfrei gemachte Konstruktion von Systemen und Stufen führt, ganz gleich, welches die ursprünglichen Absichten seien, dazu, daß Gesundheit und Manipulation ebensowenig zu unterscheiden sind, wie es noch Kriterien gibt, nach denen Symptome und Spontaneität einerseits, bloßes Funktionieren und Symptomlosigkeit andererseits gegeneinander bestimmt werden können. Die zentrale Paradoxie liegt in der Abschaffung von Lebensgeschichte als einem Anspruch der Lebenden auf ihnen entsprechende Perspektiven. Die Kritik, die die Autoren, ähnlich der Antipsychiatrie vortragen, dient aber gerade der Systematisierung der Paradoxie, statt deren historische Voraussetzungen bekämpfen zu helfen. »Meist aber wird der Grund für ihr Unglücklichsein in einer individuellen Pathologie des eines oder des anderen Partners gesucht, der als depressiv, passiv-aggressiv, selbstbestrafend, sadomasochistisch usw. diagnostiziert wird. Alle diese Diagnosen aber lassen die wechselseitige Natur ihrer Zwangslage unberücksichtigt, die ganz unabhängig von den Persönlichkeitsstrukturen der Partner bestehen und ausschließlich im Wesen ihres Beziehungsdilemmas liegen kann.« (S. 211) Wenn hier die Beziehungsstruktur nichts mit den bisherigen Persönlichkeitsstrukturen zu tun hat, dann kann freilich auch die Interaktion keine Strukturbildung in den Persönlichkeiten bewirken. Die Geschichtslosigkeit ist gesichert. Das Erstaunliche dabei ist, daß keine Überlegung darauf verwandt wird, wie denn Strukturen zustande kommen, die doch nach Ansicht der Autoren keine »ideae innatae« sein sollen. Die Funktionen, deren Ausübung als Kompetenzen gefordert wird, bleiben sowohl ihrer Entstehung wie ihrer Natur nach, also auch im Hinblick auf eventuelle Veränderungen und Erweiterungen oder Deformationen und Verengungen, außer Betracht. Das Subjekt produziert nicht ontogenetisch sich selbst im Wechsel seiner Interaktion mit der Objektwelt, zu der insbesondere die anderen Subjekte und die gesellschaftlich-historische Organisation ihrer Beziehungen gehören. Insofern haben wir es mit einer neuen Erscheinungsform der Ich-Psychologie zu tun. Andererseits kann in einer Situation, in der das Subjekt nicht durch interagierende Verarbeitung seiner Lebensgeschichte die reflexive Handlungsfreiheit gewinnt, sondern durch Amputation seiner Symptome einer positiv festzulegenden Norm von Gesundheit entsprechen soll, nicht länger von Ich die Rede sein. Eine Ich-Psychologie ohne Ich ist zweifellos die übersichtlichste und kalkulierbarste Vorstellung von den Menschen. Was die Menschen historisch und lebensgeschichtlich auf dem Wege zu einer Selbstverwirklichung von Individuen und Gattung tun, entweicht in die Irrationalität: »Für Gabriel Marcel ist ›das Leben ein Kampf gegen Nichts‹. In dieser Hinsicht unterscheidet sich die Stellung des Menschen gegenüber seinem rätselhaften existentiellen Partner nicht wesentlich von jener, die Pawlows Hund dem Versuchsleiter gegenüber hat. Der Hund erlernt sehr rasch den Sinn des Kreises und sein System, und seine Welt bricht zusammen, wenn der Versuchsleiter diesen Sinn plötzlich zerstört. Wenn wir unsere eigenen Erlebnisse in vergleichbaren Situationen prüfen, zeigt sich, daß wir dazu neigen, das Tun eines geheimen Versuchsleiters hinter den Wechselfällen unseres Lebens zu vermuten. Der Verlust oder das Fehlen eines Lebenssinns ist vielleicht der allgemeinste Nenner aller Formen von Gemütsstörungen; Schmerz, Krankheit, Verlust, Mißerfolg, Verzweiflung, Enttäuschung, Todesfurcht oder bloße Langeweile – sie alle führen zu der Überzeugung, daß das Leben sinnlos ist. Existentielle Verzweiflung ist der schmerzhafte Zwiespalt zwischen dem, was ist, und dem,was sein sollte, d. h. zwischen unseren Wahrnehmungen und unseren Prämissen dritter Ordnung.« (S. 248) Das Ich hat weder als individuelles Subjekt noch als Mitglied des historischen Subjekts Menschheit auf eine Form seines Leidens mehr Einfluß als auf eine andere; Tod und Krankheit, als erste Natur betrachtet, stehen gleichartig neben Leiden und Verstümmelung, die von der gesellschaftlichen Organisation des Lebens hervorgebracht werden. Das Subjekt kann sich nur noch als Objekt erleben; gleichwohl wird von ihm gefordert, bestimmte Funktionen als autonome Instanz zu erfüllen.

Freilich stellt sich so die Aporie des bürgerlich-autonomen Subjekts in ihrer äußersten Konsequenz. Diese Kommunikationstheorie ist Ideologie, da sie eine Unterdrückungsstrategie gleichzeitig zum stringenten System zu machen und zu verschleiern geeignet ist. Sie ist Ideologie nicht mehr in dem strengen Sinne, daß sie wirklich notwendig falsches Bewußtsein darstellt; sondern sie ist nur notwendig in bezug auf die Aufrechterhaltung einer nach abstrakten bürgerlichen Modellen – Marktmechanismus, Konkurrenzprinzip, Gewinnmaximierung – organisierten Produktion und Verteilung mitsamt den zugehörigen Verkehrsformen und Beziehungsvorstellungen. Sie stellt falsches Bewußtsein systemnotwendig her. Daß es objektiv, auf Grund der außerordentlich gewachsenen ökonomischen Entfaltungsmöglichkeiten, nicht notwendig ist, an dieser Organisation der Gesellschaft festzuhalten, zeigt unter anderem die Tatsache, daß die Erben des Bürgertums der konsequenten Selbstaushungerung des bürgerlich-autonomen Subjekts zum Opfer fallen, während sie dessen Schemata den Unterprivilegierten einzuprägen versuchen. So weit geht das altbekannte Prinzip, daß jeder blind den eigenen Vorteil verfolgt. Das ist die Paradoxie des Privateigentums als Konstitutionsmodell für das Individuum. In diese Paradoxie zwingen die gesellschaftlichen Verhältnisse gegenwärtig die Menschen.